“一带一路”倡议下
农业资源利用及对外合作战略研究

朱坤林◎著

湖南师范大学出版社
·长沙·

图书在版编目(CIP)数据

“一带一路”倡议下农业资源利用及对外合作战略研究 / 朱坤林著. --长沙：湖南师范大学出版社，2018.5

ISBN 978-7-5648-3227-8

Ⅰ.①一… Ⅱ.①朱… Ⅲ.①农业资源－资源利用－对外合作－研究－中国 Ⅳ.①F323.2

中国版本图书馆 CIP 数据核字(2018)第 097157 号

“一带一路”倡议下农业资源利用及对外合作战略研究

“YIDAI YILU” CHANGYI XIA NONGYE ZIYUAN LIYONG JI DUIWAI HEZUO ZHANLÜE YANJIU

朱坤林 著

◇责任编辑:朱 玉 何海龙
◇责任校对:顾 伟
◇出版发行:湖南师范大学出版社
地址/长沙市岳麓山 邮编/410081
电话/0731-88872751
◇经销:湖南省新华书店
◇印刷:三河市铭浩彩色印装有限公司
◇开本:710 mm×1000 mm 1/16
◇印张:19.5
◇字数:253 千字
◇版次:2018 年 8 月第 1 版 2018 年 8 月第 1 次印刷
◇书号:ISBN 978-7-5648-3227-8
◇定价:68.00 元

前　言

中国的先辈们开创了灿烂的中国文化，中国古人把大地比喻为“母亲”，土地养育了人们，农业创造了文明。农耕时代，农业生产技术落后，土地利用率极低，每亩土地养活的人数极少，再加上播种比较单一，因此极大地限制了人类的发展。

农业是国家的根本，如果粮食不能达到高产、稳产，我们的国民经济就不会如此活跃；如果人民的温饱受到威胁，就没有今天的和谐社会。我国从新中国成立初期的四亿多人迅速增长到现在的十三亿多人，而人们的生活却越来越美好，其主要原因是农业科技的进步。进入21世纪，我国解决了物流运输问题，互联网技术将农业生产技术推广到了祖国的每一个角落。在改革开放的大方针下，国家主席习近平于2013年9月7日上午在哈萨克斯坦纳扎尔巴耶夫大学作演讲时，提出共同建设“丝绸之路经济带”的时代构想，回顾往昔，中国通过丝绸之路从国外引进了棉花、向日葵、胡萝卜、葡萄、苜蓿、西瓜等农作物，我国的丝绸、茶叶、瓷器等通过丝绸之路传到海外。新时代下，习总书记倡议“一带一路”建设，这是将农业合作推向全世界的良好机会，是实现人类共同发展的良好机遇。

“一带一路”是中国主导下的多边合作机制，可以肯定在未来的几十年后，这一伟大的举措，将会带给全人类满满的收获，世界农业的发展将迈上一个新的高度。

在此背景下，我撰写了这本《“一带一路”倡议下农业资源利用及对外合作战略研究》。全书分为六章，分别从农业资源及其利用、农业资源的对外合作、境外农业资源及利用、国际农业政策的经验与启示、“一带一路”倡议下中国农业对外合作战略、“一带一路”倡议下农业资源利用效率的优化与保障几个方面综合分析了我国农业对外投资的内外环境以及我国改革开放以来在海外农业投资的经验总结，描绘了“一带一路”倡议下我国农业对外发展的宏伟蓝图。

诚挚地感谢科技工作者对我国农业发展的巨大贡献，诚挚地感谢中国广大农民的辛勤劳作，感谢“一带一路”沿线国家为了人类共同的发展做出的巨大贡献。最后，我还要感谢本书参考资料的各位作者。

总的来说，本书比较符合当前中国以及世界农业的发展动态和方向，但是在撰写过程中难免有疏漏和不足，望广大的专家和学者加以指正。再一次感谢对本书有帮助的各位同行。

作　者

2017 年 12 月

目　录

绪　论

随着人口的不断增长，中国人口与资源之间的矛盾势必不断加剧。解决这一矛盾，不可能依赖于新的农业资源的大规模投入，而只能走资源高效利用的道路。

第一节　农业资源的内涵界定

农业生产是一个包括自然、经济、技术、信息等多因素密切相联的综合性的复合系统。农业生产力水平的高低与一定地区的自然条件和社会经济有密切的联系。人类的各种物质生活资料，归根到底，都是取之于自然。我们把自然界这些原始物质，包括能量、环境条件及体系在内的各种物质因素与原料等统称为自然资源。

农业资源是指自然资源和社会经济资源联系到农业利用的那一部分，是农业自然资源和农业社会经济资源的总称。如果说，资源是人类从事一切物质和生存活动的必要条件，那么，农业资源就是人们从事农业生产或农业经济活动所利用或可资利用的各种资源。农业自然资源包含农业生产可以利用的自然环境要素，如土地资源、水资源、气候资源和生物资源等。农业经济资源是指直接或间接对农业生产发挥作用的社会经济因素和社会生产成果，如农业人口和劳动力的数量和质量，农业技术装备，包括交通运输、通信、文教和卫生等农业基础设施等。西方一些国家又把农业资源称为“农业生产资源”，认为一切农产品都是由各种生产资源配合而成的，并把资源分为土地、劳动、资本和管理四大类,称为农业生产四大要素。土地即自然资源的综合体;劳动是指直接从事生产的人力,包括体力和智力;资本是指一切人类生产之物,如种子、肥料、饲料、机械设备等;管理是指人们组织经营生产的力量,是使土地、劳动、资本三种生产要素赖以结合,使生产得以顺利进行的重要因素。

农业自然资源是指农业生产及其相关领域中可以利用的自然元素和自然力,如大气、土壤、水界、动植物、矿产等,以及开始转入农业自然资源行列的那些自然条件。对此,有以下几种不同的观点。

(1)只有那些取之于自然界,作为农业生产的原始物质,直接为人类生产各种农产品的物资,才是农业自然资源。而把能源、矿产等排除在外,具有很大的局限性。

(2)只有无生命的资源才是自然资源,而实际上野生动植物以及微生物均可用来进行农业生产与经营活动,只是它们的利用形式和要求有所不同。

(3)只有那些对人类有用且数量有限的资源才是农业自然资源的研究对象。

(4)在当前的技术、经济和社会条件下尚不能利用的资源不包括在农业自然资源内,排斥了将来发展的可能性,这是不全面的。

总之,资源和农业资源的概念,是随着科学技术与生产力的发展水平而变化的,与人们的认识水平紧密相关。如信息、技术、管理等过去不认为是资源,而现在已成为日益重要的资源。

第二节 农业资源与农业生产

一、农业资源与农业生产的关系

农业是对自然界和社会开放的大系统,其生产过程是动植物有机体与环境之间进行能量转化和物质交换的过程。即人们利用生物机能，把自然界的物质能转化成人类最基本的生活资料和生产原料的一种经济活动，其基本过程是投入、产出、再投入、再产出，循环往复，连续不断。农业生产的投入，是一种包括自然投入、物质投入和社会投入多因素的综合投入。自然投入包括光照、雨水、气温等影响动植物生长发育的自然条件；物质投入包括可更新、重复使用的土地、农田水利设施、大型农具、技术推广方面的基础设施等固定资产的投入，以及当年或生产周期内消耗掉的种子、肥料、农药、饲料、农膜等流动资金投入；社会投入包括劳动力、生产管理技术和制度等投入。农业生产的产出也是由多种产品构成的综合产出。因而，农业的投入产出有两个特点：一是农业投入产出的多样性；二是各项投入和各种产出之间相互关系的复杂性。

农业资源是农业生产的必要条件，也是人类赖以生存的物质基础。增加农业产量和社会财富，最终要靠对农业资源的开发和利用。资源的丰缺、开发利用效率和管理水平的高低都直接影响到农业生产的发展水平和人民生活水平的提高。这是由农业生产的特点所决定的。农业生产有一个自然再生产过程和经济再生产过程。构成自然生态系统和自然再生产过程，即生物生长、发育和繁殖的生命过程，这就与周围的自然环境存在着紧密的联系，要受到环境和资源条件的制约和影响。农业生产实际上是同自然界打交道的生产活动。如果离开自然环境条件和自然资源，农业生产也就不存在。

二、农业资源利用的实质

农业资源的开发利用是一个综合性的和基础性的农业投资过程，是一个涉及面广的系统工程，是农业扩大再生产的最重要形式。它包括外延扩大再生产，如通过开垦荒地、荒山、荒滩等未被利用的农业资源来扩大生产的规模；也通过扩大内涵再生产，如通过一定的工程技术和生物措施，改善现有的农业生产条件。

因而,农业资源合理利用的实质是:通过扩大生产规模和改善现有生产条件来提高农业综合生产能力。其作用主要体现在以下几方面。

(一)农业资源的合理开发利用是提高农业综合生产能力的源泉和主要推动力

农业综合生产能力的提高虽然是由多种因素共同作用的结果,但农业资源的开发利用使生产规模扩大是其中重要的推动力。农业资源利用表现为开发宜农荒地,扩大耕地面积,还表现在滩涂开发利用方面。近年来,我国各地区注重开发沿海沿湖滩涂资源,开发利用水库、河流等水资源,使水产养殖业得到了巨大发展;荒山荒坡的开发利用已经使我国的水果生产能力有了很大的提高,目前已初步形成长江流域的柑橘带、华南香蕉带和华北—西北的苹果、梨等集中产区,这是外延扩大再生产使种植业和畜牧业综合生产能力显著提高的表现。另外,复种指数和产量水平的提高,中低产田的改良,草场利用建设,节水灌溉等,改善了农业生产条件,使内涵扩大再生产能力也有所提高。其中,复种指数和单位面积产量水平还是农业资源利用率的两个重要指标。

(二)农业资源的开发利用能增强农业发展的后劲

通过农业资源的开发利用,农业生产规模得到了进一步的扩大,形成比开发利用前大得多的生产能力,促使农产品产出量稳步增加,还使农业综合生产能力产生一个跳跃性的提高。例如,滩涂资源综合开发利用使山东莱州湾地区农业生产迅速发展,现已成为山东最重要的海水养殖基地之一。莱州湾原是一片荒凉的滩涂,种植业和畜牧业生产水平极低,海洋养殖业几乎为空白,自 1986 年对这一地区进行大规模的农业资源开发,分层合理利用这一地区的农业资源以来,潮间带滩涂开发成虾池,发展海水养殖业;潮上带用于种植耐盐牧草,发展畜牧业;将条件较好的土地开垦成台式条田,用于发展农作物种植业,使农牧渔业生产能力有了跳跃性的提高，农业总产值成倍增长，人均收入逐年提高。又如，东北三江平原和松嫩平原土地资源的开发利用，已彻底改变了这一地区的农业面貌，过去荒凉的北大荒变成了如今的北大仓，成为我国最重要的大豆、玉米集中产区。

农业资源的开发作为一种固定资产式或者基础性的农业投资活动，其作用时间和受益时间长，少则几年，多则几十年；并且能较长时间地促进农业生产的发展。由此可见，进一步加强农业资源的开发利用仍将是实现我国农业上新台阶的重要措施。

（三）农业资源的开发利用能增强农民的现代意识，还能部分消化农村剩余劳动力

农业资源开发利用本身就是一个需要投入大量劳动力的活动，因而对转移消化农村剩余劳动力的作用十分显著，而剩余劳动力的消化吸收将进一步提高农业劳动生产率。农业资源开发利用的过程中，需不断注入新的先进的农业科技和农业商品市场信息，如开发利用滩涂资源来发展养殖业，需要开发者具有一定的水产养殖知识和产品市场知识；开发利用土地资源发展种植业，需要不断采用各项增效技术，如运用高产优质品种、科学平衡施肥、节水灌溉、耕作改制等，这些都将促进农业科技的传播和农民素质的提高；反之，农民的现代意识、科技意识增强后，又能促使农民自觉地进行农业资源的深度和广度开发利用。

第三节　农业资源的合理利用

一、合理利用农业资源的意义

（一）合理利用农业资源是农业现代化的客观需求

农业资源是形成农产品和农业生产力的基本组成部分，是提

高农业产量和增加国家财富的最重要因素之一。不同的时期，由于生产力发展水平的不同，资源对社会发展有着不同的制约作用。在生产力水平较低时，人类是被动有限地利用农业资源的，不可能做到合理利用。随着现代科学技术的应用，人类对自然无能为力或完全依赖自然生产力的时代已经一去不复返。现代人类除了一些不可抗拒的特大自然灾害外，已能在很大程度上通过合理利用资源来发展生产，不断提高农业集约经营水平和综合生产能力。我国目前存在着资源有限和发展生产的矛盾，充分挖掘和合理利用农业资源，克服不利因素，提高农业劳动生产率，对农、林、牧、渔各部门和资源进行综合开发和利用，则可创造较高的农业生产水平。一个国家农业资源的利用程度和农业综合生产能力，是衡量一个国家农业生产总体水平和农村经济实力的标志。我国在此方面现已投入了大量的资金和人力，在农作物生产集约化配套技术、畜禽鱼集约化饲养技术、利用基因工程生物技术进行农作物畜禽鱼高产优质品种选育等方面，不断组织多部门、多专业协作攻关，以促使整个农业生产水平上一个新台阶。

（二）合理利用农业资源是解决人口增长与人均资源不断减少这一矛盾的途径之一

不论是发达国家还是发展中国家，都不同程度地存在着人均资源日益下降的趋势，我国人多地少这一矛盾更为突出。据我国人口学家的估计，全国农业自然资源的最佳负荷量是 7 亿人口，人口与资源的平衡早已打破，要在有限的土地上养活 13 亿多人，除了严格控制人口增长和非法占用耕地外，当务之急是合理利用现有的自然资源和土地资源，提高土地资源的承载量，制止大面积农田的缩减，改造盐碱地，植树造林，降低水土流失和土壤沙化，使有限的资源得到最大化的利用。发达国家在这方面积累了较丰富的经验，如日本、以色列，在人均耕地少、资源贫乏的条件下，充分利用现代科技，创造了高产高效农业的典范。我们可以借鉴先进经验，发挥资源优势，使矛盾得以缓解。

（三）合理利用农业资源是保护资源、改善生态环境的需求

农业资源的不合理开发利用，会导致资源的破坏和衰退。随着现代工业的发展，“三废”大量排放，加之农业生产中部分地区化肥农药的过量施用，对土壤、大气和水体都造成了一定程度的污染，影响了农作物的生长和人畜的健康，给农业环境带来了危害。美国在20世纪二三十年代开发农业进行移民垦荒，曾砍伐了$1.3\times10^{8}hm^{2}$森林，使森林覆盖率由50%下降到34%；加拿大西部因过度放牧和开垦，引起了灾难性的黑风暴，毁坏了牧场和农田；意大利人砍光了阿尔卑斯山南坡的松林，其结果导致该地的高山畜牧基地被摧毁。据统计，目前，全球范围内，因资源开发利用的不合理，平均每年要失去$1\ 100\times10^{4}hm^{2}$的热带森林，有110多种兽类和140多种鸟类已经绝种，还有200多种鸟类濒临灭绝。由此可见，在资源开发利用的过程中，不能只看到眼前的局部利益，而必须从长远的、全面的观点考虑。如果忽略了发展生产和保护环境之间的规律，以破坏资源、牺牲环境而求得短暂生产的发展，就会导致事与愿违的结果。

随着对农业资源需求的逐渐增加，如何确定最佳的节约利用途径，用较丰富的资源代替短缺资源，大力发展无废弃物的生产，广泛利用再生原料，把废弃物减少到最低限度，以及怎样防止污染等，都需按照农业生态规律制定相应的目标。对再生资源的利用量不能过大，以免丧失自行恢复能力；对非再生资源要最大限度地节约和综合利用，充分发挥资源的潜力，尽可能地提高资源的利用率、生产率和综合效益。对农业资源的开发利用如何才算合理呢？不同类别的资源不尽相同。

二、合理利用农业资源的目标

农业资源合理利用的目标是，采用最先进的技术进行开发利用，减少浪费，提高效益。通常，可按再生资源和非再生资源的类

别制定目标。

再生资源，如生物资源、土地资源等，以实行增殖和永续利用为目标。既使资源的数量越来越多，又使农业生态系统的总体结构功能得到改善。各资源利用的目标分为以下几种。

(1)土地资源。应充分利用现有耕地资源，挖掘未利用的荒山荒地资源。对已经利用，但利用不充分、未发挥应有生产潜力的中低产田土进行改造，确定作物的合理布局，改革耕作制度，提高复种指数，用地与养地相结合，使土壤越种越肥，产量越种越高。

(2)林业资源。应使森林的采伐量与林木生长量相适应，年采伐量不超过资源再生量。大搞植树造林，增加森林资源，合理安排林种结构，有计划地发展用材林、防护林、经济林、薪炭林等，以保证林业生产的稳步发展。

(3)草场资源。应使牲畜的饲养量与饲草增殖相适应，“以草定畜”。有目的地建设、规划、改良草地，大力加强人工草地的建设，不断扩大人工草地和割草的面积，建成较稳定的饲料供应基地，改善“靠天养畜”的状况；天然草场避免过度放牧使草场退化。

(4)渔业资源。应实行养殖、捕捞并举，以养殖为主，防止渔业资源的衰竭。我国渔业发展的目标是：养殖业兴旺发达，主要渔业资源得到改善，增殖事业大见成效，彻底改变“重捕轻养”的观念。

可循环再生或再用的环境资源，如太阳能、潮汐能、风能、水资源等自然界中大量存在的“恒定资源”，应尽量加以开发利用，即以最大限度利用为目标。太阳能是自然界最丰富的自然资源，但目前我国农业生产对光能的利用率还很低，全国平均光能利用率仅为0.4%，光能资源的潜力是相当大的，我们应采取先进的技术和措施，使农作物、林木、水生植物、牧草等固定利用更多的太阳能；我国热能、热量资源丰富多样，因热量资源在很大程度上决定着作物种类和品种、种植密度、栽培管理等一系列问题，所以，寒冷的东北地区适宜林、牧业的生长、发展，而在热量条件最优越的华南、海南，则可大力发展热带经济林木如橡胶、椰子、油棕、咖啡、可可等，以热量的最佳利用为目标；我国水资源总量不低，但分布不均，应全面规划，综合利用，农业用水量在我国占全部用水量的90%以上，所以，要大力加强水利建设，推广喷灌、滴灌等，以达到节约农业用水的目标，在地下水丰富的区域，充分挖掘潜力，以满足农业的灌溉用水。

非再生的矿产资源、旅游资源，如石油、天然气、磷钾矿藏以及山水景观、自然风光等，应以节约、综合利用和重复利用为目标。矿产资源是一个整体，由于它具有有限性，人们在开发利用中要以“物尽其用”为目标，防止出现采富弃贫、采厚弃薄、采大弃小的严重浪费资源的现象；旅游资源中的野生动植物和自然保护区以综合开发、全面保护为目标，避免砍伐古树名木、滥捕野生动物等现象的发生。

三、合理利用农业资源的原则

农业资源的开发利用在客观上存在着合理利用的标志，也存在一个最适利用程度和最适点。这个最适度和最适点，是由生态规律和经济规律决定的，并受到开发利用条件的制约。众所周知，生态系统具有一定的承受能力和自我调节的功能，对资源的开发利用必须严格限制相应许可的范围，才能使其保持在良好的平衡状态；反之，超过了“阈值”，就会带来生态失调的恶果。能否在资源许可的范围内寻找到最适度和最适点，关键在于我们能否按照客观规律，对资源及其开发条件做出分析和评价，分析其利用的可能性、适度性和合理性。要使农业资源的开发利用达到合理化和最优化，要通过调查研究，从而确定相应的原则。其基本的原则通常包括以下几方面的内容。

（一）按照人口、资源平衡的原则，控制人口增长并实行节约化经营

人与自然的关系，实质上是“人口—资源—环境”三者间的关

系。我国的自然资源虽绝对数量丰富，但人均占有的耕地、林地、草原以及水资源等的数量较低，当务之急是严格控制人口的增长，同时珍惜保护自然资源，应用先进科技，进行资源节约型的集约化经营，改善“人口—资源—环境”结构。鉴于我国目前一方面资源不足，另一方面浪费、破坏资源的现象又较为严重，我们需要解决以下面临的问题。

(1)实现集约经营和集约利用，提高资源的生产力，是现代农业的需要。集约化的经营，就是要达到按需求增加投入，增进地力和资源生产力。农业生产中，投入与产出有密切的关系，要取得好的产出，一定数量和质量的资源是基础条件，农业生产的物质能量投入中除了从自然界获得光、热、水、气外，还需投入适量的化肥、农药、机械、除草剂等，并采用先进的农艺综合技术及管理，对农业生产系统物质能量循环中输出的能量做一种必要补偿，否则，农业资源的生产力将会日益衰退。

(2)我国地少人多的矛盾突出，提高农业产量，不能靠单纯追求扩大耕地来实现，因为我国可供开发利用的后备土地资源有限，所以应致力于挖掘资源的内部潜力，提高土地利用率，制止对资源的掠夺式经营。种植业精耕细作，用养结合；畜牧业合理轮放，控制草场载畜量；养殖业精养高产；渔业制止酷渔滥捕。在开发利用中，要运用经济手段，按照价值规律来严格控制资源的利用，由国家以税收的形式向资源使用者收取使用费，可以促使生产者、消费者小心谨慎、精打细算地对待自然资源的利用，从而使资源免受损害和浪费。

(二)按照资源整体性的原则，实现综合利用，以取得最佳经济效益

农业资源是一个有机的综合体，其组成要素间是相互联系、相互制约的整体。许多资源具有多用性，资源间的相互联系既有结合、协同，又有拮抗和抑制。农业资源的单一开发，不仅会造成资源的浪费，还会危害生态平衡。因而在农业生产中要发展多种

经营,对资源进行综合开发利用,满足社会对农产品日益增长的需求。农林牧副渔业各部门要广泛协作,将当前利益和长远利益结合起来。物尽其用,变废为宝,改善农业生产结构和生态结构。综合利用的结果是,既产生巨大的经济效益,又产生良好的社会效益和生态效益。这样可以实现生态稳定、生产发展、环境优美的总体目标。

(三)保持生态平衡的原则,进行资源的适度、适量开发利用

农业生产的目的是获得人类赖以生存的有机物,实质是通过生态系统将太阳能固定下来供人类所利用。发展农业生产需具备良好的生态环境,农业生产的对象是生物体,它有生长发育和繁殖的生命活动过程,是人类通过科学技术和劳动,输入物质能量,利用自然资源,进行物质能量转换的过程。目前,系统分析被用来指导农业生产,在系统分析的诸因素中,既包括自然因素,也包括社会因素,即除自然因素外,各项方针政策及经济规律也有制约作用。现在把整个农业生产视为"农业生态经济系统"。要达到最大生态经济效益,保持动态平衡的最佳状态,必须保持生物基本数量与环境质量相适应和成比例的关系。对任何一种资源而言,其利用都有适量、不适量和最大量的问题。一些地区在发展生产的过程中,种植业片面追求高产,盲目提高复种指数,造成地力衰竭;畜牧业一味追求头数,过牧超载,造成草场退化。这是超过生态系统的自我调节能力和资源的负荷极限而引起的生态失调和资源衰退。

(四)因地制宜、合理布局的原则,充分发挥资源优势

农业资源有明显的地域性,农业生产又是在一定地域进行的,会受到自然条件的深刻影响。各种生物及农作物在漫长的系统发育过程中,都形成了对一定的自然生态环境的适应性。例如,农作物在最适宜的自然环境中,就易于获得最佳产量和质量效果,即发挥了自然优势。要提高农业生产力,必须保持农作物

与环境以及人为因素的最佳组合，也就是分析各项影响因子，用科学的耕作制度来安排各种作物结构和布局。大农业的合理布局是一个复杂的宏观研究领域，几乎所有自然资源都与布局有联系，但应分清主导因子与限制因子，使生物与环境达到最佳组合，发挥资源优势和环境的最高生产力，以达到合理利用资源。

我国地域辽阔，各地的自然条件和农业资源以及农业生产特点不同，要发挥资源优势，因地制宜最为重要。不论南方、北方、东部、西部，各区域都有各自的优势和限制因素，这需要综合分析，在充分了解自然资源的特点后，进行合理布局，扬长避短，把资源优势变为生产优势，进而形成区域商品优势。例如，在种植业布局中，择优种植，适地适种就是合理安排作物生产布局的一个基本原则。有些热带、亚热带作物，如甘蔗、菠萝、香蕉、椰子等，对温度条件的生态适应性极为敏感，种在适宜地区，不仅产量高，而且质量优。又如茶树，越过秦岭、淮河以北，其温度、水分、土壤等生态条件均不能满足茶树生育的基本要求，在局部小气候较适宜地区也常受冻害，茶叶产量极不稳定，结果是自然优势、经济优势完全丧失。再如，把苹果种植在北回归线以南，日间高温，夏季夜温也高，导致苹果糖分积累少，品质低劣。

（五）保护自然资源，改善生态环境的原则

自然资源的保护对象包括森林资源、水资源、草场资源、土地资源及野生动植物资源等，保护的中心任务是合理利用资源，这也是我国进行社会主义现代化建设的一项基本国策。环境中的各种资源是人类赖以生存的物质基础，农业的可持续发展有赖于自然资源的合理利用，也有赖于保护和改善农业生态环境。如果我们在发展的过程中，不同时进行保护和治理，等到生态失调、环境恶化时才重视，则会付出高昂的代价。我国目前已重视资源的保护，并建立了相应的法规。禁止任何人或任何组织用任何手段侵占或者破坏自然资源。贯彻"以防为主，防治结合"的方针，在发展经济的同时，保护好生态环境，把眼前利益和长远利益、局部

利益和整体利益结合起来，进行用、养、保、治四结合，不断提高绿色覆盖率，防止水土流失，保护地力，使地力常新，资源得以恢复，生态保持平衡。在资源的利用过程中，需要扬长避短。所谓长和短，即有利或不利，它们是相对而言的。某种资源和条件对某项生产可能是有利的，而对另一项生产可能又是不利的。有利与不利，又可相互转化，对有利的条件，要加以利用、充分发挥，而不利的影响则应尽量避免。在对现实的有利条件加以利用时，还要对潜在的有利条件加以培育和改造，把资源的生产潜力充分挖掘出来，防止有利条件在利用不当时，向不利方向转化。

四、合理利用农业资源的措施

农业资源开发要统一领导，科学规划，做到有步骤、有重点、有计划地开展，避免盲目性和急躁性。农业资源开发是一项涉及面广的复杂的系统工程，在统一领导和统一规划下才能使各个有关部门协调起来，共同完成农业资源开发的目标。农业资源开发项目的选择确定，要引入竞争机制，择优选题立项，同时所有开发项目应进行前期论证和可行性研究，以使农业资源开发项目的选取更加科学合理。在开发过程中，应做到有规划、有步骤、有重点地展开，把有限的资金用在最能显著地提高农业综合生产能力的地方。

农业资源的开发在近期应以深度开发为主、广度开发为辅；在中长期，要坚持深度开发和广度开发并举的方针。近期的深度开发，鉴于投入资金有限，应重点进行中低产田土改造和冬季农业开发，扩大再生产，以提高农业产出水平为主攻方向，增强农业后劲；同时要适当开垦宜农荒地、沿海滩涂等农业后备资源。中长期的发展，鉴于我国人口数量的增加及人们生活水平提高对农产品数量和质量提出的更高要求，则需进行深度和广度的综合开发，把扩大农业生产规模和提高单位产出相结合，使农业生产稳步增长，发展过程中，逐步增加开发投资，使资源的利用、生产力的提高与国民经济发展速度相适应。

农业资源的开发要坚持集中成片，先易后难，开发一片，成效一片。即把有限的资金集中使用，开发重点突出，避免资金分配上的平均主义。一方面，对资源进行全面系统的综合开发，提高总体资源系统的生产能力；另一方面，对具有多种用途的农业资源进行多层次、多系列、多产品的综合开发，避免对单一资源或单一用途的片面开发利用。农业资金的管理上实行国家、地方、集体、个人相结合的方法，建立良性开发机制。国家用于农业资源开发的资金，可根据具体情况，确定不同的资金使用和偿还办法：对于经济效益差，但社会效益和生态效益好的基础性投资开发项目，可采取无偿投资的办法；对于经济效益、社会效益和生态效益均好的项目，可采用有偿为主、适当扶持的办法；对于长期效益好，但短期难以回收投资的项目，如荒山、荒坡的治理，植树造林、改良草地等项目，可在投资方法上给予适当扶持；对于短期效益很好的项目，要全部或部分回收投入资金，这将促使有限的资金集中使用。

进一步完善农业资源的相关法规，以法律形式加强农业资源保护和促使农业资源开发，做到利用开发有法可依，保证农业资源开发活动的经常性和持久性。农业资源的相关政策法规能调节资源开发过程中人们之间的各种经济关系，协调人与自然之间的关系，这是国家实施资源开发利用战略的基本途径，是保证社会基本制度稳定的有力工具。我国在制定自然资源政策与法规方面做出了一定成绩，但法规体系还不够完善，从政策与法规系统的实施及效果来看，还远远不能适应合理开发、利用、保护的需求，尚存许多亟待解决的问题，各种法规相互之间还存在一些不协调，给实施带来了一定的困难。近年制定了一些专门性的法规，如《土地管理法》《森林法》《草原法》《水污染防治法》《海洋环境保护法》等，但还没有制定一部《自然资源基本法》或《农业资源法》来协调各种法规之间的关系。所以，必须加快制定《农业资源法》，使之既有协调性，又有可操作性。

五、农业资源开发利用的展望

农业资源利用与管理学正处于发展阶段，今后需要不断完善。21世纪，随着人口剧增、资源过度消耗、环境污染、生态破坏等全球性问题的出现，农业资源的合理开发和利用将越来越受到广泛重视，其发展前景主要取决于以下几个方面。

（一）加强区域性农业资源利用战略研究，适应社会发展的需求

我国区域经济发展极不平衡，要发挥区域优势，就必须进行分区研究，制定区域战略目标，因地制宜，分区指导，并加强区域间的交流和合作，取长补短，才能适应农业生产区域化、专业化和现代化的要求。在区域农业资源利用的战略研究中，要注重研究农业自然资源的差异性和产品的多样性，有效控制区域人口，使人口的增长与生产的发展相适应。尽管我国近十年来不断在进行农业资源的调查和区划工作，但很多自然资源在测算与统计方面，实际数量与统计数量仍有较大差异，因而仍需继续加强基础的调查工作，各个区域只有在摸清家底的情况下，才能对资源的现状进行评价，对资源的利用进行合理的组织，制止掠夺式开发和经营，有利于改善生态环境，增加物质和能量的投入，实行资源的节约集约经营和资源的综合开发利用，建立合理的农业区域产业结构，实现区域农林牧副渔全面发展，提高农业生产综合能力，为农产品的优质化、多样化及农业资源的合理利用开辟新的途径，向农业生产的深度和广度进军。

（二）加强农业资源利用服务体系的建设和新技术的应用

农业生产是一个复杂的开放性系统，要保证“农业增效、农民增收”，在确保现有的农业资源环境安全的基础上，提高农业资源的利用效率就成了必然的选择。农业资源区域差异性明显，农业

资源的利用则是一个涉及社会、经济、生态乃至于文化的综合系统，在资源的开发利用中往往涉及多行业、多部门的协调。而部门间的合作和对农业资源开发利用的服务是科学、合理开发农业资源的条件和保障，是提高农业综合生产能力的基础。若政府的政策措施不当或部门间不能合理协调，也可能造成“政府失灵”、资源配置不合理等现象。

农业资源利用效率主要受农业生产方式、资金状况、技术水平、劳动力素质、土地资源状况、国家产业政策等因素的影响，这就需要国家从整体利益出发，超越地区和部门的局限性，从整体上运用经济和法律等宏观调控手段对农业资源利用进行合理的监督、管理和调控，因此探索、尝试建立农业资源开发利用的管理和服务体系就显得尤其重要。

广泛运用新技术又是对资源开发利用的强有力的支撑，能使农业资源的开发利用向更深层次发展。农业资源的开发研究应建立一套科学、高效的技术支持系统，随着遥感、地理信息系统和全球定位系统技术的广泛运用，可以逐步建立农业资源动态监测系统，为农业资源的评价、合理利用、决策智能化等提供技术支持，必将大大提高农业资源开发利用的整体效率。

（三）加强农业资源开发利用的生态安全研究，促进可持续发展

在农业资源的利用中，只有遵循自然规律，按照生态学原理合理利用农业资源，才能使农业资源的利用效率达到最佳。既能通过有效利用农业资源来获得自身所需要的农产品，又能与生态环境和谐相处，让资源环境长期、持久、稳定地为人类服务。可持续发展不能走大量消耗资源的粗放经营的道路，只能走节约合理利用资源，集约经营的道路。我国人多地少，仍属发展中国家，理所当然要把发展生产力放在首位，但与此同时要切实保护农业生态环境，努力实现农业生产持续性、经济持续性与生态持续性的统一。对资源要在保护中开发，在开发中保护；资源的开发和节

约并举，把节约放在首位。要积极推进资源利用方式从粗放向集约转变，走出一条适合我国国情的资源节约型经济发展新路子。积极推进资源管理方式的转变，建立适应发展社会主义市场经济要求的集中统一、精干高效、依法行政、具有权威的资源管理新体制，建立中国特色可持续集约农业技术体系，走资源节约型农业发展道路，促进传统农业向现代农业转变，资源利用从粗放向集约转变，广泛运用农业科技的最新成果，全面规划和加强基础研究，加快科技成果转化，开拓农业资源循环利用新途径，开展农业废物资源化利用，延伸农业产业链，就可缓解日趋严重的资源问题，进而提高环境质量，促进农业可持续发展。

生态农业模式是一项生态系统工程，它按照生态学和经济学原理，建立一个农业生态复合系统，并确保农业生态系统内物质流、能量流、信息流和价值流的合理流动，最终实现经济效益与生态效益的统一。

1. 生态农业的基本原则

生态农业模式通过吸收和总结国内外农业生产的经验和教训，通过合理开发和综合利用农业资源，以提高各种资源的利用率；通过采用先进技术与工艺，对农林牧渔产品进行加工与利用，实行种、养、加相结合，建立增产增值的生产流程；发展生态农业要因地制宜，根据当地环境、资源、科技等具体情况，综合分析，选择合适的发展模式。选择生态农业模式应坚持以下几个原则。

(1)整体性原则。生态农业把整个农业生产经济系统与该系统内部的全部要素和外部的有关要素，按生态规律和经济规律的要求进行调控，要求农、林、牧、副、渔、工、商、运、储业的综合经营体系整体发展。

(2)协调发展原则。要采取第一产业、第二产业、第三产业的协调同步发展以及种、养、加、产、供、销一条龙的经济发展模式，正确处理好各部分间的共生与竞争的关系、模式与环境的关系、产品—商品—市场的关系，建立良性的循环系统。

(3)可持续性原则。生态系统与经济系统的良性循环是生态农业模式的核心,生态农业建设必须综合考虑长短结合,远近结合,系统决策,统一规划,将资源利用与保护相结合。

(4)动态调控原则。生态农业模式涉及一个动态工程,要在建设过程中不断进行调整,在不同阶段都需要对采取的模式进行再设计,以适应形势的变化。

(5)时空演替合理配置原则。发展生态农业的重要内容之一,就是如何根据生物群落生长的时空特点和演替规律,合理配置农业资源,优化农业产业结构,在保护好农业生态环境的前提下组织农业生产。

2.典型的生态农业模式

(1)种养殖业复合系统。

①桑基鱼塘。若在塘基上种桑养蚕,则形成桑基鱼塘。桑基鱼塘在我国珠江三角洲北部地区、杭州等地较为常见。桑基鱼塘基上种植的桑树是生产者,蚕以桑叶为食,是第一级消费者,然后生产出丝、茧、蛹,并排出蚕粪。塘里的鱼是第二级消费者。为了充分利用各种养分和立体空间,采取不同鱼种分层放养的方式,上层鱼吃剩的残余物和粪便成为下层鱼的食物,鱼类的排泄物和其他生物的残骸又被微生物分解为含氮、磷、钾等的物质,混入塘泥。这种塘泥肥力高、肥效长,既能抗旱又能防止杂草滋生,将其施用于桑基,从而进入新的循环过程。这样构成的农业生态系统,水陆相互联系、动植物和微生物相互作用、物质循环和能量层层利用,形成“桑茂、蚕壮、鱼肥、泥好、桑茂”的良性循环。

②蔗基鱼塘。这种系统结构相对简单,有一定的水陆相互作用。嫩蔗叶用来喂鱼,塘泥使甘蔗生长发育快,同时塘泥中的大量水分对蔗基起明显作用。还有的地方在蔗基上养猪,将嫩蔗叶、蔗尾、蔗头等废弃部分用来喂猪,猪肥用于肥塘。

③果基鱼塘。从已有资料看,各地在塘基上种植的果树种类很多,多为亚热带地区常见的水果,如香蕉、柑橘、木瓜、芒果、荔

枝等。根据市场需求和果树的生长情况而不断调整果品,大多能产生较好的经济效益。有的地方还在高秆植物下放养家禽,既可以吃草和虫,又可以增加收入,同时家禽的粪便还可以肥塘,可谓一举多得。

此外,还有花基鱼塘(在基上种养各种花卉)、杂基鱼塘(在基上种植蔬菜、花生等经济作物)等类型。

(2)稻鸭(鱼)共生模式。

稻田养鸭是一种"人造"共生系统。将鸭围养在稻田里,在稻田设置一定面积的鱼沟和鱼坑,鱼在水稻返青期后放养,小鸭在秧苗栽下扎根后放养,实现稻、鸭、鱼立体共生种养。这种模式让鸭和稻"全天候"地同生共长,充分利用鸭的杂食性,以鸭捕食害虫从而代替农药,以鸭采食杂草从而代替除草剂,将鸭粪作为有机肥从而取代部分化肥,最终实现以鸭代替人工为水稻"防病、治虫、除草、施肥、中耕"的目的。这种高效的种养模式,既降低了生产成本,又提高了水稻的种植效益;既控制了农业面源污染,又保护了生态环境,增加了经济效益。

(3)以沼气为纽带的各种模式。

①北方的"四位一体"模式。这是经辽宁省农业科技人员的研究和农民反复实践创造出的北方农村的一种庭院经济与生态农业相结合的新的高效农业生态模式。具体而言,就是农民在同一块土地上建大棚,利用太阳能养家禽家畜、种植蔬菜,将人畜粪便作为原料发酵生产沼气用于照明,沼渣作肥料又用于种植,实现了产气、积肥同步,种植、养殖并举,能流、物流良性循环。这种模式既可以解决农村的能源供应问题,改善农村的生活环境,又尽量减少农药化肥的使用,提高了食品安全性。

②西北"五配套"生态农业模式。该模式是解决西北干旱地区的用水问题,促进农业可持续发展,提高农民收入的重要模式。具体实现形式是:每户建一个沼气池、一个果园、一个暖圈、一个蓄水窖和一个看营房。实行入厕、沼气、猪圈三结合,圈下建沼气池,池上搞养殖,除养猪外,圈内上层还放笼养鸡,形成鸡粪喂猪、

猪粪池产沼气的立体养殖和多种经营系统。

③“猪—沼—果(经济林草)”模式。畜禽养殖近年来在全国得到迅速发展,为“菜篮子工程”和增加农民收入做出了较大的贡献。为解决畜禽养殖所带来的污染问题,一些地方不断总结和探索,形成了“猪—沼—果(经济林草)”的典型模式。

该模式是以一户农户为基本单元,利用房前屋后的山地、水面、庭院等场地,建成的生态农业模式。在平面布局上,要求在果园内或果园旁边根据果园大小建设一定规模的可移动生猪养殖场,沼气池要与畜禽舍、厕所三结合,使之形成一个工程整体。这样,生猪在接近于自然的环境条件下养殖,并将其排泄物腐熟、发酵获取沼气,沼液和残渣作为果园有机肥,同时在果树行间种植蔬菜(牧草)喂养生猪,形成一种良性循环。这种模式一般按户建一口 $8m^3$ 的沼气池,常年存栏 4 头猪,种 4 亩果园的规模进行组合配套。该模式也可以因地制宜,从农户的客观条件出发,搞庭院经济,果园内种植经济作物,养其他畜禽代替养猪等。

④北京留民营模式。位于北京市东南郊大兴区长子营镇的留民营村,人口不足千人,总面积 2 192 亩,但它却是我国最早实施生态农业建设和研究的试点单位,被誉为“中国生态农业第一村”。该村通过调整农业生产结构,开发利用新能源和大力植树造林,已从单一的种植业发展到现在的农、林、牧、副、渔、生态旅游等全面发展。

留民营村在生态农业建设过程中逐渐形成了鸡—猪—沼—菜的家庭循环系统,经过多年的发展,已经形成了以沼气站为能源转换中心,促进各业良性循环,达到清洁生产,循环利用的生态农业模式。实践证明,在一家一户的生产单元里,建设小型循环系统是可行而且有利的,可以在不增加农户负担的基础上,产生较为明显的经济效益和生态效益。

(4)种加复合模式。

在全国各地农业产业化的实践中,还逐渐形成了“市场＋公司＋科技园＋基地＋农户”的模式,不仅实现了贸易、工业、农业一体化,生产、加工、销售一条龙,而且还出现了以资源高效利用和循环利用为核心的各具特色的生态农业模式。

3.区域生态建设

(1)庭院经济——微型生态系统。庭院,即农户房前屋后的院落,以及周围的闲散土地和水域。农户庭院是一个独立的单元,它界限清楚,面积小,是个同时具有生态功能与经济功能的微型生态系统。庭院经济是指农户充分利用庭院区域,利用动、植物和微生物之间相互依存的关系,实现物质在生态系统内的循环与再生,进行种养业、园艺、手工业等产业,从事高度集约化的商品生产,提供尽可能多的清洁产品的一种经营形式。至今,庭院经济仍是我国农村地区的一种重要的生产方式。

(2)生态省建设。所谓生态省建设,就是以区域可持续发展为目标,把发展区域经济、社会进步和保护环境三者有机结合起来,不仅要加强环境保护与生态建设,提高人们的生态意识,保护和改善生态环境,而且要加快生态产业转型,发展生态经济,增强经济实力,提升人民的生活质量。生态省建设是可持续发展理论与我国实际紧密结合下的产物,是对全球可持续发展的一项重大创新,是实施可持续发展战略的根本要求,是实施区域可持续发展战略的平台和切入点。

第四节 农业对外合作的意义

当今世界正在发生复杂而深刻的变化,国际金融危机深层次影响继续显现,世界经济复苏缓慢、发展分化,国际投资贸易格局和多边投资贸易规则酝酿深刻调整。共建“一带一路”顺应世界多极化、经济全球化、文化多样化、社会信息化的潮流,是国际合作以及全球治理新模式的积极探索。

近年来,全球农业发展格局深度调整,气候变化对粮食主产区的影响不断加深,生物质能源、金融投机活动等非传统因素使农产品国际市场不确定性持续加强,全球粮食安全及贫困问题仍然困扰着很多发展中国家,世界上仍有 7.95 亿人忍受长期饥饿,20 亿人遭受营养不良。农业持续增长动力不足和农产品市场供求结构显著变化,已经成为世界各国需要共同面对的新问题、新挑战,尤其在"一带一路"沿线,许多国家实现粮食安全与营养、解决饥饿与贫困的形势仍十分紧迫,亟待通过开展农业合作,共同促进农业可持续发展。

后金融危机时代,各国更加重视农业的基础地位,更加注重全球农业资源的整合利用和农产品市场的深度开发,对开展农业国际合作的诉求也更加强烈,为"一带一路"建设农业合作提供了难得的历史机遇。当前,中国正与沿线国家积极开展战略对接,共同构建"一带一路"合作框架,双、多边合作机制日益完善,为开展农业合作提供了有利平台。"一带一路"建设基础设施互联互通、资金融通为开展农业合作提供了保障,为沿线国家实现农业产业优势互补、共享发展机遇创造了良好条件。

当前,中国农业与世界农业高度关联,推进"一带一路"建设农业合作意义重大,既是中国扩大和深化对外开放的需要,也是世界农业持续健康发展的需要,有利于推动形成全球农业国际合作新格局,有利于沿线各国发挥比较优势,促进区域内农业要素有序流动、农业资源高效配置、农产品市场深度融合,推动沿线各国实现经济互利共赢发展。

长期以来,中国政府一直坚定不移地推进和扩大农业对外开放,优化政策体系,主动融入农业全球化发展进程。"一带一路"沿线一直是中国开展农业国际合作的重点区域,许多省区利用山水相连、文化相通等优势,与"一带一路"沿线国家开展了富有成效的互利合作。中国西部省区立足旱作农业与中亚国家开展粮食、畜牧、棉花等领域合作，北部省区在俄罗斯远东地区开展粮食、蔬菜等种植合作，中国南部省区立足热带农业，与东南亚、南亚国家开展粮食、热带经济作物等种植合作，发展态势良好，势头强劲，均取得了显著成效。另外，中国通过援建农业技术示范中心、派遣农业技术专家、培训农业技术和管理人员等方式，积极帮助“一带一路”沿线发展中国家提高农业生产和安全卫生保障能力，为保障世界粮食安全做出了积极贡献。

面向未来，中国将继续推动“一带一路”农业合作，积极参与区域性农业国际交流合作平台建设，支持多双边涉农国际贸易投资协定谈判，共同编制多双边农业投资合作规划，增强对最不发达国家的农业投资，推进实施“中非十大合作计划”，积极利用“南南合作援助基金”，开展农业领域南南合作，支持发展中国家落实2030年可持续发展议程，创新与发达国家农业合作方式，全面构建新型农业国际合作关系，推动全球实现农业可持续发展。

下一步，中国将积极推动境外农业合作示范区和境内农业对外开放合作试验区建设，内外统筹，与沿线国家在金融、税收、保险、动植物检验检疫等方面开展务实合作，加强人才交流和信息互通，分享农业技术、经验和农业发展模式，共同规划实施区域粮食综合生产能力提升、农业科技合作与示范、动植物疫病疫情联合防控、农产品产业一体化建设、贸易基础设施强化、农业研发促进培训综合平台、农业信息化体系建设七大重点工程。

共建“一带一路”是中国的倡议，也是中国与沿线国家的共同愿望。中国愿与沿线国家一道，在既有的多双边合作机制框架下，兼顾各方利益，尊重各方诉求，相向而行，携手推动“一带一路”建设，使农业合作迈向更大范围、更高水平、更深层次，共同为提高全球粮食安全与营养水平，推进全球农业可持续健康发展做出更大贡献。

第一章　农业资源及其利用

21世纪,全球面临着人口膨胀与消费增加的双重压力,在经历了20世纪中期以来的经济高速增长后,资源、环境问题日益突出,“在满足当代人需要的同时,不损害后代人满足自身需求的能力和发展”,即可持续发展,是人类社会的一种理性决策,如何合理充分地利用和开发农业资源,协调区域间、当代和后代之间的利益冲突,就成为亟须解决的重要问题之一。

第一节　农业气候资源及其利用

气候对农业生物资源和土地资源的利用起着促进或制约的作用。农业气候资源是进行农业生产规划与布局的前提和基础。我国农业生产在气候上有区域性强、潜在生产力高和不稳定的特点,农业气候资源丰富,气候类型多样,有利于发展农业生产;同时农业气象灾害频繁,又对农业生产不利。在生产实践中,应根据气候与农业的这种相互关系,合理调整农业生产的结构、种植制度、植物的种类和品种以及经营管理措施等。

一、农业气候资源的概念、特征及与农业可持续发展的关系

(一)农业气候资源的概念与特征

1.农业气候资源的概念

气候是指一个地区或地点多年的大气状态,包括平均状态和

极端状态，具体通过各种气象要素（包括气温、气压、空气湿度、降水量、风等各种天气现象）的各种统计量来表达。气候由以下因子决定。

（1）太阳辐射因子。其是指到达地球表面的太阳辐射的分布状况，取决于太阳辐射、照度、太阳位置的天文因子和大气透明度。大气外的未经大气吸收的太阳辐射量（天文辐射量）随纬度、季节的变化，造成地球沿纬度线的带状分布和季节交替。太阳活动的变化则可影响地球气候的长期变化。

（2）地理因子。其主要指影响气候的地区表面（下垫面）特征（包括海陆分布、地形，如海拔高度、山脉走向、坡向、坡度和地形起伏程度等）和地面覆盖（冰雪、植被、岩石、土壤等）特征。

（3）大气环流因子。其主要指地球上影响气候的大范围空气流动特征。它由太阳辐射在地球表面等分布的不均匀性、地球自转和下垫面条件的差异所造成。

（4）人类活动因子。其是指人类生命和生产活动对气候的影响。人类改变下垫面条件（如砍伐森林、垦荒、兴修大型水利工程、灌溉、植树造林等）可改变地面反射率和水热平衡过程，燃烧过程释放出大量二氧化碳可改变大气成分，同时还直接加热大气。上述诸因子的综合作用，构成了包括大气、海洋、大陆、冰雪和生物在内的气候系统（图 1-1），在太阳辐射的作用下，形成了各地的气候。

农业气候作为农业生态环境可分为两部分，即农业气候条件和农业气候资源。农业气候条件是指那些只属于生态环境条件，而非某种物质或能量的农业气候要素，例如，温度、湿度、气压及虹、晕等天气现象，它只影响农业生产，而不参与农业生产过程。农业气候资源（如光、热、水、气等）不仅是农作物生长发育的外界条件，而且直接为农作物提供物质基础和能量源泉，直接制约着作物生育和产量形成。由此可知，农业气象资源是指一个地区的气候条件对农业生产所提供的各种天然物质和能源，以及对农业生产发展的潜在能力。农业气候资源具体是指作物生长期的长

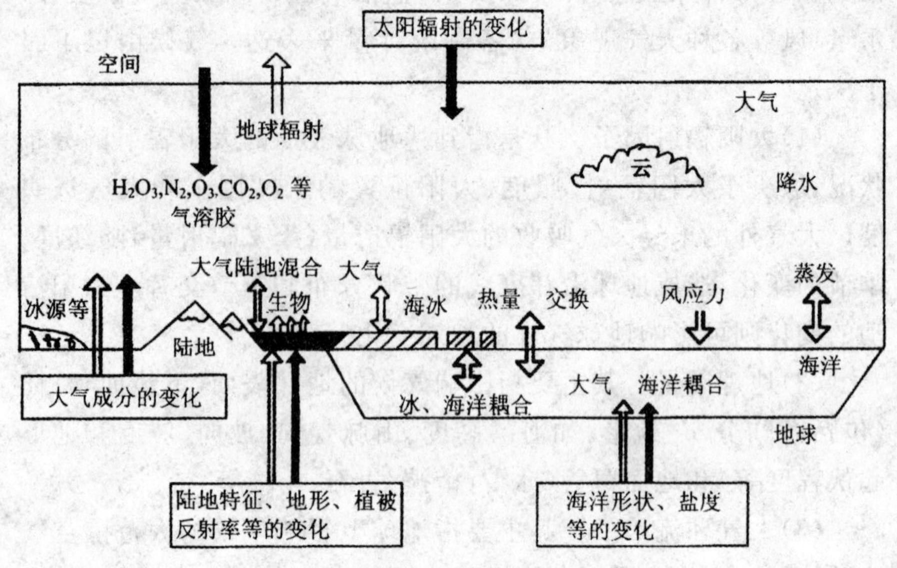

图 1-1　气候系统

短(气候资源在单位时间内对某些作物生长的限制)、无霜冻期日数、热量和降水量的多少;光照时数、太阳辐射强度和光质状况;影响这些资源有效利用的农业气象灾害情况。

2. 农业气候资源的特征

气候作为一种农业资源,受到日地运动规律的制约,在时间和空间上存在错综复杂的变化,有其独特的变化规律。其基本特性如下。

(1)一定时空范围内的有限性和无限循环的可更新性。

太阳辐射、温度、降水、风速等气候要素在某一地区的多年平均值是相对稳定的,因而其利用潜力是有限的。由于日地位置及其运动特点,地球上大部分地区的气候要素总是年复一年、四季交替、昼夜轮回,光、热、水资源均有明显的周期性季节变化,可以持久利用,因此又是无限的。从总体看,农业气候资源是取之不尽、用之不竭的可更新的自然资源。

(2)适度性和非线性。

每种农业生物对光、温、水等主要气候要素都有其最低、最适和最高三个基点，只有处在农业生物的可利用范围内才能成为资源，超过或低于一定的范围，都会给农业生产带来不利影响，甚至造成灾害。如温度过低，农作物会发生冷害；温度过高，农作物则发生热害；降水过少，会使农作物缺水；降水过多，会淹没农作物。而资源的非线性是指资源储存量越多，可利用程度越高。因此，气候灾害和气候资源是并存的。这给气候资源的开发利用带来了风险。因此在开发利用气候资源时，必须考虑防灾。

(3)波动性和相对稳定性。

气候因素并非一成不变地循环，由于受到天文、地理因素的影响和制约，不同地区或同一地区不同年份的光、热、降水数量及其组合可以相差很大，具有一定的波动性，但又总是围绕其多年平均值上下起伏，具有相对稳定性。纵观地球气候史，地球表面的冷热干湿一直在交替变化，气候资源的变化常常是周期性与非周期性各种变化叠加在一起，有序中包含着无序，无序中也包含着有序，变化规律十分复杂。尽管每年都发生不同程度的波动，各气象要素仍然是围绕着平均值起伏振动，一般多呈正态分布，所以有相对的稳定性。

(4)区域的差异性。

气候资源在空间分布上有区域性差异，纬度、海陆分布及地势、地貌与下垫面特性的不同，造成大范围内的光、热、水资源的显著区域差异；就是在较小范围内，由于海拔高度和坡向等不同地形的影响，光、热、水资源在时间和空间分配上均有显著差异，表现出小区域内农业气候资源分布的不平衡性，常形成多样的农业气候类型。同一农业气候类型在地理位置上可能不连续，但可用农业气候相似的原则进行区划，提出合理的利用途径，指导农业生产。

(5)相互依存性和可改造性。

气候资源各要素不是独立地存在与发展变化的，一种要素的变化会影响到另一种要素的变化。气候资源各要素相互影响制约，有机地组成气候资源的总体。因此，某一要素的过量或不足均显著影响到气候资源的有效利用。同时,气候资源的开发利用,往往要与其他自然资源良好配合,才能取得较好的经济效益。例如,农业气候资源的利用,必须考虑土地资源、生物资源等,离开了其他自然资源,充分利用农业气候资源就无从谈起。此外,气候资源的利用开发还有赖于社会经济、技术水平状况。

目前,人类活动虽然难以大规模地改造大气候,但人类活动在某种程度上和一定范围内可以调节、改善局部气候和小气候。如植树造林、兴修水利、保持水土、防风固沙、培肥地力等,不仅形成有利的地方气候和小气候,而且能保持生态平衡,使环境因素协调发展。反之,如滥伐森林,破坏自然植被,不按自然规律办事,必将使整个自然环境条件和农业气候资源恶化。

(二)农业气候资源在农业可持续发展中的作用

1.农业气候特点与农业生产

我国属季风明显的国家,冬季主要受来自大陆气流的影响,夏季主要受来自海洋气流的影响,冬季寒冷,夏季炎热;气候的大陆性强,年较差大。这种气候的基本特点是形成我国农业季节性生产差异的主要原因。我国春季北方升温快,南方因雨多而升温慢,南北平均气温差异缩小;夏季南北差异不大;秋季北方降温快,南方较慢,南北差异增大;冬季南北气温相差较大。由于生长期热量条件南北差异小,一年生喜温植物可以在较高纬度种植,也有利于进行复种。

我国大部分地区的降水量随温度的升高而增加,夏季气温升到一年中最热的时期,降水量多,达到了最大值。这种雨热同季有利于充分发挥气候资源的生产效力。

我国气候的大陆性强,气温年较差、日较差大,且由南向北、由沿海向内陆逐渐增大,大陆性气候强对农作物蛋白质合成有利,有利于形成高产优质的农产品。

我国气候类型的多样性有利于发展多种多样的农业生产,以适应国民经济发展对农产品的需求。我国农业气候的另一个重要特点是，一些重要气候要素的年际变化大，农业气象灾害多，给农业生产带来的损失较大。

2.地形气候与农业生产

地形是气候形成的重要因子之一，它通过对大气层的热力作用和动力作用影响气候，造成农业生产自然环境的非连续性和非均一性，增加了农业气候的复杂性，使农业气候类型多种多样，从而影响到农业生产的结构和格局。

我国地形复杂多样，高原和山地面积大，山地气候的利用是农业生产的重要方面之一。各较大山系对农业气候都有不同程度的影响，山系两侧降雨量和温度差异较大，导致种植制度、作物种类及土地利用方式不同。同时，海拔高度对气候的影响也很大。我国农业生产主要集中在海拔 2 000m 以下，海拔每升高 100m 温度下降 0.5℃～0.6℃，大于或等于 10℃ 积温每升高 100m 则减少 150℃～200℃，生长期缩短 4～5 天。不同气候区的山地高度和热量条件不同，不同的坡向影响热量条件的分布，造成农业生产的明显不同。由于我国山地气候类型具有多样性，农业生产应因地制宜、多种经营，其分型利用可以使农业生产具有"立体农业"的特色，为我国农业生产的发展提供了有利条件。

3.气候条件与植被、土壤

在陆地表面形成的各种气候类型直接影响植被类型和土壤类型的分布。我国的自然植被在北温带出现以针叶林为代表的树种，随着气温的增高，中温带为针叶落叶阔叶混交林，南温带为落叶阔叶林带，北亚热带为常绿阔叶落叶林、阔叶混交林，中亚热带为常绿阔叶林带，南亚热带和热带则为季雨林和雨林。

由于季风气候的影响，我国形成自东南向西北的湿润、半湿润、半干旱、干旱气候，相应地出现森林、草原和荒漠植被。农业植被的分布受气候的制约，随着热量条件的改变而出现不同的类型,在北温带和中温带出现冬闲和暖季作物植被,如马铃薯、甜菜、春小麦、大豆等;在南温带则出现冬闲或越冬作物和春夏作物植被,如冬小麦、春夏玉米、春夏大豆、棉花等;在亚热带全年有作物,如冬小麦、蚕豆、油菜、水稻等;南亚热带和热带出现喜温作物植被,如水稻、甘蔗、冬大豆、冬花生等。由于对干湿状况的反应不同,形成不同的作物植被特点,如在我国湿润地带典型作物有水稻、甘蔗;半湿润地带有玉米、棉花;半干旱地带有谷子、糜子等;干旱地带则为灌溉作物植被。因此,我国的农业植被类型随水热条件的不同而有明显的差异。一定的农业植被类型总是和一定的气候条件相适应。

我国的农业土壤类型和性状的分布特征也同气候条件有密切的关系。各种土壤类型与季风气候和地形有关,其总的分布趋势与季风气候规律相近,形成东南湿润气候地带谱和西北干旱气候地带谱,两者之间有过渡性土壤地带。东南湿润气候区自南向北分布有砖红壤、赤红壤、红壤与黄壤、黄棕壤、棕壤和暗棕壤土带;西部干旱区自东向西分布有栗钙土、棕钙土、灰钙土与漠钙土;两者之间自黄土高原至大兴安岭西麓分布有褐土、黑垆土、黑钙土、栗钙土、灰钙土、灰黑土和黑土等过渡性土壤带谱。从热量条件看,东部季风湿润区自北向南随热量的增加,依次出现温带的典型棕色森林土,南温带棕壤,亚热带黄壤、红壤,南亚热带和热带砖红壤和红壤。在温带地区,土壤的地带性随水分条件自东向西减少而依次出现湿润区森林土壤(暗棕色森林土)、半湿润区森林草原土壤(黑土)、半干旱区草原土壤(黑钙土)、干旱区草原土壤(栗钙土)、干旱区干旱荒漠草原土壤(棕钙土和灰钙土)、荒漠土壤(灰棕色荒漠土)。在水分差异不明显的亚热带和热带地区,水分引起土壤的地带性不明显。同时,气候因子中的水分和热量还对土壤肥力有明显的影响,导致土壤南酸北碱,有机质含量也随降雨增加而增加。

4.农业气候区域与农业生产

我国农业生产的区域性主要表现在以下几个方面:农业生

产部门(种植业、畜牧业、林业、渔业等)的区域性,作物生产区域性,耕作制度区域性,产品品质区域性,农业技术措施区域性,牧草和载畜量区域性,作物和牲畜品种区域性等。这些区域性的形成与变动在很大程度上受气候条件的制约,对农业生产有重要意义。

我国农林牧各业分布的状况都有明显的区域性。水分是构成这些区域性差异的一个重要因素。我国的水分条件从东南向西北方向变化,种植业主要分布在东南季风区的湿润和半湿润地带。林业(乔木)的分界没有越过半干旱地带,天然放牧畜牧业主要集中在半干旱和干旱气候区。各种作物都要求一定的气候条件,均有其适应的范围和最佳效益范围,因而形成了作物生产布局的区域性。我国的棉花主要分布在大于或等于 15℃积温 3 200℃以上的地区;冬小麦种植在最冷月平均最低气温大于-15℃的地区;谷子、糜子等耐旱作物栽培在降水量小于 500mm 的偏旱地区;柑橘、茶树是典型的亚热带作物;甘蔗栽培在南亚热带和热带地区。

我国种植制度也存在区域性,种植制度的形成和发展主要是建立在农业气候区域性基础上的。我国种植制度的区域性主要取决于热量条件。在大于或等于 10℃积温 3 200℃以上的地区,只能一年一熟,3 200℃～4 500℃的地区可以两年三熟或一年两熟,4 500℃～7 000℃是一年两熟或三熟区。

农产品品质的优劣也有区域性。温带地区春小麦蛋白质含量比华南的春小麦高;甘蔗在南亚热带含糖量比在北亚热带高;苹果在南温带的黄土高原的品质佳、着色好,到亚热带品质变劣;西北气候干燥,日照时间长,瓜果含糖量高。这些都与气温、气温日较差、气候大陆性、干燥度等的区域性有关。

农业生产技术措施也是与气候、农业生产的区域性相适应的。农时季节、灌溉与排水、抗旱与防湿、镇压与松土等都是适应一定气候条件并在农业生产中长期应用的结果。由此可见,农业生产的区域性是与一定的气候条件相适应的,这是进行农业气候区划的基本条件。

二、我国农业气候资源的特点与分布规律

(一)我国农业气候资源的特点

我国背依世界最大的陆地——欧亚大陆,面向世界最大的海洋——太平洋,季风强盛,加之幅员辽阔,地形复杂,东南部湿润多雨,西北部少雨干旱,全国可分为三个农业气候大区。从大兴安岭起,沿长城,经甘肃南部和川西大雪山山脉一线以东为东部季风大区;昆仑山、阿尔泰山、祁连山脉以南为青藏高寒大区;西北干旱大区南部与青藏高寒区相接,其东南部与东部季风区相接(表 1-1)。

表 1-1　我国气候带的划分指标及农业土地利用特征

气候区	气候带	热量指标	参考指标	农业土地利用特征
东部季风区域	温带	最冷月气温<0℃	低温均值<－10℃	有"死冬"
	寒温带	>10℃积温<1 700℃	>10℃日数<105d	极早熟作物,一年一熟
	中温带	>10℃积温1 700℃～3 500℃	>10℃日数105～180d	一年一熟,春小麦为主
	暖温带	>10℃积温3 500℃～4 500℃	>10℃日数181～225d	两年三熟,冬小麦为主
	亚热带	最冷月气温>0℃	低温均值>－10℃	无"死冬"
	北亚热带	>10℃积温<4 500℃～5 300℃	>10℃日数226～240d	稻麦两熟,茶,竹
	中亚热带	>10℃积温5 300℃～6 500℃	>10℃日数241～285d	双季稻＋喜凉作物,两年五熟,柑橘、油桐、茶
	南亚热带	>10℃积温6 500℃～8 000℃	>10℃日数286～365d	双季稻＋喜凉或喜温作物,一年三熟,龙眼、荔枝

续表

气候区	气候带	热量指标	参考指标	农业土地利用特征
东部季风区域	热带	最冷月 气温＞15℃	低温均值 ＞5℃	喜温作物全年均可生长
	边缘热带	＞10℃积温 8 000℃～8 500℃	最冷月气温 ＞15℃～18℃	双季稻＋喜温作物，一年三熟，椰子、咖啡、剑麻
	中热带	＞10℃积温 ＞8 500℃	＞10℃日数 ＞18℃	木本植物为主，橡胶、椰子等，产量高，质量好
	赤道热带	＞10℃积温 ＞9 000℃	＞10℃日数 ＞25℃	可种赤道带、热带作物
西北干旱区域	干旱中温带	＞10℃积温 1 700℃～3 500℃	＞10℃日数 100～180d	可种长绒棉
	干旱暖温带	＞10℃积温 ＞3 500℃	＞10℃日数 ＞180d	可种冬小麦
青藏高寒区域	高原寒带	最热月气温＜6℃	＞10℃日数不出现	“无人区”
	高原亚寒带	＞10℃积温 6℃～12℃	＞10℃日数 ＜50d	牧业为主
	高原温带	＞10℃积温 12℃～18℃	＞10℃日数 50～180d	农业为主

我国光能资源丰富，年总辐射量为 $3.5\times10^9\sim8.3\times10^9\,J/m^2$，但利用率较低，利用潜力还很大。改良品种，改进农业技术以更好地利用光能，可以发挥较大的农业增产潜力。热量资源方面，农业区大于或等于 10℃ 的积温为 2 000℃～9 000℃。可以满足一年一熟至一年三熟，适合发展对热量条件要求不同的多种农作物。但热量有年际波动。根据气候资料分析可知，我国大于或等于 10℃ 的积温最多年与最少年的差值大致在 500℃～1 000℃。热量资源波动大时往往造成农业生产的不稳定性，可能引起农作物产量的大幅度增减。水分资源方面，全国年平均降水量大于 600mm，主要农作区的降水量为 400～2 000mm，但地区变化幅度

很大。这是我国农业生产水平地区差异大和产量不稳定的主要原因之一。此外,我国大陆海拔高差大,且60%地区为山区。由于海拔高度、坡度、坡向和地形组合的影响,各种气候资源量值的空间分布异常复杂,气候资源的利用往往是若干气候资源的综合效应。

总之,我国农业气候条件的有利方面是,亚热带和温带的湿润、半湿润气候面积大,而且全国气候类型多种多样,地带性和非地带性都很明显,有利于农林牧渔综合发展;不利方面是气候条件的季节性差异很大,年际变动也很大,影响农业生产的稳定发展。因此,掌握气候规律,克服生产中的不利气候条件,才能合理利用农业气候资源,同时保护农业气候资源,实现农业可持续发展。

(二)我国农业气候资源分布规律

1. 东部季风农业气候大区

东部季风农业气候大区面积占全国的46.2%,农业耕地占80%以上,人口占90%,地势西高东低,多山地丘陵,著名的平原有东北、华北、长江中下游、珠江三角洲等,气候温暖湿润,土壤较肥沃,物产丰富,是我国主要的农业区,具有以下特点。

(1)季风活跃,构成了我国季风性农业生产特点。

夏季东南、西南季风盛行,潮湿气流向北、西北方向运行,气候湿润多雨,为农业生产提供了丰富的水、热、光资源。冬季受大陆气候的影响,盛行西北风,气候干燥寒冷,北方农作物有越冬期,南方大部分地区冬季只种喜凉作物,在东南季风影响的地区,四季明显,干湿明显。

(2)光、温、水资源丰富,有利于发展农业生产。

东部季风区年太阳辐射$3.35\times10^9\sim3.77\times10^9 J/m^2$,年日照时数1 200~2 800h,大部分地区2 000~2 600h,光资源可以满足作物高产的需要,大于0℃的积温2 000℃~10 000℃,由北向南逐渐增多,有各种类型的作物和品种或不同熟制生产,年降水量400～2 000mm,南多北少,可发展各种水、旱作物和多熟种植。

(3)雨热同季,适宜扩大高产作物栽培。

雨热同季北方比南方明显,夏季降水量占年降水量的45%～75%,温度升高与降水增加与农作物需水多的季节相一致,有利于发展水稻、玉米等喜温高产作物。水稻分布在东部季风区,占播种面积的28.9%,粮食生产占43.6%,玉米播种面积占全国玉米播种面积的80%,为农业生产提供了有利条件。

(4)农业气候类型多样,适宜发展名、优、特农产品生产。

东部季风区地跨北温带至热带的广大地区。热带气候优势,适于橡胶、咖啡、椰子等土特产生产;中北亚热带有柑橘、茶叶、油桐、苎麻、蚕桑等名特产;暖温带有苹果、梨、枣、板栗、烟草等;中温带有甜菜、大豆、人参、貂皮、红松等;北温带有鹿茸和貂皮等特产。粮食作物在不同的气候条件下也有不同的优质品种,东北的大豆、华北的小麦等品质优良,亚热带的油菜、蚕豆都很有特色,西北干旱区的瓜果农畜产品也很有特色。

(5)气候复杂,农业气象灾害频繁。

由于季风气候的影响,农业气象灾害频繁,其中干旱影响最大,春、伏、秋旱危害各种农作物,涝灾在华北平原、东北地区、长江流域、华南地区时有发生,沿海地区有台风危害,在平原低洼地区有淹害、内涝,山区暴雨造成冲刷和水土流失,低温是中温带和南方晚稻的主要灾害,柑橘、茶树、冬小麦等有冻害发生,华南热带作物有寒害发生,干热风主要危害北方冬小麦,冰雹局部毁坏农作物。因此,要注意农业气象灾害的防御。

2.西北干旱农业气候大区

本区位于我国北部与西北部,包括内蒙古、吉林、宁夏、甘肃部分地区及整个新疆。由于该区远离海洋,湿润气流难以到达,区内年降水量由400mm向西锐减至十几毫米,为半干旱—干旱气候,全年大于或等于0℃积温570℃～2 100℃,除南疆、东疆为南温带气候外，其他地区主要为中温带气候。西北干旱区有充足的光照和夏季较温暖的条件，由于干旱限制了光温条件的发挥，没有灌溉的地区旱作种植业退居为辅，而大片草原和半荒漠草原为发展畜牧业提供了有利条件，但有高山降水、冰雪融化水和水利灌溉的河套、宁夏灌区、河西走廊灌区、新疆石河子等灌区农业比较发达，成为戈壁上的绿洲。西北干旱区的气候特点如下。

(1)太阳辐射强，日照时间长。

本区地处大陆腹地，是全国太阳辐射能最丰富的地区之一，年总辐射量在 $5.02\times10^9 J/m^2$ 左右，多数地区为 5.86×10^9～$6.70\times10^9 J/m^2$，全年日照时数2 800～3 200h，有的地方达3 300h以上。西北各地5～8月的太阳辐射数值大多在 0.18×10^8～$0.23\times10^8 J/m^2$，对春播作物生长和干物质积累十分有利，由于总辐射多，而且紫外辐射也较东部地区多，加之气温日较差大，因此，本区果实着色浓、品质好。

丰富的光资源既有利于光合作用，又在一定程度上补偿了热量不足，使本区灌溉农业和牧区畜牧业均有较大潜力。

(2)降水少，变率大，季节分配不均。

本区降水量由东向西迅速递减，在本区东界年降水量400mm等值线的东北段以西，相隔300～400km，西南段以西相隔100km左右的地方，年降水量降至200～250mm，此线以西深居大陆腹地、四周高山环抱的盆地内降水更少，塔里木盆地、吐鲁番盆地全年降水量不足25mm。

本区降水量年际变化很大，年降水量平均变率一般在30%～40%，甚至高达40%～50%。夏季(6～8月)降水量一般占年降水量的50%以上。因此，常发生严重春旱，影响春播作物出苗并使牧草返青推迟。

(3)积温有效性高。

本区春季升温快，夏季热量条件较好，各地日较差也较大，日平均气温大于或等于10℃期间的日较差一般在13℃～18℃。在有灌溉条件的地区，丰富的光、热资源得以充分发挥，积温有效性高。

(4)风能资源丰富,沙化严重。

本区多数地区全年日平均风速大于或等于 5m/s 的天数在 50 天以上,从呼伦贝尔草原沿大兴安岭西侧经阴山山脉到甘肃北山一线以北多达 80～120 天,甚至 200 天以上。大风有利于发展中、小型风力机,为农牧业提供了动力。但在干旱、半干旱地区大风导致土地风蚀沙化严重。

3. 青藏高寒农业气候大区

青藏高原东起横断山区,西抵喀喇昆仑山脉,南至喜马拉雅山脉,北达阿尔金山—祁连山北麓,总面积 $250\times10^4 km^2$,占我国陆地面积的 1/4 多,平均海拔高于 4 000m。由于地势高,气候寒冷,形成了一个独特的农业气候区域。其主要农业气候特点如下。

(1)太阳辐射能多。

该区年太阳总辐射量为 $5.8\times10^9\sim8.7\times10^9 J/m^2$,为我国辐射能高值区。接近或略次于西亚和北非。高原红外辐射较强,白天作物层温度较高,热量有效性大,有利于高原作物在较低的温度下获得高产。青藏高原紫外辐射较强,靠近可见光的紫外辐射可影响作物的形态,常使植物长得低矮、粗壮,叶片增厚,抗倒伏,有利于作物的密植增产。

(2)年平均气温低,积温少,夏季温凉,最热月平均气温不高。

青藏高原各地平均气温多在－6℃～3℃,最热月平均气温低于 25℃。特别是青藏高原中部,稳定大于或等于 0℃日数仅 100 天,积温低于 500℃,限制了作物对热量的要求。

(3)基本上没有绝对无霜期。

高原上不仅最冷月平均气温比我国东部同纬度地带低,最热月的极端最低气温也在 0℃以下,基本上没有绝对无霜期,作物遭受霜冻的现象在任何月份都可能发生。

(4)水湿状况差异悬殊。

西南季风受山脉阻挡的影响,由雅鲁藏布江口及喜马拉雅山南坡向北和西北,降水量逐渐减少,湿润度逐渐降低,气候逐渐过渡为极度干旱。

(5)农业利用独具特色。

本区土地利用以畜牧业和林业为主,农业仅占极少比重,青藏高原东南部气候温暖湿润,适于林木生长。甘南、三江流域、藏东南及喜马拉雅山南坡,云杉、冷杉生长良好,总面积达 1 067×10^4 hm^2,木材蓄积量达 23.4×10^8 m^3,占全国木材蓄积量的 29%。

青藏高原以畜牧业为主的地区有西藏、青海两省及甘南、川西、滇西北等地区。天然草场占总土地面积的 67%,是我国牦牛、藏山羊、藏绵羊的重要产地。

农业生产主要集中在水利条件较好的“一江”(雅鲁藏布江)、“两河”(拉萨河、年楚河)和黄湟谷地,主要种植小麦、青稞、蚕豆、马铃薯等。由于光照足,日较差大,粮食单产较高,但耕地面积较小,不及全国耕地总面积的 1%,粮食总产量不及全国的 0.5%。

(三)我国农业气候资源信息系统模型

地理信息系统(Geography Information Systems,GIS)是以空间数据库为基础,采用地理模型分析,达到实现地理信息的采集、存储、检索、分析、显示、预测和更新目的的系统。GIS 的基本功能以位置特征、属性和时空关联为核心,对不同应用领域的数据管理和分析发挥着重要作用,为 GIS 提供广阔的应用空间。GIS 的主要应用领域有土地管理、城市规划、交通管理、环境管理以及人文科学等。

GIS 技术的发展目标是实现在任何时间、任何地点,任何人和任何事物都能在网络体系中顺畅通信。创新是 GIS 技术发展的原动力。在通信基础上,GIS 能够在天上、地面、水中等不同平台进行多种方式的数据采集、处理、传递和更新,如车载移动地图制图系统、水下地图成图系统、可佩戴移动地图制图系统等。

在技术发展方面,云 GIS 是重要的发展方向。云计算是由处于网络节点的计算机分工协作、共同计算,以低成本实现强大的计算能力,从而为终端设备按需提供共享资源、软件和信息。因此，云 GIS 平台可以高度集成更丰富的空间数据与更复杂的计算功能，能够极大地提高 GIS 的应用效率。

GIS 技术与物联网的发展密切相关。物联网是将各种信息传感设备和物理资源结合在一起，并连接到互联网形成巨大的网络体系。物联网 GIS 对城市基础设施与部件状况、能源供给状况、交通状况、环境状况等进行动态监测，并根据实时采集的数据，进行即时的智能化分析，达到辅助决策的服务作用。

GIS 技术是一种面向地理空间数据管理和处理的技术，地理数据从三个方面描述自然界的物体，即定坐标系中的位置、与位置相关的属性、相互间的空间关系（拓扑关系）。气候资源的分布有明显的地域性特征，可以用地理空间数据来描述。空间对象即 GIS 中所处理的客体，是现实世界中客观存在的实体或现象。为了对地球表面上的各种地理要素进行科学的管理、分析、模拟与预测，GIS 将地理实体（如山川、河流、房屋等）和现象的位置、形态、分布特征及属性等记录下来，并存储到计算机上。空间对象的形态往往极不规则，而且信息量很大。GIS 需要把空间对象抽象成点、线、面和体以及相关组合等多种数据类型，以便存储和应用。然而由于气候观测站点稀疏，不足以精确地反映整个空间气候状况，为此需要进行空间数据的内插。要达到这一目的，需从现有观测的资料中找出一个函数关系式，使该关系式最大限度地逼近这些已知的空间数据。应用此关系式将气候要素推算到一定空间分辨率的细网格点上，形成一个空间数据集合。利用 GIS 空间分析模型，便可细致地再现单要素气候资源空间分布规律。若将多要素的气候空间数据汇集起来，应用数理统计方法或多边形叠置功能，按多种边界和属性条件组合，就会形成区域性的资源分布，实现多要素综合评价，达到农业气候区划的目的。

1. 气候资源信息网格数字化

（1）气候资料网格推算模型的建立。

气候分布与地形、地貌等密切相关。要详细了解这种关系，可用多元回归分析方法将气候要素与经度、纬度、海拔高度、坡度、坡向等地形因子进行相关分析,建立小网格推算模型。

(2)地表网格单元气候资料的推算。

气候资源是一个空间数据。空间数据的特征是,空间中的一个点不仅具有一定的属性值,且具有相应的空间位置。空间位置的定位可用某一种地理坐标,如经纬网或公里网来描述。当知道空间某一点的位置,知道相应的地形属性值,便可通过网格推算模型进行推算,求出该点相应的属性值。再通过地理属性与图形属性耦合完成模型与地理位置的关联。

2.空间分析及产品输出

地理数据有两种结构,即矢量数据结构和栅格数据结构。矢量数据用于描述和表达离散地理空间实体要素。离散地理空间实体要素是指位于或贴近地球表面的地理特征要素,即地物要素。这些要素可能是自然地理特征要素,如山峰、河流、植被、地表覆盖等;也可能是人文地理特征要素,如道路、管线、井、建筑物、土地利用分类等;或者是自然或人文区域的边界。虽然存在一些其他的类型,但离散的地理特征要素通常表示为点、线和多边形。

矢量数据结构对于有确定位置与形状的离散要素较为理想,但对于连续变化空间形象(如降雨量、海拔等)的表示不太理想。表示连续的现象最好是选择栅格数据模型。栅格数据结构是最简单、最直观的空间数据结构,又称网格结构(raster 或 grid cell)或像元结构(pixel),是指将地球表面划分为大小均匀、紧密相邻的网格阵列,每个网格作为一个像元或像素,由行、列号定义,并包含一个代码,表示该像素的属性类型或量值,或仅仅包含指向其属性记录的指针。因此,栅格结构是以规则的阵列来表示空间地物或现象分布的数据组织,组织中的每个数据表示地物或现象的非几何属性特征。

在分析时,当进行地图叠置、数据运算时,应采用栅格数据。

当需要显示空间数据的表像结构如资源空间分布区域、作物种植适宜区等多边形数据时，将栅格数据转换为矢量数据，经过多种图形整饰处理，使空间分析结果以图形形式输出。

(1)气候资源空间分析及产品输出。

利用 GIS 技术使气候资源空间数据以图像的形式表示出来。经过数次中值滤波，滤掉噪声，应用平滑处理除去一些细碎的斑点。再根据每一种气象要素图像分级标准对数据图像进行分级运算，得到气候资源栅格图像。将此栅格文件转换为多边形矢量文件，再建立拓扑关系，使每个多边形获取相应的属性值，便得到气候资源等值线分布图。

(2)多因子综合评价及产品输出。

多因子的统计分析被广泛地应用于数据分类和综合评价，是 GIS 的重要组成部分。综合评价一般经过四个过程：评价因子的选择；各因子权重的确定；因子内各类别对评价目标影响程度的确定；选用某种方法进行多因子综合评分。

三、农业气象灾害的防御

(一)冷害的防御

防御低温冷害，首先要掌握冷害的多年发生规律，准确估计本年冷害的发生情况，然后采取措施进行防御。

(1)回避措施。冷害早来年份，选择早熟品种，喷洒植物激素，促进早熟。

(2)充分利用热资源。适当提早播种插秧，缩短播种期，多施农家肥，改善农田热状况等。

(3)采取应急措施。采用灌溉、施用水面和叶面保温剂，进行根外追肥以提高作物的抗寒能力等。在长江流域普遍采用灌水法(日排夜灌)可提高土温 1.5℃～2.0℃，但以水增温必须考虑水源温度。

（二）霜冻的防御

一般采取熏烟法、灌溉法、喷雾法、防护林法、覆盖法等物理、化学方法增温或减缓降温速率，也可以选用抗旱品种、早熟品种、适时播种、培养壮苗、改良土壤等农业措施来防御霜冻，减轻危害。

由于霜冻发生在农作物生长期内，并且霜冻发生时间的年际变化大，所以就限制了各地区热量资源的充分利用。采取有效措施防止霜冻的危害，提高生产效益的潜力是巨大的。

（三）干旱和洪涝的防御

目前抗旱防涝的方法很多，大致可以分为下列两类。

一是采取有效的农业技术措施：

(1)选用抗旱抗涝品种，种植耐旱耐涝作物。

(2)合理安排作物布局，调整作物生长与气候条件的关系，避开旱涝危害时期。

(3)加强农田基本建设，改良土壤，提高土壤保水能力。

(4)兴修水利工程，合理利用水资源。

(5)植树造林，调节气候。

二是人工影响局部天气。通过人为干预的方法，使局地天气朝有利于人们预定目的的方向转化，以克服或减轻恶劣天气引发的灾害。目前，人工影响局部天气的方法主要有人工增雨、人工消雾、人工消云、人工消雹、人工防霜、人工消雷电等。

（四）干热风的防御

干热风的防御措施包括：

(1)营造农田防护林网和林带，减弱风速，降低田间温度，增加农田空气相对湿度。

(2)适时灌溉可调节农田水热状况，有利于作物生理机能的正常进行，提高灌浆速度，以减轻干热风的危害。

(3)选用和培育抗干热风的作物优良品种。

(4)喷洒化学药剂。如石油助长剂、氯化钙、磷酸二氢钾、硼、草木灰等,对防御干热风有一定效果。

(5)运用综合农业技术措施。如合理施肥,调整播种期和播种方式,改革种植制度等。

(五)冰雹的防御

1.人工消雹

目前人工消雹有两种方法,即催化剂方法和爆炸方法。催化剂方法是在冰雹云内撒布大量的熔化剂(如碘化银),形成大量的冰晶,由于云中的水分是有限的,众多的小冰雹不能长得很大。爆炸方法现在被国内外广泛采用,效果突出。爆炸方法消雹的机理,现在还不大清楚。

2.种草植树,绿化荒山、秃岭

这可使地区间的温度差异相对缩小,缓和热对流的发展,改善气候条件,减少冰雹发生的次数。

3.调整作物布局

经常发生冰雹的地区,可适当增加林牧的比重,选择抗雹能力强的农作物种类,如马铃薯、甘薯等地下块茎作物,调整好播种期,尽量使抽穗开花至灌浆成熟期,避开当地容易出现冰雹的季节。

4.做好防范的准备工作

要随时注意天气预报,在冰雹来临前及时抢收已经成熟或将近成熟的作物,秧田、育苗地,或面积虽小但较珍贵的作物,分别做好灌深水、覆盖等措施。

5.雹灾过后要及时采取必要而适宜的补救措施

受灾轻的,要扶苗培土,中耕施肥,促其尽快恢复生长;受害较重的不要轻易翻掉,而应积极抢救。对于砸烂的植株茎叶,不宜剪割,以免造成腐烂枯死,导致更大减产。受害特别严重的,可补种生育期短的绿豆、荞麦等,争取一定的收成。

四、农业气候资源的开发、利用和保护

我国农业气候资源丰富多样,具有多种气候类型,随着农业现代化建设的发展、农业专业化、区域化以及社会的多种需求,合理利用农业气候资源必须从三方面进行:充分合理地使作物最大限度地利用气候资源生产力;不断提高农业对不利气候条件的抗御能力;注意改善和保护农业气候资源,以达到永续利用的目的。

(一)正确认识和评价农业气候资源是合理开发气候资源的前提

合理开发利用农业气候资源,应先在生产实践中应用各类农业资源考察和评价。通过综合考察和评价,查明各地气候资源的分布状况及光、热、水等资源的变化和组合规律,在此基础上进行农业气候资源的可利用性分析,确定区域农业气候特征与开发利用方向,遵循客观规律布局农业生产,提高资源的利用效率,减少盲目性。

(二)因地制宜,扬长避短,发挥优势

在掌握气候规律的基础上,科学地适应气候资源条件,不断挖掘气候资源潜力,遵循自然规律和经济规律,因地、因作物布局农业生产,既要考虑经济方面的要求,又要考虑实际条件的可行性。以最适宜的作物适应当地气候,才能达到发挥气候资源优势的目的。如西北干旱区水土极不平衡,水资源有限,干旱严重,大

面积土地资源开发利用受到限制，在农业气候资源利用上以水资源的多少确定农业开发规模的大小，千方百计提高水的利用率，以促进农业生产对光温的利用率，使单产进一步提高。在西北干旱区发展季节性畜牧业，利用夏季较好的水热气候资源快速育肥牲畜，在冬季到来前屠宰牲畜作为商品肉类，以扬“夏饱、秋肥”之长，避“冬瘦、春死”之短。

（三）调节、控制和改良农田小气候

调节、控制和改良农田小气候的工作主要集中在以下三个方面。

(1)调节农田植被结构，改善通风透光条件，提高光能利用率，如高产作物群体结构向植株矮化作物层薄方向发展，农田的间、套、复种等。

(2)发展覆盖保护地栽培（如温室、塑料大棚等），并向大型化发展，有效地调控小气候，如有色薄膜、无架充气薄膜、有孔薄膜及二氧化碳施肥等。

(3)营造农田防护林，是在较大范围内调控和改良农田小气候，防御自然灾害的积极有效的措施。

（四）提高复种指数，挖掘品种资源和气候资源潜力

我国各地主要农作物的光温生产潜力为现有产量水平的4～5倍，气候生产潜力则为2～3倍，继续增产的余地很大。在目前的科学技术和生产力水平下，在当地气候资源及其他自然和经济因素允许的范围内，尽量提高复种指数，选择适宜的播期、种植密度、品种和耕作制度等，是充分利用农业气候资源的有效、简便、易行的措施。

栽种和培育适宜当地气候资源的作物品种，能够较充分地发挥当地气候资源及品种资源的生产潜力，提高农作物产量。因此，除努力选育适宜当地的作物品种外，还要引进与本地农业气候条件相似地区的国外优良品种。

(五)努力提高对不利气候条件的防御能力

提高对不利气候条件的防御能力的主要措施如下:

(1)维护和改善农业气候环境,营造防护林,大力种草种树,扩大植被面积,改善生态环境,养护和改善气候资源。

(2)加强农业气象预报。准确、及时、针对性强的天气预报是抗御自然灾害、科学利用气候资源的重要保证措施。目前国际上农业气候预报的动向,是以气候资源分析为背景,走向天气—产量预报模式化。在种植业中一般应按80%的气候资源保证率,并计算农耗时间来安排农作物的播种、移栽和收获期。对于果树等生产周期很长的对象和一些特殊灾害,保证率还应提高,需达到90%以上。即使是经济价值很高、生长周期较短的作物,保证率也应达到70%左右,并制定应急措施,才能有备无患。

(3)选取培育抗逆性强的品种,加强科学栽培管理。

第二节 土地资源及其利用

一、土地资源的基本功能及其在农业生产中的地位

土地是人类赖以生存、从事各项生产活动的基础和条件。土地资源的基本功能如下所述。

(一)承载功能

地球陆地上一切生物和非生物都毫无例外地仰仗土地的承载功能而存在,土地是包括人类在内的一切生物生活和生存的基地和场所。

(二)生产功能

土地资源具有一定的生产力,即使在没有人类劳动投入的情

况下，土地也能不断地生产大量的自然产品。土地的这种生产力被称为自然生产力。人类对土地资源的开发利用也大都建立在土地的自然生产力基础之上。与此同时，人类生活及从事各种事业所需要的物质资源，无不直接或间接地由土地供给，即使农业以外的其他行业，如工、矿、建筑等所需的一切材料和动力等，也都与土地有关。

（三）净化功能

从环境生态的角度看，土壤既是环境中各种污染物的载体，且通过物理、化学、生化机制，对污染物也有一定的同化、代谢能力。农业生产过程中，有各种有机、无机污染物可通过各种途径进入土壤—植物系统，但该系统对外界生态环境也产生巨大的反作用力。土壤本身是一个活的过滤器，对污染物产生过滤、稀释等物理效应，土壤有机物的吸附、伴随土壤微生物和植物生命活动产生的化学、生物化学反应对来自各种途径的污染物有显著的净化、代谢能力，但这种代谢能力是极为有限的，同时也可能衍生出新的次生污染物再向环境（大气、水体）输出，从而影响整个农业生态系统的环境质量，或通过食物链危害人、畜健康。因而，正确评价土壤的有限净化能力，可以使土地这一宝贵的自然资源更好地造福于人类。

由于社会生产各部门对土地需求的目的和对于土地利用的方式不同，土地在各行业中的作用和意义也不同。一般来讲，在非农业部门，土地只是为其提供地基和空间，而不直接加入劳动生产过程。其产品不受土地数量和肥沃程度的影响，土地只起一般生产资料的作用。而农业生产是以土地经营为基础，是经营耕种的事业，因此，土地除起到一般生产资料的作用外，还起到劳动对象和劳动工具的作用。当人们使用生产工具作用于具有一定肥力的土地，通过各种耕作措施改善土壤中水、肥、气、热的状况以促进作物生长时，土地就作为劳动对象而起作用；当人们利用具有一定肥力的土地来从事农作物生产时，土地则是作为生产工具而起作用。在农业生产中,土地不仅直接参与农产品的形成,而且土地的数量和质量对农产品的产量和品质都有重要影响。土地是农业生产中不可被代替的基本生产资料,有着特殊的地位和作用。

二、土地资源开发

(一)土地资源开发的原则

人类社会发展的历史,也是一部土地资源开发的历史。土地资源的开发,必然会带来社会、经济结构的改变和生态环境的变化,加之我国地域辽阔,不同区域土地各有其自身特性,因此,在土地资源开发过程中必须遵循以下基本原则。

1. 因地制宜的原则

各地自然条件千差万别,使土地资源表现出明显的地域性。因此,在土地开发过程中,必须牢固树立地域差异的观念,充分考虑与自然生态环境的适宜性,以社会需求为前提,以土地适宜性为基础,扬长避短,合理开发,并注意土地开发的技术条件的可能性和社会经济的合理性,把土地开发与产业结构调整及国民经济发展的规划有机地结合起来。例如,东部地区充分利用资金、技术和人才的优势,大力发展资源消耗少、附加值大、技术含量高的农业产业,对土地坚持依靠高新技术进行集约和节约经营。而在西部地区则要充分发挥资源的优势,大力发展农林牧业及加工业,开发矿产资源,使资源优势转化成经济优势。

2. 综合开发的原则

随着社会经济的不断发展,土地资源的综合性越来越强。综合利用各种土地资源,以提高效益为中心,局部效益与全局利益相协调,当前利益和长远利益相协调,不断提高土地资源的利用效率和生产力，是土地资源开发的必然趋势。因此在土地资源的开发过程中，必须把对土地资源的广度开发（即对未利用土地的开发）和对土地的深度开发（即提高现有土地的利用效益）结合起来，做到自然环境条件和社会经济条件的综合开发。同时，应充分考虑自然环境的适宜性与限制性、技术条件的合理性和可行性，使各种不同类型的生产部门结合起来，构成有机地开发利用土地资源的组合模式。

3.坚持生态效益、经济效益和社会效益相结合的原则

土地资源的开发利用不仅要以其社会经济效益为目标，而且要充分考虑生态效益。因为土地不仅是社会生产赖以存在的基础，也是生态系统赖以存在的基础。而生态系统又是社会生产乃至整个人类社会存在的物质前提，因此在土地开发过程中，必须注重与环境生态的协调性，并使土地开发与环境保护结合起来，把土地开发与土地整治结合起来，用地与养地结合起来，以达到土地资源永续利用的目的。

（二）土地资源开发的类型

1.宜农荒地的开发

宜农荒地主要是指在现代经济技术条件下，可以开垦的天然草地、疏林地、灌木林地和其他未被利用的土地。为适应人口增长和基本建设的需要，减缓耕地面积减少的趋势，有必要把我国的宜农荒地尽快开垦出来。但在宜农荒地的开发过程中，要从各地荒地资源的实际状况及当前的社会经济和技术水平条件出发，坚持用生态的观点、发展的眼光，坚持持续发展的原则，做好勘察规划设计和开发的可行性研究工作，避免盲目开荒造成生态危害。

2.闲散地的开发

闲散地主要是指村边、路旁、河滩、田头、地角等面积零碎、分

布散乱的尚未利用的小面积荒地及废塘库、滩洼地、工矿废弃地，以及水冲沙压、自然滑坡等自然灾害破坏的土地。闲散地开发主要是将这些尚未利用的零碎、散乱的土地开发成可利用土地的过程。

3. 农业低利用率土地的开发

农业低利用率土地主要是指已作为农地利用，但产出效益较低的土地，如中、低产田土，自然生长的牧草地等。农业低利用率土地开发，就是利用现有的经济技术，对农业低利用率土地进行技术改造，使其利用条件得以改善的过程。我国的耕地面积占国土总面积比重小，耕地后备资源又严重不足，而耕地中的中、低产田土的面积占总面积的近 2/3，因此，农业低利用率土地的开发将是我国土地资源开发中一个最重要的长期工作重点，也是我国农业的根本出路。

4. 沿海滩涂的开发

沿海滩涂主要是指分布于沿海潮间带的那部分涨潮淹没、退潮露出的土地，这部分土地只需施加一定的工程措施，就可为人类所利用。由于沿海的滩涂是一种特殊的自然资源，全国约有沿海滩涂面积 $200\times10^4\,hm^2$，它经常处于不断发展和变化的状态，可以边开发、边利用、边生长，因此将是未来土地开发的重要方向。海涂的开发形式多样，既可围垦造田，又可围海养殖；既可利用海滩作工业排废处理场所，又可填海进行城市建设，并且开发价值较高，它在未来土地开发中占有相当重要的地位。

5. 城市土地的开发

城市土地开发包括城市新区开发及城市土地的再开发。城市新区开发也称城市土地的第一开发，它是将新建城区内的农业用地转化为城市用地并进行城市基础设施配套建设，使之适应城市建设需要的过程。城市新区开发的重点是在城市规划的基础上，进行城市道路、供水、供电、供热、供气、防洪、排洪等基础设施的建设，为城市建设创造条件。城市新区开发是随着城市发展的需要而提出的新课题，它是城市发展用地的重要来源，需要较高的投资，产生较高的社会经济效益，但由于其大多占用利用水平较高的农业用地，因此在开发前必须进行充分的论证、合理的规划和严格的审批程序，以此来控制农业用地的减少速度。随着城市建设的发展和科技水平的进步，原有的城市建设区在基础设施建设、城市布局、城市功能、城市环境以及城市建筑本身，均已不能满足现代城市生活发展的需要，为此而进行的原有城市建筑地段的再加工、再改造过程，就是城市土地的再开发过程。

（三）土地资源开发的方式

土地资源开发的方式一般有两种：第一种是对未利用土地及利用不充分的土地进行全面系统的安排和布局，称综合开发。第二种是从某类土地利用类型的目的与需求出发，或对某一开发个体如地块、地段所做的具体设计，称为项目开发。

我国土地资源的开发都是以区域为单位进行的，土地的综合开发需要对区域内待开发的土地资源进行调查、分析、评价，根据最佳利用的原则，对区域内土地资源进行综合的布局与调整，使土地的利用更充分和合理。对土地资源的综合开发可以与农业综合开发结合起来，各地在社会主义新农村的建设中，可在政府的扶持和引导下实施土地综合开发项目。

围绕发展优势主导产业，统筹安排土地治理项目和产业化经营项目，有利于集聚生产要素，优化资源配置，合理布局生产，建立规模化和标准化农业生产基地，调整农业结构，发展农业产业化经营，促进农业增效、农民增收，实现传统农业向现代农业的转变。按照“围绕主导产业扶龙头，围绕龙头建基地”的思想，把土地治理项目区建设成为龙头企业的原料生产基地，把产业化经营项目扶持的龙头企业做大做强。形成龙头企业、农民专业合作组织、农户之间利益紧密联结机制，实现产业开发、规模开发和效益开发，达到提高农业综合生产能力和增加农民收入的目标。努力实施土地农业综合开发项目，不仅改善了农民的生产生活方式，也提高了农民种田的积极性。

三、土壤污染防治的生态学策略

土壤污染具有重大的防治意义，因为植物的生长与土壤密切相关，污染物通过对土壤影响植物以及食物链，最终影响人体健康。

（一）土壤污染的防治措施

只有控制和消除土壤污染源使其在土体中缓慢自然降解，才能从根本上防治土壤污染。加强土壤污染的防治措施可从以下几个方面入手。

1. 控制和消除工业"三废"的排放

在工业方面，要想减少和消除污染源，就必须认真研究和大力推广闭路循环和清洁工艺，须同时做到工业"三废"及城市垃圾不能随意堆放，将其分类回收并做出恰当的处理，使废物可以转换成新资源得以重新利用，即进行废物资源化处理。只有对排放的"三废"做到完全的净化处理，才能使污染物的数量和浓度得到有效的控制。

我国在一定程度上存在水资源严重短缺且分布不均的现象，由于近几年来水体污染不断加重，与此同时也出现了农业用水紧张的局面。因此，我国许多地方的农田开始利用污水进行灌溉。这虽然暂时解决了部分农田用水紧张的局面，但也造成了土壤污染的现象。因此我们在利用污水灌溉的同时，必须要考虑当地的土壤环境的容量，根据具体情况制定出符合本区域农用污泥施用的标准和农田灌溉水质的标准，要做到随时都可以完全充分掌握污水中污染物质的组分、含量及其动态。必须严格控制污水灌溉的总量以及污泥使用量，避免因滥用污水而出现土壤污染的现象。

2.合理施用化肥和农药

为防止化学氮肥和磷肥的污染，化肥、农药的使用也需严加控制；为了使土壤中化肥、农药的累积量尽可能地减少，必须研究和制定出合适的用量、施用的最合理的和最佳的方法；也要尽可能地防止污染源流入地下水体和江河湖泊，从而出现进一步的污染环境的局面。应尽可能少量地施用农药，积极探索和推广防治病虫害的方法和途径，开展生物上的天敌防治法，此外，还应开展害虫不孕化防治法。

3.建立土壤污染监测、预测和评价系统

对土壤环境质量的调查、监测和预控系统的建立和加强，要建立在土壤环境标准或基准和土壤环境容量的基础上，同时建立系统的档案材料。通过对土壤中污染物的累积因素和污染趋势的分析，建立土壤污染物累积模型和土壤容量模型，同时做到正确地预测并提出相对应的策略。

4.提高土壤环境容量、增强土壤净化能力

要想增加土壤有机质的含量，可以通过砂土掺黏土或改良砂性土壤等方法来实现，这些方法在一定程度上能够增加或改善土壤胶体的性质，土壤对有毒物质的吸附和吸收能力能够有一定程度的加强，最终达到提高土壤环境容量、土壤净化能力的目的。在致力于提高土壤净化能力的环节中，为了使微生物对有机污染物的降解作用得到有效加强，新微生物品种的分析、分离或培养可以说非常关键。

5.其他措施

施用如抑制剂和强吸附剂等化学改良剂以阻碍重金属向作物体内转移。采取生物改良措施，通过植物的富集而排除部分污染物，种植一些对重金属吸收能力极强的非食用性作物，对排除土壤中的重金属可以起到一定的积极作用。控制氧化还原条件以减轻重金属污染的危害。改变耕作制，如对已被有机氯农药污染的土壤，可通过旱作改水田或水旱轮作的方式加快土壤中有机氯农药的分解与去除。

（二）污染土壤的修复技术

1. 污染土壤的物理和化学修复

为了恢复已被污染的土壤，使污染物的进一步迁移得以有效制止，可对污染土壤进行修复，物理和化学的方法以及生物的方法为常用的修复方法。其中物理和化学的修复方法有如下几种。

(1)物理工程修复措施。

物理工程修复措施是指借助先进的物理（机械）、物理化学原理，才能够有效治理污染较严重的土壤，也是一类工程量比较大的方法，其中常用的方法有客土、翻土、换土及去表土法，电化学法，淋洗法，固化法，热处理法，玻璃化法。

①客土、翻土、换土及去表土法。客土是将未被污染的土壤添加到污染土壤中；翻土是将污染土壤翻至下层；换土是换上未被污染的新土，移去受到污染的土壤；去表土也就是移去受污染的土壤表层。在这些方法中，土壤中原有的重金属含量并没有减少，而是通过添加未被污染的土壤或者是移去受污染的土壤而对土壤进行"稀释"，从而使土壤中的重金属浓度降低到背景值以下，其中翻土法在修复土壤时，分割重金属污染物与植物根系的接触。

②电化学法。在该方法中，将低强度直流电（1～5mA）施加到待处理的被污染的土壤中，电流的施加能够使土壤升温，在此基础上使土壤的电阻（采用的电极最好是石墨，电极的多少、间距及深度可根据需要而定）得到有效降低，金属离子流在外加直流电场的作用下会受到电解、电迁移、电渗、电泳等的作用，进而金属离子流就会下移向阳（阴）极处，而这些聚集起来的重金属可以在相关技术的帮助下取出来。

③淋洗法。在该方法中，是借助清水或者是事先调制的能够溶解污染物的溶剂来对污染土壤进行淋洗，如此一来，存在于土壤颗粒中间的污染物要么会被溶解掉要么会形成污染物——试剂配合物，最后，再对所收集到的所有液体进行处理，有的甚至还能够实现溶剂的循环使用。该方法并非对任何土壤污染都有效，其使用效果比较好的是烃、硝酸盐及重金属的重复污染。

④固化法。在该方法中，需要按照一定的比例，将固化剂与重金属污染的土壤有效混合在一起，经过一段时间后，渗透性极其有限的固体混合物就得以形成。波特兰水泥、硅酸盐、高炉渣、石灰、窑灰、飘尘、沥青等为常见的固化剂。

⑤热处理法。在该方法中，常用蒸汽、微波、红外辐射和射频来对污染土壤进行加热，使土壤温度升高，使溶解于其中的挥发性污染物得以挥发出来，之后再对其进行回收或者是其他处理。热处理法还可用于处理被重金属汞污染的土壤。

⑥玻璃化法。在玻璃化法中，被污染的土壤会熔化，具体是采用电极加热的方法实现的，在冷却之后就会形成稳定度较高的玻璃态物质。

(2)改变耕作制度。

某些污染物的毒害也可通过改变土壤环境条件来实现。如对已被有机氯农药污染的土壤，对土壤中有机氯农药的分解排除，可以通过旱作改水田或水旱轮作的方式予以改良。若将棉田改水田，可大大加速 DDT 的降解，一年可使 DDT 基本消失。稻、棉水旱轮作可以作为消除或减轻农药污染的有效措施。

(3)施用化学改良剂。

化学改良剂包括抑制剂和强吸附剂。常见的抑制剂有石灰、磷酸盐以及碳酸盐等，这些改良剂能够与重金属发生化学反应，最终会生成难溶化合物，因此，重金属就无法再向作物体内转移。将石灰用于酸性污染土壤，土壤中的酸就会得到有效减弱或者是直接变为碱性土壤，一些常见的重金属如铜、锌、汞等就会形成氢氧化物沉淀。据试验，施用石灰后，稻米的含铜量可降低 30%。

施用钙、铁、磷肥也能有效地抑制 Cd、Hg、Pb、Cu、Zn 等重金属的活性。例如，加入 0.4%的活性炭，豌豆从土壤中吸收的艾氏剂量可降低 96%。有机质、绿肥、蒙脱土等都具有类似的缓解效果。

(4)控制氧化还原条件。

重金属污染危害的减轻还可以通过控制土壤的氧化还原条件来实现。

2.污染土壤的生物修复

近年来，污染土壤的生物修复已成为研究热点，也取得了一定的成果。在污染物的土壤修复中，土壤中的有机污染物会在微生物的作用下被降解为无害的无机物(CO_2 和 H_2O)，从而达到修复的目的。

为了使微生物降解污染物的效率得以有效提高，除了借助特殊驯化与构建的工程微生物外，还可以通过调节 pH、温湿度、通氧情况及额外添加物质来实现。

(1)玻璃化技术。

①原位玻璃化技术。原位玻璃化技术是指将电流经电极直接通入污染土壤，使土壤产生 1 600℃～2 000℃的高温而熔融。现场电极大多为正方形排列，间距约为 0.5m，插入土壤深度为 0.3～1.5m，玻璃化深度约为 6m(图 1-2)。经过原位玻璃化处理后，无机金属被结合在玻璃体中，有机污染物可以通过挥发而被去除。处理过程产生的水蒸气、挥发性有机物和挥发性金属，必须设置排气管道加以收集并进一步处理。美国的 Battele 西北太平洋实验室最先使用这一方法处理被放射性核素污染的土壤。原位玻璃化技术修复污染土壤需要 6～24 个月。

影响原位修复效果以及修复过程中需要考虑的因素有导体的埋设方式、砾石含量、易燃易爆物质的累积等。

②异位玻璃化技术。异位玻璃化技术是指将污染土壤挖出，采用传统的玻璃制造技术热解和氧化或融化污染物以形成不能被淋溶的熔融态物质(图 1-3)。加热温度为 1 600℃～2 000℃。

有机污染物在加热过程中被热解或蒸发，有害无机离子被固定。熔化的污染土壤冷却后形成惰性的坚硬的玻璃体。

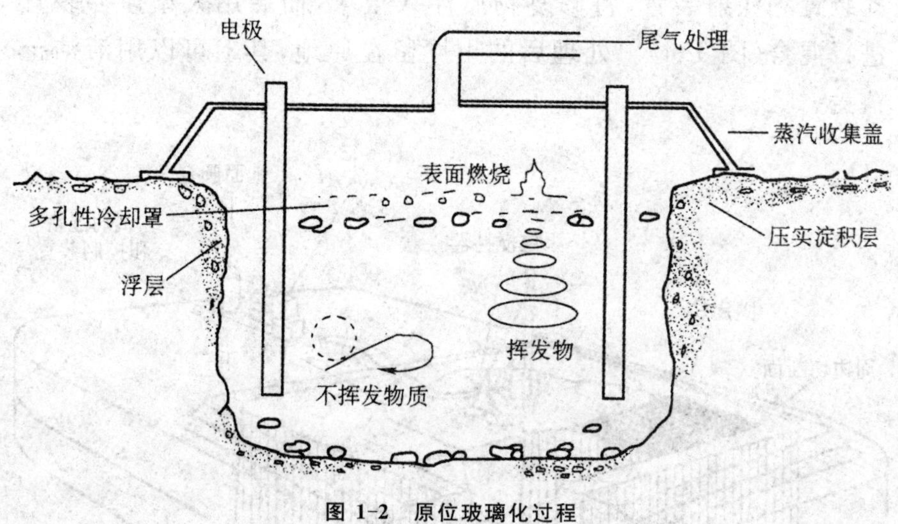

图 1-2 原位玻璃化过程

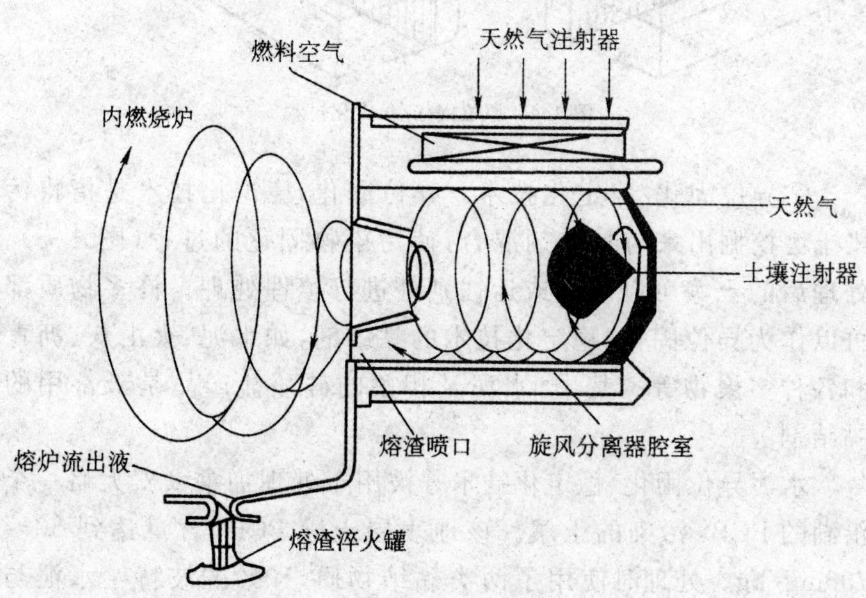

图 1-3 异位玻璃化过程

除上述玻璃化技术外，还可以使用高温液体墙反应器、等离子弧玻璃化技术和气旋炉技术等使污染土壤玻璃化。

(2)固化/稳定化技术。

①原位固化/稳定化技术。原位固化/稳定化技术就是用钻孔装置和注射装置，将修复物质注入土壤，而后用大型搅拌装置进行混合(图 1-4)。处理后的土壤留在原地，其上可以用清洁土覆盖。

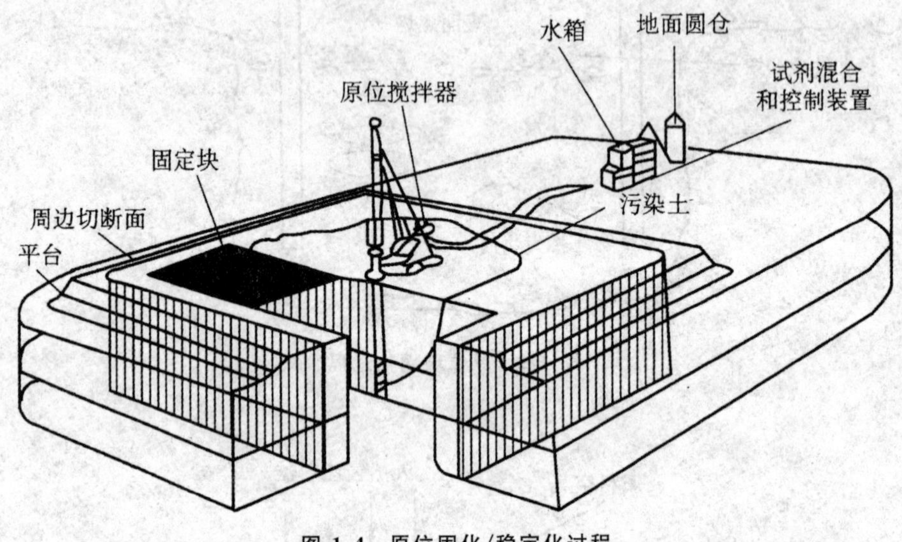

图 1-4　原位固化/稳定化过程

②异位固化/稳定化技术。异位固化/稳定化技术是指将污染土壤挖掘出来与黏结剂混合，使污染物固化的过程(图 1-5)。处理后的土壤可以回填或运往别处进行填埋处理。许多物质都可以作为异位固化/稳定化技术的黏结剂，如水泥、火山灰、沥青和各种多聚物等。其中，水泥及相关的硅酸盐产品是最常用的黏结剂。

水泥异位固化/稳定化技术曾被用于处理加拿大安大略一个沿湖的 PCBs 污染的土壤。该地表层土壤 PCBs 含量达到 50～700mg/kg。处理时使用了两类黏结物质，10％的波特兰水泥与 90％的土壤混合，12％的窑烧水泥灰加 3％的波特兰水泥与 85％的土壤混合。黏结剂和土壤在中心混合器中被混合，然后转移到弃置场。该弃置场距地下水位 2m，计算表明，堆放处理后的土壤以后地下水中 PCBs 的可能含量低于设计目标值，处理成本是每立方米 92 英镑。

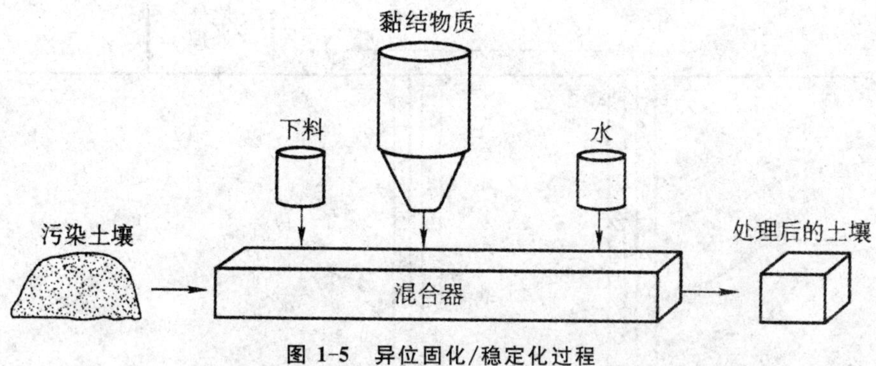

图 1-5　异位固化/稳定化过程

(3)土壤蒸汽提取技术。

利用土壤的孔隙，将土壤中的污染物以蒸汽的形式蒸发出，并加以提取的技术为土壤蒸汽提取技术。不饱和土壤中高挥发性有机物组分(VOCs)污染的土壤的处理就采用该处理方法，如汽油、苯和四氯乙烯等污染的土壤。

①原位土壤蒸汽提取技术。利用真空通过布置在不饱和土壤层中的提取井向土壤中导入气流，气流经过土壤时，土壤得到了修复(图 1-6)。通常垂直提取井的深度为 1.5m，已有的成功例子最深可达 91m。根据受污染地区的实际地形、钻井条件或者其他现场具体因素的不同，还可利用水平提取井进行修复。

原位土壤蒸汽提取技术主要用于挥发性有机卤代物的处理修复，通常应用的污染物是那些亨利系数大于 0.01 或者蒸汽压大于 66.66Pa 的挥发性有机化合物。有时，也应用于去除土壤中的油类、重金属及有机物、多环芳烃(PAHs)等污染物。不过，由于原位土壤蒸汽提取涉及向土壤中引入连续空气流，这样还促进了土壤环境中一些低挥发性化合物的生物耗氧降解过程。

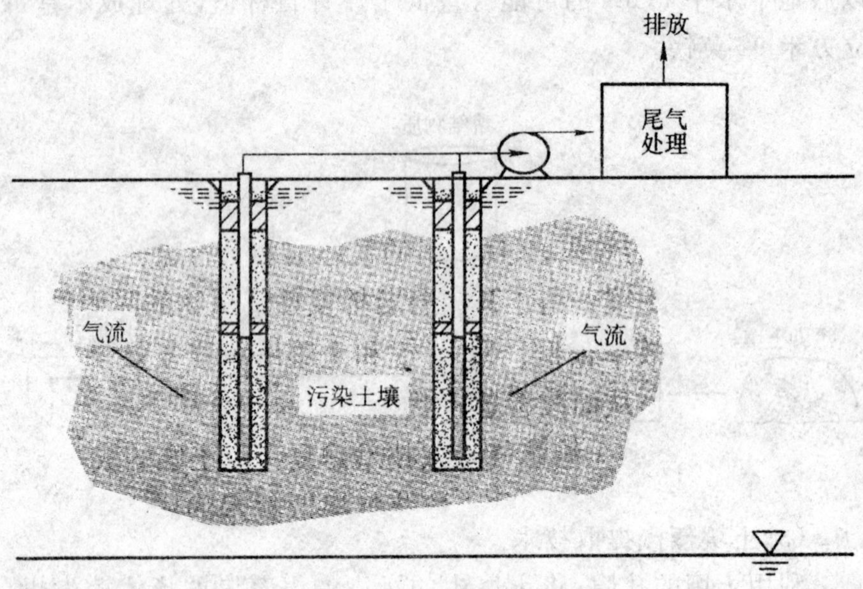

图 1-6　原位土壤蒸汽提取过程

②异位土壤蒸汽提取技术。异位土壤蒸汽提取技术主要用于处理挥发性有机卤代物和非有机卤代物污染土壤的修复。异位土壤蒸汽提取是对挖掘出来的土壤进行批处理的过程，所以运行和维护所需时间依赖于处理速度和处理量。处理的速度与单批处理的时间和单批处理量有关。通常每批污染土壤的处理需要 4～6 个月，处理量与所用的设备有关，临时处理设备通常的单批处理量大约为 $380m^3$。根据修复工作目标要求、污染物含量及有机物挥发性大小、土壤性质(包括颗粒尺寸、分布和孔隙状况)，永久处理设备的处理能力通常要大一些(图 1-7)。

(4)电动力学修复技术。

①电动力学修复的原理。土壤电动力学修复的基本原理如图 1-8 所示，在污染的土壤体系中插入阴、阳两个电极通电，土壤中的污染物在电场力的作用下发生氧化还原反应，富集在某一区域内，去除这一富集区域的土壤，便达到了土壤净化的目的。污染物在土壤中通过复杂的电迁移、电渗析、电泳和自由扩散而被清除。

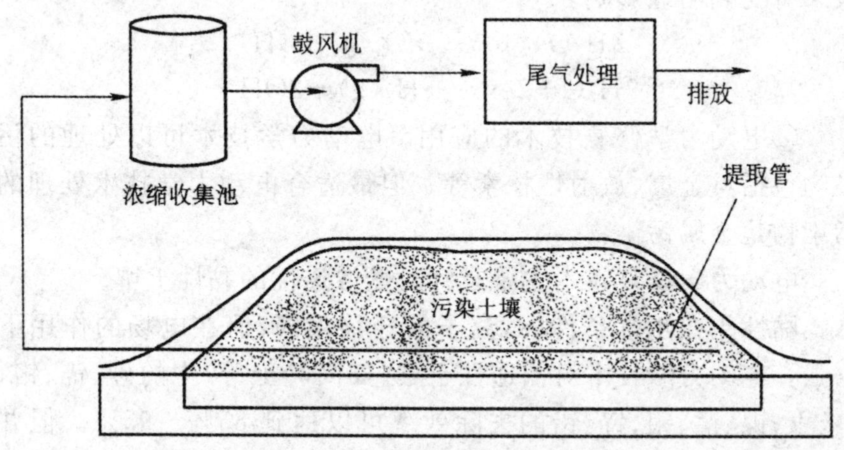

图 1-7　异位土壤蒸汽提取过程

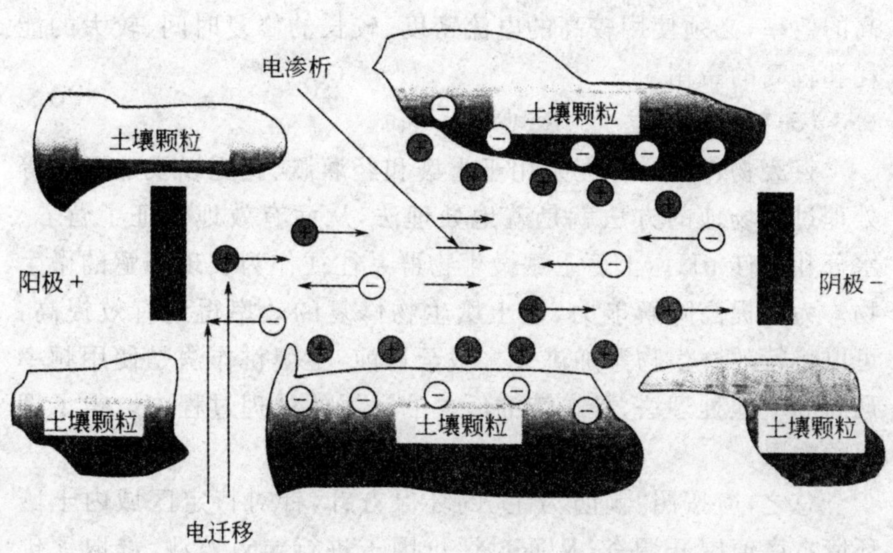

图 1-8　土壤电动力学修复的基本原理

电动力学处理土壤的过程实质就是电解质溶液在正负两极上发生相应的反应，负极产生氢氧根离子并析出氢气，正极产生氢离子并析出氧气。氢离子和氢氧根离子进入土壤，引起土壤 pH 值发生变化，阴极区的土壤被碱化，阳极区的土壤被酸化。体系的电阻也会因为电极表面气泡的增加而变大，电流降低，处理效果将受到明显影响。

$$2H_2O-4e^- \longrightarrow O_2(g)+4H^+$$

$$2H_2O+2e^- \longrightarrow H_2(g)+2OH^-$$

②电动力学修复技术的应用。电动力学技术可以处理的污染物包括重金属、放射性核素等。但最适合电动力学技术处理的污染物是金属污染物。

电动力学修复技术主要是针对低渗透性的黏性土壤。

黏性土在正常条件下,离子的迁移很弱,但在电场的作用下增强。电动力学技术对低透性土壤(如高岭土等)中的砷、镉、铬、钴、汞、镍、锰、钼、锌、铅的去除效率可以达到85%～95%。但并非对所有黏性土的去除效率都很高。对阳离子交换量高、缓冲容量高的黏性土来说,去除效率就会下降。要在这些土壤上达到较高的效率,必须使用较高的电流密度、较长的修复时间、较大的能耗和较高的费用。

(5)就地处理法。

将废物作为一种泥浆用于土壤和经灌溉、施肥以及加石灰等处理过的场地的方法就是就地处理法,从而有效地保证了营养、水分和最佳pH。土著土壤微生物群系往往作为实现降解的微生物。为了提高降解能力,使土壤生物修复的效率得到有效提高,可以将特效微生物添加进去。截至目前,土壤耕作法是使用频率最高的就地处理法,且在炼油厂含油污泥的处理过程中取得了理想的效果。

总之,应按照"预防为主"的环保方针,针对特定区域内土壤环境本底值展开调查,从而对评价因子进行定点监测,选取评价标准和相应模式得出评价结论,在此基础上提出土壤保护措施。

四、土壤退化的生态修复

(一)土壤水土流失的生态修复与重建

土壤水土流失的生态修复与重建必须建立在预防的基础之上。

1.树立保护土壤、保护生态环境的全民意识

土壤流失问题是关系到区域乃至全国农业及国民经济持续发展的问题。要在处理人口与土壤资源、当前发展与持续发展、土壤生态环境治理和保护上下功夫。要制定相应的地方性、全国性荒地开垦，农、林地利用监督性法规，制定土壤流失量控制指标。要像防治土壤污染一样处理好土壤流失。

2.无明显流失区在利用中应加强保护

主要在森林等植被完好的地区，应采育结合、牧养结合，制止乱砍滥伐，控制采伐规模和密度，控制草地载畜量。

3.轻度和中度流失区在保护中利用

在坡耕地地区，实施土壤保持耕作法。例如，丘陵坡地梯田化，以促进林木生长，恢复土壤肥力。

4.在土壤流失严重地区应先保护后利用

土壤流失是不可逆过程，在土壤流失严重地区要将保护放在首位。在封山育林难以奏效的地区，首先必须搞工程建设，如高标准梯田化以拦沙蓄水，增厚土层，千方百计地培育森林植被；在江南丘陵、长江流域可种植经济效益较高的乔、灌、草本作物，以植物代工程，并以保护促利用。这些地区宜在工程实施后全面封山，恢复后视情况再开山。

（二）土壤沙漠化及其生态修复与重建

1.土壤沙化和土地沙漠化

土地沙漠化是指风沙活动出现在非沙漠化地区，并且会有沙丘非沙漠地区起伏等重要的景观，引起非沙漠地区的土壤退化的过程。

土壤沙化与土地沙漠化主要是由于植被破坏，或过度放牧，

或开垦为农田，土壤中水分状况变为缺水，土壤粒子分散缺乏凝聚。而在风力过后或减弱的地段，风沙颗粒逐渐堆积于土壤表层而使土壤沙化。

土壤沙化有自然的和人为的双重因素，但人为活动是土壤沙化的直接原因。这是因为：

(1)经济发展使水资源短缺。

(2)农垦和过度放牧，使干旱、半干旱地区植被覆盖率降低。

土壤沙漠化严重地影响生态环境和经济建设。土壤的沙漠化使大量土壤丧失了耕种、放牧、开发为工业资源的能力，使土资源变得更为短缺，另外土壤大片的沙漠化引起沙尘随地面附近的空气一起移动，很容易形成沙尘暴和黑风暴。例如，呼伦贝尔草原在 1974 年 5 月出现近代前所未有的沙尘暴，狂风挟带巨量尘土形成“沙墙”，风速达 14～19m/s，持续 8h；鄂尔多斯每年沙尘暴日数有 15～27 天，往往在干旱的春、秋季，土壤沙化使周边地区尘土飞扬；20 世纪 70 年代以来，我国新疆发生过多次黑风暴。

2. 土壤沙漠化的生态修复与重建

治理沙害的关键是控制沙质地表面被风蚀的过程和削弱风沙流动的强度，固定沙丘。一般采用植物治沙、工程防治和化学固沙等措施。以下就植物治沙与工程防治的方法展开说明。

(1)植物治沙。

植物治沙具有经济效益好、持久稳定、改良土壤、改善生态环境等优点，并可为家畜提供饲草，应用得最为普遍，是世界各国治沙所采用的最主要措施。

①封沙育草。封沙育草应选择适宜的地形地貌，在平坦开阔或缓坡起伏的草地和比较低矮的半流动半固定沙质草地围封，注意围栏最好沿丘间低地拉线。

②封沙造林。沙漠草地自然条件差，因此封沙造林一般是先在当地条件较好的丘间低地造林，把沙丘分割包围起来，经过一定时间后，风将沙丘逐渐削平，同时在块状林的影响下，沙区的小

气候得到了改善，可以在沙丘上直播或栽植固沙植物，这种方法俗称为“先湾后丘”或者“两步走”。

③营造防沙林带。防沙林带按营造的目的可分为沙漠边缘的防沙林带和绿洲内部护田林网。

在沙漠边缘营造防沙林带的目的是防止流沙侵入绿洲内部，保护农田和居民点免受沙害。在流沙边缘以营造紧密林带为宜。在靠近流沙的一侧最好进行乔灌混交。

绿洲内部护田林网的主要目的是降低风速，以防止耕作土壤受风蚀和沙埋的危害。一般采用小林网、高大乔木、窄林带为主要种植方式的通风结构配置方式。

④建立农林草复合经营模式。

a. 在沙丘建立人工林生态模式。可先在流动沙丘上播种沙打旺作为先锋作物，待沙丘半固定后再种紫穗槐以及小青杨、樟子松等乔灌木。

b. 沙平地建立林草田复合生态系统，沙平地尚有稀疏的林木、草地，应以林带为框带，林带和农田之间设 10～15m 宽的草带，以宽林带（10～15 行树）、小网眼（5～10hm^2 为一林草田生态系统）防风固沙效果较好。

c. 已受沙化影响区应推行方田林网化和草粮轮作。

（2）工程防治。

工程防治就是利用柴、草以及其他材料，在流沙上设置沙障和覆盖沙面，以达到防风阻沙的目的。

①覆盖沙面。覆盖沙面的材料有砂砾石、熟性土等，也可用柴草、枝条等。将其覆盖在沙面上，起到隔绝风与松散沙面的作用，使沙粒不被侵蚀。但它不能阻挡外来的流沙。

②草方格沙障。草方格沙障是将麦秸、稻草、芦苇等材料，直接插入沙层内，直立于沙丘上，在流动沙丘上扎设成方格状的半隐蔽式沙障。流动沙丘上设置草方格沙障后，增加了地表的粗糙度，增加了对风的阻力。在风向比较单一的地区，可将方格沙障改成与主风向垂直的带状沙障，行距视沙丘坡度与风力大小而

定，一般为1～2m。据观测，其防护效能几乎与格状沙障相同，但是能够大大地节省材料和劳力。

③高立式沙障。高立式沙障主要用于阻挡前移的流沙，使之停积在其附近，达到切断沙源、抑制沙丘前移和防止沙埋危害的目的。该种沙障一般用于沙源丰富地区草方格沙障带的外缘。高立式沙障采用高秆植物，例如，芦苇、灌木枝条、玉米秆、高粱秆等直接栽植在沙丘上，埋入沙层深度为30～50cm，外露1m以上。将这些材料编成篱笆，制成防沙栅栏，钉于木框之上，制成沙障。沙障的设置方向应与主风向垂直，配置形式可用“一”字形、“品”字形、行列式等。

（三）土壤潜育化及其生态修复

1.土壤潜育化的概念

当土壤长期浸泡在地下水位中时，淹没1m土体的某些氧化还原电位小于200mV，Mn^{2+}和Fe^{2+}被还原，形成青泥层、浮泥层或灰色斑纹层，人们将这一过程称为土壤的潜育化。

我国南方分布有广大的潜育化及次生潜育化水稻土。例如，鄱阳湖平原、珠江三角洲平原，浙江的富阳盆地、宁波盆地，以及古海湾地区等。我国南方有潜育化或次生潜育化稻田400多万公顷，约有一半为冷浸田，是农业发展的又一障碍。

2.次生潜育化稻田的形成

次生潜育化稻田的形成与排水条件不良以及耕作利用不当有关。

3.潜育化和次生潜育化水稻土的障碍因素

（1）还原性有害物质较多。

这些土壤的E_h值大多保持在250mV以下。有关资料表明，这类土壤在5～10月在－270～104mV。在强潜育化土壤中，

Fe^{2+}含量高达4×10^3mg/kg，为非潜育化稻田的数十至数百倍，故还原物毒害是作物不能正常生长的一个因素。

（2）土性冷。

在南方稻区旱稻生产的3～5月，潜育化或次生潜育化稻田的水温、土温比非潜育化稻田分别低了3℃～8℃和2℃～3℃。

（3）养分转化慢。

这类土壤Fe-P、Al-P比正常稻田少，而O-P（闭蓄态P）则较多，易缺磷。这类土壤钾的释放速率也低，速效钾、缓效钾均较缺乏。

但是，由于还原作用，潜育化及次生潜育化土壤都具有比正常土壤更强的CH_2、NO源。有关资料表明，淹水灌溉下甲烷平均排放率为6.4mg/(m^2·h)，为非淹水灌溉状态的3倍。

4.土壤潜育化和次生潜育化的生态修复

土壤潜育化和次生潜育化的生态修复应该采取以下解决方法。

（1）开沟排水，消除渍害。

在稻田周围开沟、排引水源，并使排灌分离，防止串灌。开沟排水以明沟成本较低，但暗沟效果较好，沟距以6～8cm（重黏土）和10～15cm（轻黏土）为宜。

（2）多种经营，综合利用。

可以搞稻田养殖系统，如稻田—鱼塘、稻田—鸭—鱼系统。或者将其开辟为浅水藕、荸荠等经济作物田。有条件的搞水旱轮作，如油稻—黄豆、晚稻—麦等。

（3）稻田起垄栽培，鱼萍稻于一田。

做法是稻田内挖沟起垄栽稻放萍、养鱼。这项技术既可改良土壤，又可增加经济效益。

（4）施肥合理。

潜育化和次生潜育化稻田氮肥的效益大大降低，但施磷、钾、硅肥可获显著增产，因此应合理施肥。

(四)土壤盐渍化及其生态修复

1.土壤次生盐渍化及其成因

土壤次生盐渍化还包括土壤的次生碱化问题。它是在原有盐渍化基础上,钠离子吸附比增大,pH 升高的现象。其原因有两个:盐渍土脱盐化,脱盐过程中土壤含盐量下降,交换性钠活动性增强,使土壤交换性中钠饱和度升高,pH 也升高;低矿化碱性水灌溉引起土壤次生碱化。

土壤次生盐渍化问题是干旱、半干旱气候带土地垦殖中的老问题。据联合国粮农组织(UNFAO)和联合国环境规划署(UNESCO)估计,全世界约有 50%的耕地因灌溉不当,受到水渍和盐渍的危害。每年有数百万公顷灌溉地废弃。我国土壤盐渍化主要发生在华北黄淮海平原,宁夏、内蒙古的引黄灌区,黑、吉两省西部,辽宁西部以及内蒙古东部的灌溉农田。

2.土壤盐渍化的生态修复

土壤盐渍化是目前世界上灌溉农业地区农业持续发展的资源制约因素。目前,中国农田有效灌溉面积已扩大到 8.77 亿亩,占世界总数的 1/5,居世界首位。因此,土壤盐渍化的修复是当务之急。由于水盐运动的共轭性,土壤盐渍化的生态修复应围绕"水"字做文章,并以预防为主,具体对策如下所示。

(1)合理利用水资源。

为了合理利用水资源,就应发展节水农业。节水农业的实质就是采取节水的农业生产系统、栽培制度、耕作方式。我国长期以来用水洗排盐,实际上在干旱、半干旱地区土体中盐分很难排至 0.5g/kg 以下。采用大灌大排办法已越来越不能适应水资源日益紧张的国情。因此,只有发展节水农业才是出路。

(2)实施合理的灌溉制度。

潜在盐渍化地区的灌溉,一方面要考虑满足作物需水;另一方面要尽量做到调节土壤剖面中的盐分运行状况。灌水要在作物生长关键期,如拔节、抽穗灌浆期效果最佳。

我国95%以上的灌溉面积是常规的地面灌溉。近年来的研究表明,在地膜栽培基础上,把膜侧沟内水流改为膜上水流,可节水70%以上。同时推广水平地块灌溉法,代替传统沟畦灌溉,改长畦为短畦,改宽畦为窄畦,采用适当的单宽流量,可节水30%~50%。这些措施既可减少灌溉的渗漏损失,又可减少蒸发,从而可防止大水漫灌引起的地下水位抬高。在有条件的地方,可发展滴灌、喷灌、渗灌等先进的灌溉技术。

(3)减少输配水系统的渗漏损失。

这是在潜在盐渍化地区防止河、渠、沟边次生盐渍化的重要节水措施。有关资料表明,未经衬砌的土质渠道输水损失达40%~60%,渠系的渗水还带来大量的水盐,由于渗漏水补偿,引起周边地下水抬高,直接导致土壤次生盐渍化。

(4)处理好两个关系。

即蓄水与排水的关系以及引灌与井灌的关系。平原地区水库蓄水从水盐平衡角度讲,盐并未排出。必须吸取20世纪50年代末期大搞平原水库蓄水引起大面积土壤次生盐渍化的教训。可以探索发展地下水库,在平原地区,雨季来临之前,抽吸浅层地下水灌溉,使地下水位下降腾出库容,雨季时促进入渗而保存于土壤中。另外实行井渠结合式灌溉,既能使地下水位保持恒稳,又不至于发生次生盐渍化。

(5)因地制宜地建立生态农业结构。

在某些土壤潜在盐渍化严重、井渠结合灌溉在控制水盐运动上难以奏效的地区,宜改水田为旱田,改粮作为牧业,既节省水资源,又发展多种经营,可发挥最佳效益。

(6)精耕细作。

在盐渍土地区,耕作要用心,多在农艺上下功夫,给盐渍化的土壤施加有机肥料,控制次生盐碱,用低矿化的水灌溉。

五、我国土地资源的合理开发利用

我国耕地资源相对不足，在开发利用土地资源上又存在不少问题，但我国土地资源还是相当有潜力的，在现有耕地中有 2/3 的中低产田，根据多年的大田试验结果，在增加适量投资、采取必要的治理措施后，可使其生产率提高 50%。全国尚有相当数量的宜农荒地、宜林宜牧荒山草坡、湿地和海涂及开发深度不足的淡水水面，若进行精度开发(指对低产田、低产园、低产林、低产水面)与深度开发(指延长资源开发序列、开拓资源多层次加工增值)，潜力还很大。此外，节地、节水、节肥、节能方面也有一定的潜力。要把这些潜在的资源优势转化为现实的经济优势，关键是从我国土地资源的国情和国力出发，改变资源消耗型为节约型，变粗放经营为集约经营。为此，在我国土地资源开发利用战略方面应采取如下对策。

(一)因地制宜，用生态的观点、发展的眼光确定科学合理的土地利用方向

由于各地自然条件千差万别，社会经济技术条件复杂多样，土地资源具有明显的地域性。因此，必须根据各地的自然条件和社会经济技术条件，充分分析各区域自然生态系统的特点及其系统内物质、能量与信息流动的规律，注意自然环境的适宜性、协调性与限制性，社会经济条件的合理性与技术条件的可能性，以可持续发展的观点来综合评价土地资源，发挥地区优势和土地生产潜力，确定土地的合理利用方向，做到经济效益、生态效益和社会效益最大化、最优化。

(二)实行开源与节流并重的方针，走节源高效持续农业的发展道路

首先，按政策规定正确开垦尚存的宜农荒地。虽然我国后备

耕地资源有限，但尚有少量宜农荒地可供开发。必须按政策规定，经过勘察设计，先建设后开垦，有步骤地进行，切不可乱开滥垦。我国可开垦的宜农荒地分属于热带亚热带地区和干旱半干旱地区。前者荒地地块小并且分散，但自然条件好，开荒的经济效益好，每公顷产出的农产品高于北方3～4倍，可作为近期开发的重点；后一类地区荒地面积大，分布集中，生态系统脆弱，极易造成破坏，并因地多人少，生产力布局需做较大调整。所以近期只能适量开荒，并搞好兴修水利、植树造林，为远期开垦做好准备。其次，扩大土地资源开发的视野，充分利用草地、林地和水面。我国有大面积适合发展林业的山地，应以营林为基础方针，制定科学营林方案，安排好用材林、经济林、防护林和薪炭林等的布局、比例和配置，选用优良树种和壮苗，加强抚育和保护，实行集约经营，以达到“青山常在、永续利用”的目的。此外，我国还有大面积的浅滩和淡水水面，对发展水产养殖业有很大潜力。最后，推广生态农业、节水农业、精准农业，依靠科技进步，千方百计地节约资源。

(三)增加农业投资，提高农业集约化经营程度，扩张土地承载力

在农业发展过程中，应加大对农业的投入，加强农田基本建设，必须落实《基本农田保护条例》，建立国家、省、县、乡四级基本农田保护制度和监测制度。有针对性地改造中低产田，稳步提高粮食生产水平。同时，还要充分利用现代科学技术，提高农业集约化经营程度。

(1)在有条件的地区，大力发展设施农业，设施农业占地少或不占耕地，而生产的农产品商品化率很高，可以大幅度提高土地的承载能力。如现代无土栽培技术，其单位面积产量往往是常规土壤栽培的5倍以上，并可在荒地、屋顶进行。

(2)利用市场经济规律，政府增加农业的政策扶持，支持和鼓励社会力量进行农业开发，多途径、多渠道增加农业投入，使土地

的物质和能量投入得到提高。

(3)发挥我国劳动力丰富的优势,对土地精耕细作,在此基础上,普及现代农业科学技术,实行配方施肥,推行精准农业,大幅度提高耕地的生产率,建立一个合理高效持续的农业生态系统,以取得最大的经济效益。

(四)防止土地退化,提高土地资源质量

土地退化是多种因素造成的结果,而目前对土地经营只讲多收益、不讲多投入的短期行为倾向,是导致土地退化加剧的重要原因之一。因此,对土地退化问题应采取如下防治对策。

(1)必须从战略高度上认识防治土地退化利在当代、功在未来的重大意义。

(2)应从大农业角度出发,不能仅考虑种植业,要多考虑生态环境,从整个国土整治目标出发来部署土地退化防治工作。

(3)针对各类土地退化的原因,采取有效防治措施,力争现有耕地面积不缩小、质量不下降,保证将优质土地首先安排种植业,确保人口吃饭问题的解决。

(4)加强土地退化防治的科学研究。在当前应重点弄清土地退化的基本概念,摸清土地退化的原因、类型和面积,确定退化类型的划分标准。同时,应采取积极措施,提高土地资源的质量。

(五)建立全国土地数据库,健全土地资源预测预报工作

土地资源信息的获取是合理利用和保护土地资源的基础。根据国外的经验,关键是建立一个土壤—土地数字化数据库,这个数据库将土壤和土地分类系统及其研究成果标准化和定量化,系统地存储起来,并可随时调用。对提高土地生产率,控制土地退化过程,保持和恢复环境质量,开展土地利用动态监测以及估计土地资源在全球变化中的作用均有重要意义。

第三节 农业水资源及其利用

“水利是农业的命脉”，水资源的开发利用对农业的发展具有极其重要的作用。水是自然界的一个重要组成部分，也是人类生活和生命的依靠。但水不是取之不尽用之不竭的，水是有限的，水是不可再生的资源。目前，水资源短缺、洪涝灾害、水环境污染，也就是“水少”“水多”“水脏”问题日益严重，随着国民经济的发展和城市化进程的加快，生活用水将会急剧增加，而农业用水只能是零增长甚至是负增长，水资源的供需矛盾日益突出，很多地方，特别是北方干旱地区水资源已成为当地经济发展的制约因素。因此，在我国，必须对水资源的开发利用、规划布局、保护以及经营管理各个方面，按照国家制定的政策和法规，进行统一的、系统的科学化管理，使我国有限的水资源得到有效的、合理的利用，不致浪费，以满足我国经济发展的需要。

一、水资源的概述

（一）水资源的属性

1. 水资源的自然属性

(1)流动性。

自然界中所有的水都是流动的，地表水、地下水、大气水之间可以互相转化，这种转化也是永无止境的，没有开始也没有结束。特别是地表水资源，在常温下是一种流体，可以在地心引力的作用下，从高处向低处流动，由此形成河川径流，最终流入海洋(或内陆湖泊)。即使是固态的积雪和冰川也存在缓慢的流动，只是流动速度很小而已。也正是由于水资源这一不断循环、不断流动的特性，才使水资源可以再生和恢复，为水资源的可持续利用奠定了物质基础。

(2)可再生性。

自然界中的水处于不断流动、不断循环的过程之中，使得水资源得以不断地更新，这就是水资源的可再生性，也称可更新性。具体来讲，水资源的可再生性是指水资源在水量上损失(如蒸发、流失、取用等)和(或)水体被污染后，通过大气降水和水体自净(或其他途径)可以得到恢复和更新的一种自我调节能力。这是水资源可供永续开发利用的本质特性。不同水体更新一次所需要的时间不同，如大气水平均每 8 天可更新一次，河水平均每 16 天更新一次，海洋更新周期较长，大约是 2 500 年，而极地冰川的更新速度则更为缓慢，更替周期可长达万年。

(3)有限性。

从全球情况来看，地球水圈内全部水体总储存量达到 13.86 亿立方千米，绝大多数储存在海洋、冰川、两极、多年积雪和冻土中，现有的技术条件很难利用。便于人类利用的水只有 0.106 5 亿立方千米，仅占地球总储存水量的 0.77%。也就是说，地球上可被人类所利用的水量是极其有限的。从我国情况来看，中国国土面积约 960 万平方千米，多年平均河川径流量为 27 115 亿立方米，在河川径流总量上仅次于巴西、俄罗斯、加拿大、美国和印度尼西亚。再加上不重复计算的地下水资源量，我国水资源总量大约为 28 124 亿立方米。尽管水资源是可再生的，但在一定区域、一定时段内可利用的水资源总量总是有限的。总而言之，人类每年从自然界可获取的水资源量是有限的，这一特性对我们认识水资源极其重要。以前，人们认为“世界上的水是无限的”，从而导致人类无序、无节制地开发利用水资源，并导致水资源短缺、水环境破坏的后果。事实说明，人类必须保护有限的水资源。

(4)时空分布的不均匀性。

受气候和地理条件的影响，在地球表面不同地区水资源的数量差别很大，即使在同一地区也存在年内和年际变化较大、时空分布不均匀的现象，这一特性给水资源的开发利用带来了困难。如北非和中东很多国家（埃及、沙特阿拉伯等）降雨量少、蒸发量大，因此径流量很小，人均及单位面积土地的淡水占有量都极少。相反，冰岛、厄瓜多尔、印度尼西亚等国，以每公顷土地计的径流量比贫水国高出 1 000 倍以上。在我国，水资源时空分布不均匀这一特性也特别明显。由于受地形及季风气候的影响，我国水资源分布南多北少，且降水大多集中在夏秋季节的三四个月里，水资源时空分布很不均匀。

(5)多态性。

自然界的水资源呈现多个相态，包括液态水、气态水和固态水。不同相态的水可以相互转化，形成水循环的过程，也使得水出现了多种存在形式，在自然界中无处不在，最终在地表形成了一个大体连续的圈层——水圈。

(6)不可替代性。

没有水就没有生命，人类的生息繁衍及工农业建设，没有一处能离开水。每个人都能直接感受到，水在维持人类生存的生态环境方面是任何其他资源替代不了的。不可替代性是水资源区别于其他很多自然资源的一种显著特性。

(7)环境资源属性。

自然界中的水并不是化学上的纯水，而是含有很多溶解性物质和非溶解性物质的一个极其复杂的综合体，这一综合体实质上就是一个完整的生态系统，使得水不仅可以满足生物生存及人类经济社会发展的需要，同时也为很多生物提供了赖以生存的环境，是一种不可或缺的环境资源。

2.水资源的社会属性

(1)公共性。

水是自然界赋予人类的一种宝贵资源，它是属于整个社会、属于全人类的。社会的进步、经济的发展离不开水资源，同时人类的生存更离不开水。获得水的权利是人的一项基本权利，表现出水资源具有的公共性。

(2)利与害的两重性。

水是极其珍贵的资源,给人类带来很多利益。但是,人类在开发利用水资源的过程中,由于各种原因,有时也会深受其害。比如水过多会带来洪灾、涝灾,过少会出现旱灾,人类对水的污染又会破坏生态环境、危害人体健康、影响人类社会发展等。人们常说,水是一把双刃剑,比金珍贵,又凶猛于虎。这就是水的利与害的两重性。人类在开发利用水资源的过程中,一定要"用其利,避其害"。

(3)多用途性。

水是一切生物不可缺少的资源,同时也是人类社会、经济发展不可缺少的一种资源,它可以满足人类的各种需要。比如,工业生产、农业生产、水力发电、航运、水产养殖、旅游娱乐等都需要用水。人们对水的多用途性的认识随着其对水资源依赖性的增强而日益加深,特别是在缺水地区,为争水而引发的矛盾或冲突时有发生。这是人类开发利用水资源的动力,也是水被看作一种极其珍贵资源的缘由,同时也是人水矛盾产生的外在因素。因此,对水资源应进行综合开发、综合利用、水尽其用,满足人类对水资源的各种需求,同时尽可能减少对水资源的破坏和影响。

(4)商品性。

长久以来,人们一直认为水是自然界提供给人类的一种取之不尽、用之不竭的自然资源。但是随着人口的急剧膨胀、经济社会的不断发展,人们对水资源的需求日益增加,水对人类生存、经济发展的制约作用逐渐显露出来。人们需要为各种形式的用水支付一定的费用,水成了商品。

(二)我国水资源概况及分布特点

1.我国水资源总量多、人均少、单位面积少

2016 年全国供用水总量为 6 040.2 亿立方米,较 2015 年减

少 63.0 亿立方米。其中，地表水源供水量 4 912.4 亿立方米，占供水总量的 81.3%；地下水源供水量 1 057.0 亿立方米，占供水总量的 17.5%；其他水源供水量 70.8 亿立方米，占供水总量的 1.2%。与 2015 年相比，地表水源供水量减少了 57.1 亿立方米，地下水源供水量减少了 12.2 亿立方米，其他水源供水量增加了 6.3 亿立方米。

但我国人口众多，耕地面积不少，按 2016 年统计，我国的人均水资源量只有 2 300m^3，仅为世界平均水平的 1/4，是全球人均水资源最贫乏的国家之一。

2. 地区分布不均，南涝北旱

我国水资源的地区分布十分不均，由东南向西北递减，且与人口、耕地的分布不相适应。从全国来说，南方水多、人多、地少，北方地多、人多、水少，形成了南方水量有余、北方缺水的局面。南方水资源总量占全国的 81%，人口占全国的 54.4%，耕地只占全国的 35.9%；北方(不含内陆区)水资源只占全国的 14.4%，耕地却占全国的 58.3%，人口占全国的 43.2%。

3. 年际和季节变化大，水旱灾害频繁

季风气候地区的降水具有夏秋降水多、冬春降水少、年际降水变化大的特征。我国大部分地区受季风影响明显，降水量、径流量的年际和季节变化很大，而且干旱地区的变化一般大于湿润地区。南部地区最大年降水量一般是最小年降水量的 2～4 倍，北部地区一般是 3～6 倍。南部地区最大年径流量一般也为最小年径流量的 2～4 倍，北部地区一般是 3～8 倍。在我国水资源量中，大约有 2/3 是洪水径流量。降水量和径流量年际间的差别大和年内高度集中的特点，不仅给开发利用水资源带来了困难，而且是水旱灾害频繁的根本原因。

4. 地下水分布广泛，是北方地区重要的供水水源

由于地下水分布相对比地表水均匀且稳定，年际和季节变化

较小,水质较好,不易受污染,在北方地表水资源相对贫乏的地区,地下水对工业、农业和城镇供水有着重要的意义,在有些地方,地下水甚至成为唯一的供水水源。北方平原区地下水资源比较丰富且容易开发利用,往往成为大型水源地。东北诸河、海河、淮河和山东半岛、内陆诸河等地区的地下水开采量,约占总供水量的 1/3。其中,海河地下水开采量占全流域供水量的 53%。许多城镇供水全部开采地下水。

5. 水土流失,河流泥沙含量大

近年来我国自然灾害不断,生态环境受到严重破坏,水土流失严重。高速增长的公路、铁路、矿山开采以及水利建设给自然生态环境造成巨大破坏。根据原国土资源部、水利部和原环保部的统计,我国水土流失面积达 356 万平方千米,占国土面积的 37%,每年有 50 亿吨土壤遭侵蚀(2010 年)。长江、黄河、淮河、海河、珠江、松花江、辽河、钱塘江、闽江、塔里木河和黑河 11 条河流的多年平均输沙量达 16 亿吨。

(三)水资源的重要性

水是生命的源泉,是基础性的自然资源,是战略性的社会经济资源。可以说,人类的生存与发展从根本上依赖于水的获取和对水的控制。最初,水为人类提供了一种食物的来源和交通的航线,生产和农业灌溉最早为人类文明起着重要作用,水也为人类创造出许多奇迹。埃及人根据尼罗河水每年的汛期,制定出一年 365 天的日历;古代最有名的立法者——古巴比伦人,创立了管理用水的法律;中国人从水上获得灵感,修建了举世闻名的京杭大运河。

1. 生命之源

水是地球上分布最广、储量最大的物质,是万物的源头,水的存在和循环是地球孕育出万物的重要因素。

水是生命的摇篮，最原始的生命是在水中诞生的，水是生命存在不可缺少的物质。不同生物体内都拥有大量的水分，一般情况下，植物植株的含水率为 60%～80%，哺乳类动物体内约有 65%，鱼类 75%，藻类 95%，成年人体内的水占体重的 65%～70%。此外，生物体的新陈代谢、光合作用等都离不开水，每人每日需要 2～3L 的水才能维持正常生存。

水是生命之源，是人体组织成分含量最多的物质，也是维持人正常生理活动的主要营养物质，其储存在细胞外液（如血液中 90%以上是水，还有淋巴、唾液、皮肤和肾脏分泌的体液等）和细胞内液（其中 62%左右是水）中，脂肪重量的 25%是水，肌肉重量的 65%～75%是水。

医学试验测定，如果人体内的水分比正常量减少 1%～2%，就会感到口渴；当人体失水 4%～5%时，皮肤就会出现褶皱，口腔就会干涸，意识就会模糊；当人体失水 14%～15%时，生命则无法维持，人就会死亡。科学观察和灾难实例表明，成年人在断粮不断水的情况下，可以忍耐 40 天之久；而在断粮又断水的情况下，一般仅可忍耐 5～7 天。

2.文明的摇篮

没有水就没有生命，没有水更不会有人类的文明和进步，文明往往发源于大河流域，世界四大文明古国——古代中国、古代印度、古代埃及和古代巴比伦——最初都是以大河为基础发展起来的，尼罗河孕育了古埃及的文明，底格里斯河与幼发拉底河流域促进了古巴比伦王国的兴盛，恒河带来了古印度的繁荣，长江与黄河是华夏民族的摇篮。古往今来，人口稠密、经济繁荣的地区总是位于河流湖泊沿岸，沙漠缺水地带，人烟往往比较稀少，经济也比较萧条。

3.社会发展的重要支撑

水资源是社会经济发展过程中不可缺少的一种重要的自然

资源,与人类社会的进步与发展紧密相连,是人类社会和经济发展的基础与支撑。在农业用水方面,水资源是一切农作物生长所依赖的基础物质,水对农作物的重要作用表现在它几乎参与了农作物生长的每一个过程,农作物的发芽、生长、发育和结果都需要有足够的水分,当提供的水分不能满足农作物生长的需求时,农作物极有可能减产甚至死亡。在工业用水方面,水是工业的血液,工业生产过程中的每一个生产环节(如加工、冷却、净化、洗涤等)几乎都需要水的参与,每个工厂都要利用水的各种作用来维持正常生产,没有足够的水量,工业生产就无法正常进行,水资源保证程度对工业发展规模起着非常重要的作用。在生活用水方面,随着经济发展水平的不断提高,人们对生活质量的要求也不断提高,从而使得人们对水资源的需求量越来越大,若生活需水量不能得到满足,必然会成为制约社会进步与发展的一个瓶颈。

4.生态环境基本要素

生态环境是指影响人类生存与发展的水资源、土地资源、生物资源以及气候资源数量与质量的总称,是关系到社会和经济持续发展的复合生态系统。水资源是生态环境的基本要素,是良好的生态环境系统结构与功能的组成部分。水资源充沛,有利于营造良好的生态环境;水资源匮乏,则不利于营造良好的生态环境,如我国水资源比较缺乏的华北和西北干旱、半干旱区,大多是生态系统比较脆弱的地带。在水资源比较缺乏的地区,人口的增长和经济的发展,会使得本已比较缺乏的水资源进一步短缺,从而更容易产生一系列生态环境问题,如草原退化、沙漠面积扩大、水体面积缩小、生物种类和种群减少。

5.国家安全与水

历史记载和事实充分证明:水不仅与人类的生存和国家经济发展密切相关,而且与国家和民族的安全密不可分。有史以来水就成为部族、区域和国家之间争夺的目标。联合国官员预言，未来的战争是争夺水资源的战争。

1998 年在巴黎国际水资源管理问题会议上，专家们发出严重警告，如果不改变现行水资源开发和消耗状况，到 21 世纪初期全球近 2/3 的人口会面临严重的水荒问题。一旦水源奇缺，不仅妨碍经济发展，更会造成社会动荡，甚至引发战争。历史和现实都表明，水确实是保证国家社会稳定的一个重要因素。

有史以来人类的生存与发展，经济社会的形成，都是以水为中心逐步发展起来的。历史证明，水资源的合理开发利用和保护对社会经济的发展和稳定有着决定性的影响。在中国的历史上，中国的文明与强大都是与水利的兴衰分不开的，历代统治者凡励精图治时，都是通过大兴水利来开拓国土、发展经济，促进国家的安全和统一。因此，水也是一种战略资源，它不仅关系到国家的发展和稳定，而且关系到世界的和平与发展。对此，世界各国已取得共识。

中国国家领导人曾多次强调指出：在中国，水的问题始终是一个关系国家和民族生死存亡的大问题。中国目前的水资源状况充分表明，水仍然是一个保障社会经济可持续发展的关键因素。因此，面对 21 世纪世界性的水危机，应当从战略的高度来研究。

（四）水资源的用途

水资源是人类社会进步和经济发展的基本物质保证，人类的生产活动和生活活动都离不开水资源的支撑，水资源在许多方面都具有使用价值，水资源的用途主要有农业用水、工业用水、生活用水、生态环境用水、发电用水、航运用水、旅游用水、养殖用水等。

1. 农业用水

农业用水包括农田灌溉和林牧渔畜用水。农业是我国第一用水大户，农业用水量占总用水量的比例最大，在农业用水中，农田灌溉用水是农业用水的主要用水和耗水对象，采取有效节水措施，提高农田水资源利用效率，是缓解水资源供求矛盾的一个主要措施。

“水利是农业的命脉”这个科学论断深刻地阐明了水对农业生产的重要性，不论是提高单位面积的产量，或是开垦荒地、扩大耕种面积均要有足够的水予以保证。据调查，我国华北地区种1亩蔬菜需要25～30t水，1亩小麦需40～50t水，1亩棉花要35～50t水。这么多的水，一方面供农作物的生理需要，另一方面消耗于蒸发。

种子播入农田，土壤中要有一定的含水量，使种子体积迅速膨胀，外壳破裂，与此同时，子叶里储藏的营养物质溶解于水，并借助水分转运给胚根、胚轴、胚芽，使胚根生长发育成根，胚轴伸长拱出土面，胚芽逐渐发育成茎和叶，这样，种子才能萌发成幼苗。要使幼苗茁壮成长，开花结果，仍要给予充分的水分。植物体依靠根毛从土壤中吸收水分与养料，通过导管输到其他器官。叶子通过叶绿体，利用光能把二氧化碳合成为有机物，它不仅供植物本身的需要，还为人类提供了食物，为工业提供了原料。叶子蒸腾水分，既可降低叶片温度，同时也促进水分及溶解于水中的养分上升至叶片，加速其新陈代谢的过程。由此可见，植物生长发育均要有相应的水量供给，如若土壤中水分不足就要予以灌溉补充，否则将影响其发育或造成植物枯萎，甚至死亡。土壤水分与土壤中腐殖质一样，是代表土壤肥力的基本要素之一，土壤的植物生产力，很大程度上与土壤中的水分有关。

2.工业用水

工业用水是指工、矿企业的各部门，在工业生产过程(或期间)中，制造、加工冷却、空调、洗涤、锅炉等处使用的水及厂内职工生活用水的总称。工业用水是水资源利用的一个重要组成部分，由于工业用水组成十分复杂，工业用水的多少受工业类别、生产方式、用水工艺和水平以及工业化水平等因素的影响。

水在工业中最重要的用途是冷却用水，用来带走工业生产过程中设备产生的多余能量，保证设备正常运行。一个工业发达的地区，冷却用水量可占工业用水总量的70%左右。另一种工业用水是空调用水。空调用水用来调节室内的温度和湿度，在纺织工业、电子仪表工业、精密机床生产中应用较多。再一种就是产品用水，它在生产过程中与原料或产品掺混在一起，有的成为产品的一部分，有的只是生产过程中的一种介质，如在食品、造纸、印染、化工、电镀等工业行业中都有产品用水。这些水用后含有大量的杂质，如不加以处理，会造成严重的水污染。

3. 生活用水

生活用水包括城市生活用水和农村生活用水两个方面，其中城市生活用水包括城市居民住宅用水、市政用水、公共建筑用水、消防用水、供热用水、环境景观用水和娱乐用水等；农村生活用水包括农村日常生活用水和家养禽畜用水等。

4. 生态环境用水

生态环境用水是指为达到某种生态水平，并维持这种生态平衡所需要的用水量。生态环境用水有一个阈值范围，超过这个阈值范围，都会导致生态环境的破坏。许多水资源短缺的地区，在开发利用水资源时，往往不考虑生态环境用水，产生了许多生态环境问题。因此，在进行水资源规划时，充分考虑生态环境用水，是这些地区修复生态环境问题的前提。

5. 水力发电

地球表面各种水体（河川、湖泊、海洋）中蕴藏的能量，被称为水能资源或水力资源。水力发电是利用水能资源生产电能。

6. 其他用途

水资源除了在上述的农业、工业、生活、生态环境和水力发电方面具有重要使用价值而得到广泛应用外，水资源还可用于发展航运事业、渔业养殖和旅游事业等。

（五）水资源保护与管理的意义

1.缓解和解决各类水问题

进行水资源保护与管理，有助于缓解或解决水资源开发利用过程中出现的各类水问题，比如通过采取高效节水灌溉技术，减少农田灌溉用水的浪费，提高灌溉水利用效率；通过提高工业生产用水的重复利用率，减少工业用水的浪费；通过建立合理的水费体制，减少生活用水的浪费；通过采取一些蓄水和引水等措施，缓解一些地区的水资源短缺问题；通过对污染物进行达标排放与总量控制，以及提高水体环境容量等措施，改善水体水质，减少和杜绝水污染现象的发生；通过合理调配农业用水、工业用水、生活用水和生态环境用水之间的比例，改善生态环境，防止生态环境问题的发生；通过对供水、灌溉、水力发电、航运、渔业、旅游等用水部门进行水资源的优化调配，解决各用水部门之间的矛盾，减少不应有的损失；通过进一步加强地下水开发利用的监督与管理工作，完善地下水和地质环境监测系统，有效控制地下水的过度开发；通过采取工程措施和非工程措施改变水资源在空间分布和时间分布上的不均匀性，减轻洪涝灾害的影响。

2.提高人们的水资源管理和保护意识

水资源开采利用过程中产生的许多水问题，都是由于人类不合理利用以及缺乏保护意识造成的，通过让更多的人参与水资源的保护与管理，加强水资源保护与管理教育，以及普及水资源知识，进而增强人们的水法制意识和水资源观念，提高人们的水资源管理和保护意识，自觉地珍惜水，合理地用水，从而可为水资源的保护与管理创造一个良好的社会环境与氛围。

3.保证人类社会的可持续发展

水是生命之源，是社会发展的基础，进行水资源保护与管理研究，建立科学合理的水资源保护与管理模式，实现水资源的可持续开发利用，能够确保人类生存、生活和生产，以及生态环境等用水的长期需求，从而为人类社会的可持续发展提供坚实的基础。

二、我国农业水资源的可持续利用技术

（一）调整农业产业结构和作物布局，提高水的经济效益

在摸清本地区农业水资源区域分布特点和开发利用现状的基础上，结合其他农业资源情况，制定合理的农业结构，调整作物布局，达到节水、增产、增收的目的。例如，华北地区冬小麦生育期正值春季干旱少雨，灌溉需水量大，应集中种植在水肥条件较好的地区，而夏玉米和棉花生育期同天然降水吻合得较好，水源条件差的地方也可保产。因此，作物布局有所谓“麦随水走、棉移旱地”的原则。据此，山东省近十几年来对粮棉种植比例作了大的变动，干旱缺水的鲁西北地区棉花播种面积增加，已占总耕地的30%～40%。河北省也提出了“棉花东移”的战略，将棉花从太行山前平原移向黑龙港地区，已使后者成为华北平原的重要产棉区之一。在黑龙港地区内部，又根据水资源短缺、土壤盐渍化重、水土资源分布不平衡等特点，提出“三三制”（粮田、经济作物和旱作各占耕地三分之一）和“四四二”（粮田、经济作物和牧草分别占耕地40%、40%和20%）等农业结构模式。

（二）扩大可利用的水源

在统筹兼顾、全面规划的基础上，采取工程措施和管理措施，广开水源，并尽可能做到一水多用，充分利用，将原来不能利用的

水转化为可利用的水，这是合理利用水资源的一个重要方面。

我国山区、丘陵地区创建和推广的大中小、蓄引提相结合的"长藤结瓜"系统，是解决山丘区灌溉水源供求矛盾的一种较合理的灌溉系统。它从河流或湖泊引水，通过输水配水渠道系统将灌区内部大量、分散的塘堰和小水库连通起来。在非灌溉季节，利用渠道将河(湖)水引入塘库蓄存，傍山渠道还可承接坡面径流入渠灌塘；用水紧张季节可从塘库放水补充河水之不足。小型库塘之间互相连通调度，可以做到以丰补歉、以闲济急。这样不仅比较充分地利用了山区、丘陵地区可利用的水源，并且提高了渠道单位引水流量的灌溉能力(一般可比单纯引水系统提高50%～100%)，提高了塘堰的复蓄次数及抗旱能力，从而可以扩大灌溉面积。

黄淮海平原地区推广的群井汇流、井渠双灌的办法，将地面水、地下水统一调度，做到以渠水补源，以井水保灌，不仅较合理地利用了水资源，提高了灌溉保证率，而且有效地控制了地下水位，起到了旱涝碱综合治理的作用。

黄河流域的引洪淤灌，只要掌握得当，不仅可增加土壤水分，而且能提高土壤肥力，也是因地制宜充分利用水资源的有效方法。

淡水资源十分缺乏的地方，在具备必要的技术和管理措施的前提下可适当利用咸水灌溉，城市郊区可利用净化处理后的污水、废水灌溉，只要使用得当都可收到良好的效果。

(三)减少输水损失

我国很多灌区由于工程配套不全、管理不善，大多为土质渠道，输水过程中水量损失十分严重，渠系水利用系数相当低。因此，采取措施减少输水损失是节约灌溉水源的重要途径。为了减少输水损失，在技术上应主要采取以下措施。

1. 渠道防渗

由于土壤的渗透性较大，故土质渠床输水时的渗漏损失常很严重。对渠道进行衬砌防渗，是提高渠系水利用系数的有效措施，常能收到显著的节水效果。多年来我国很多灌区重视了渠道衬砌防渗工作，已经取得显著效果。例如，陕西人民引洛渠的渠系水利用系数从0.47提高到0.6，内蒙古自治区余太灌区由0.3提高到0.61，广东安揭引韩灌区渠系水利用系数已达到0.72等。

渠道衬砌是我国应用较为普遍的一项工程节水措施，主要是减少农田灌溉过程中的输水损失。我国每年因渠道衬砌而损失的水量多达上千亿立方米，几乎占了我国农业总用水量的一半。通过渠道衬砌可以有效减少农田输水系统的损失，提高田间用水效率。

渠道防渗的方法很多，所用衬砌材料主要有混凝土、石料、沥青和塑料薄膜等，选用时要在保证一定防渗效果的前提下，注意因地制宜，就地取材，以做到技术可靠、经济合理。

2.管道输水

以管道代替明渠输水，不仅减少了渗漏，而且免除了输水过程中的蒸发损失，因此比渠道衬砌节水效果更加显著，在国外的灌溉系统中日益广泛地被采用。近年来，我国北方井灌区试验推广以低压的地下和地面相结合的管道系统代替明渠输水，用软管直接将水送入田间灌水沟、畦，证明可节约水量30%以上，渠系水利用系数可提高到0.9以上。此外，采用管道输水还少占了耕地，提高了输水速度，省时省工，有利于作物增产。管道输水具有如下特点：

第一，节水节能。管道输水工程可有效减少渗漏和蒸发损失，输送水的有效利用率可达30%以上，且与土渠输水相比，井灌区管道输水可节能。

第二，省地省工。以管道代替渠道输水，一般能节地。同时管道输水速度快，灌溉效率提高一倍，用工减少一半以上。

第三，管理方便，有利于适时适量灌溉，能及时满足作物生长需水要求，促进增产增收。

第四,成本低,易于推广。管道输水成本低,且当年施工,当年见效,因此易于推广。

为适应低压输水的需要,已研制成功用料省的薄壁塑料管和内光外波的双壁塑料管,开发了多种类型的当地材料预制管,如砂土水泥管、水泥砂管、薄壁混凝土管等。灌水技术不仅已证明在井灌区是适用的,而且也有必要有计划地逐步推广到大中型自流灌区,则能发挥出更大的节水潜力。

(四)提高灌水技术水平

良好的灌水方法不仅可以保证灌水均匀,节省用水,而且有利于保持土壤结构和肥力;不正确的灌水方法常使灌水超量而形成深层渗漏,或跑水跑肥冲刷土壤,造成用水的浪费。因此,正确地选择灌水方法是进行合理灌溉、节约灌溉水源的重要环节。

1.改进传统灌水技术

传统的灌水技术是地面灌溉的方法。根据灌溉对象的不同,地面灌溉又可分为畦灌(小麦、谷子等密播作物以及牧草和某些蔬菜),沟灌(棉花、玉米等宽行中耕作物及某些蔬菜),淹灌(水稻)等不同形式。目前我国95%以上的灌溉面积仍采用地面灌溉,因此节约用水具有十分重要的意义。我国具有悠久的灌溉历史,不乏精耕细作、科学灌水的好经验,但耕作粗放、大水漫灌的情况仍存在于不少地方,造成田间灌水量的严重浪费。下面择要列出改进地面灌溉技术的一些措施。

(1)平整地面。

田面不平整常是大水漫灌、灌水质量低劣的主要原因之一,严重时造成地面冲刷,水土流失。因此,平原地区高标准平整田面,建设园田化农田,山丘地区改坡耕地为水平梯田,是提高灌溉效率的一项根本措施。据国外研究,3cm的不平整度,就可能使田间多耗水40%。近年来美国采用激光制导的机械平整土地,误差小(仅15mm),灌水定额可大幅度减小。

(2)小畦灌溉。

在畦灌的地方，应在平整土地的基础上，改大畦长畦为小畦，才能避免大水漫灌和长畦串灌。有关资料表明，灌水定额与畦的大小、长短关系很大，当每亩畦数为1～5个时，每亩调灌水定额可达100～150m^3；而当每亩畦数增加到30～40个时，每亩灌水定额可减至40～50m^3。因此，推行耕作园田化，采用小畦浅灌，对节约用水有显著效果。

(3)细流沟灌。

沟灌时控制进入灌水沟的流量(一般不大于0.1～0.3L/s)，使沟内水深不超过沟深的一半。这样，灌水沟中水流流动缓慢，完全靠毛细管作用浸润土壤，能使灌水分布更加均匀，节约水量。

(4)单灌单排的淹灌。

水稻田的淹灌是将田面做成一个个格田，将水放入格田并保持田面有一定深度的水层。格田的布置应力求避免互相连通的串灌串排方式，而应采用单灌单排的形式，即每个格田都有独立的进水口和出水口，排灌分开，互不干扰，才能避免跑水跑肥，冲刷土壤、稻苗的现象，并有利于控制排灌水量，节约用水。

2.采用先进灌水方法

目前国际上业已发展起来的先进节水灌水方法主要有喷灌、滴灌、微喷灌和渗灌等。

(1)喷灌。

它是通过喷头喷射到空中散成细小的水滴，像天然降雨那样对作物进行灌溉。喷灌不仅因使用管道输水免除了输水损失，而且只要设计合理，喷灌强度和喷水量掌握得好，即使地面不平整也可使灌水均匀，不产生地面径流和深层渗漏，一般可比地面灌溉节水1/3～1/2。据北京市资料，冬小麦地面灌溉亩次灌水量一般为50～60m^3，全生育期亩灌水量达300～350m^3；喷灌亩次灌水量一般为20m^3，全生育期为150～200m^3，喷灌比畦灌减少灌水量50%左右。北京市顺义县麦田喷灌化后可把以往由密云水库引取的每年1.2亿立方米灌溉用水压缩下来，让给城市居民与工业用水，为缓解首都用水紧张做出了贡献。

(2)滴灌。

它是利用一套低压塑料管道系统将水直接输送到每棵作物根部，由滴头成点滴状湿润根部土壤。它是迄今最精确的灌溉方式，是一种局部灌水法(只湿润作物根部附近土壤)，不仅无深层渗漏，而且棵间土壤蒸发也大为减少，因此非常省水，比一般地面灌溉可省水1/2～2/3。目前主要用于果园和温室蔬菜的灌溉。

(3)微喷灌。

它是由喷灌与滴灌相结合而产生的，既保持了与滴灌相接近的小的灌水量，缓解了滴头易堵塞的毛病，又比喷灌受风的影响小，是近年发展起来的很有前途的灌水技术。

(4)渗灌。

它是利用地下管道系统将灌溉水引入田间耕作层，借土壤的毛细管作用自下而上湿润土壤，所以又称地下灌溉。渗灌具有灌水质量好，蒸发损失小等优点，节水效果明显。它适用于透水性较小的土壤和根系较深的作物。

(五)实行节水农业措施

结合各地的气候、水源、土壤、作物等条件，因地制宜地采用各种农业技术措施，厉行节水，确保产量，是很有意义的。

1.蓄水保墒耕作技术

我国农民在长期的生产实践中创造了丰富的农田蓄水保墒耕作技术，以充分利用天然降水。例如，增施有机肥料改良土壤结构，以提高土壤吸水和保水性能；适时耕锄耙耱压，以改善耕层土壤的水、热、气状况，增加蓄水，减少蒸发；汛期引洪漫地，冬季蓄雪保墒等，都是尽量利用土壤本身储存更多的水量以供作物利用的行之有效的措施。

2.田面覆盖保水技术

农田耗水中作物蒸腾量和土壤蒸发量大体各占一半,因此,减少棵间土壤水分的蒸发损失,是提高作物对水的利用率的关键所在。采取田面覆盖是抑制土壤蒸发的有效措施。覆盖的方法很多,如就地取材的秸秆、生草、麦糠、畜粪、沙土覆盖,近年来发展起来的塑料薄膜覆盖,以及使用各种化学保水剂、结构改良剂等,因地制宜地采用,均可收到保水、增温的良好效果。河北省用麦秸覆盖夏玉米,从 7 月中旬到 9 月下旬覆盖 2 个多月,可减少土壤蒸发 50～60mm,相当于灌溉一次水的水量。北京冬灌后地膜覆盖的麦田,到次年开春解冻时土壤含水量仍接近田间持水量,可免浇返青水。中科院地理所在山东试验,地膜覆盖可使无效蒸发降低 60%,麦糠覆盖可降低 40%。

3.其他

除了以上两种方式,我国田间节水技术还有水肥耦合、选育抗旱品种以及适当使用化学制剂,包括保水剂、抗蒸腾剂等。其中,合理施肥是提高水分利用效率的重要途径,通过改变灌溉方式,以达到有效调节根区养分的有效性和根系微生态系统的目的。在此基础上,通过选用抗旱高产作物和品种实现高效利用水资源,如美国的棉花、加拿大的牧草等,这些品种不仅节水抗旱,而且高产稳产。

(六)管理节水

管理节水是运用现代先进的管理技术和自动化管理系统对作物需水规律和生长发育进行科学调控,实现区域效益最佳。建立农田土壤墒情检测预报模型,实时动态分析灌区内土壤墒情,在气象预报的基础上,进行实时灌溉预报,实现灌区动态配水计划,达到优化配置灌溉用水的目的。

开展灌区多种水源联合利用的研究,合理利用和配置灌区地表水、地下水和土壤水,在最大限度满足作物生长需水的同时,达到改善农田生态环境的目的。

实现灌区用水的科学政策管理,其核心是制定合理的水价,建立适合灌区实际水情和民情的用水交互原则和相关条例,探索科学水市场的形成条件和机制,推动节水灌溉的规范化和法制化。

三、重点地区农业节水发展模式①

(一)东北区

东北区水土资源优越,开发潜力大,是国家重要的商品粮基地和大豆生产基地。应以提高灌溉质量和效益为主,对现有灌区进行以节水为中心的续建配套和节水改造,大力推广节水灌溉技术、旱田坐水种和旱坡地综合治理技术,改善农业生产条件,提高灌溉保证率。

(1)在水稻区以渠道防渗、渠系配套为重点,大力推广水稻节水灌溉制度,巩固现有水田灌溉面积,扩大三江平原水田面积。

(2)全面推广旱地玉米等大田作物的坐水种抗旱补水保苗技术;采用管道输水和U形渠槽输水等节水灌溉技术,适度扩大旱作物灌溉面积;鼓励山区小型灌区发展管道化灌溉。

(3)在西部干旱半干旱地区,因地制宜地推广管道输水灌溉和喷灌、微灌,建设节水型人工饲草料基地。

(4)在高效农业示范区、经济条件较好、规模化经营程度较高的地方,推广喷灌、微灌等先进的灌溉技术,大力发展菜田、保护地灌溉,扩大经济作物种植面积。

(5)在辽河三角洲及三江平原等低洼易涝地区开展中低产田改造,提高灌溉保证率和农田排涝标准。

重点任务:把提高粮食生产能力作为保障国家食物安全的一项战略性措施来抓,加强灌区高效渠道防渗、精细地面灌水技术、

① 石玉林.农业资源合理配置与提高农业综合生产力研究[M].北京:中国农业出版社,2008.

农艺节水技术、灌区管网化和信息化建设等技术体系建设。

(二)华北区

农业地位显要,水资源短缺是主要制约因素,即使灌溉水利用效率达到100%,也将缺水约60亿立方米。本区应强化水资源的统一管理和优化调配,加强降水、地表水、土壤水和地下水的联合调度与高效利用,合理利用低质水灌溉,采取综合措施限制和减少地下水开采。必须大力推行农艺节水、灌溉节水、生物节水、管理节水四位一体的资源型节水模式,努力提高降水的利用效率、灌溉水利用率和作物自身的水利用率。

(1)根据水土资源条件,调整农业种植结构,压缩高耗水作物的种植比例,建立抗旱品质体系。

(2)在渠灌区以渠道防渗和精细地面灌水技术为主,努力发展井渠双灌;在井灌区重点应用非充分灌溉技术和农艺节水技术,全面推广管道输水灌溉;在经济条件好、农业规模化经营程度高的地方发展喷灌、微灌。

(3)加强灌溉管理,研究制定科学的灌溉制度,全面推行非充分灌溉和调亏灌溉制度。实行用水计量、按方收费、按亩返还等节水惠农措施,改革现行农村水利工程管理体制和水价政策,建立有利于农业节水的良性管理和运行体制。

重点任务:实施总量控制与定额管理;挖掘植物本身的节水抗旱特性,选育节水抗旱新品种,研究相配套的节水增产技术与精量控制灌溉;探索和示范多途径替代节水的技术措施;率先建立节水型高效农业区。

(三)西北区

西北区光热土资源丰富,水资源严重短缺,生态与环境脆弱,棉花生产地位突出。解决水资源短缺的唯一出路是节水。应大力提高灌溉水利用效率,发展改进地面灌溉和配水节水技术,加强旱地雨水高效利用。发展节水灌溉要与改善农业生产条件和保护生态环境相结合，在内陆河区应实行上下游水量统一调配，避免上游过量用水导致下游生态恶化；在引黄灌区应严格按照国家分配指标用水，控制灌区规模，同时要利用水价等经济杠杆推动节水灌溉的发展。

(1)引黄自流灌区以发展渠井结合灌溉、骨干渠道防渗和田间节水工程为主，推广水稻浅湿灌溉；创建渠道防渗、田间高效节水、农艺节水的技术模式。果园、蔬菜等经济作物要大力推行喷灌、微灌。

(2)在绿洲地区建立田间节水灌溉新技术、综合农艺技术、生物技术的节水模式。

(3)在水资源匮乏的黄土高原和贫困山丘，要大力发展集雨节灌工程，解决人畜饮水问题，实施抗旱补水灌溉。

重点任务：大力提高灌溉水利用效率，重点加强旱地雨水高效利用技术的研发与应用，建立适水种植的节水模式和配套技术，以农业节水促进地区生态环境的改善。

(四)长江区

长江区农业资源优越，农牧渔各业生产在全国具有举足轻重的地位。现状水利设施基础较好，在广大的沿江、沿淮滨湖平原圩区以及宽阔浅山丘陵区，修建了大量的大中小、蓄引提相结合，灌排两用水利设施。应以大中型灌区节水改造为重点，巩固和改造现有灌溉设施，恢复和扩大有效灌溉面积，提高灌溉保证率和灌溉效率，全面提高耕地质量。

(1)在平原地区发展管道输水和渠道防渗，结合改进田间灌水技术，积极推广水稻控制灌溉等非工程节水措施。

(2)在山丘区结合种植结构调整，发展经济作物喷灌、微灌技术。

(3)把中低产田改造和农田排水放在同等重要的地位，提高农业综合生产能力。

(4)在推广农业节水技术的基础上，扩大开源工程，解决地区工程性缺水问题。

重点任务：努力提高单位土地和单位水量的产出效益，探索适合中国特点的现代灌溉农业道路和模式，建设国家现代农业发展基地。

(五)四川区、云贵区

四川区和云贵区水热充沛，农业生产条件优越，是我国重要的农业生产基地、蔗糖与南亚热带水果生产基地。本区90%以上为高原山地，山高水深地形复杂，水资源开发难度大、成本高，目前开发程度很低，人均有效灌溉面积川、渝、云、贵分别为0.024hm^2、0.016hm^2、0.029hm^2和0.013hm^2，均低于全国平均水平，一半以上耕地无灌溉条件，属工程型缺水区。本区应积极开辟水源工程，发展节水灌溉。

(1)在水稻区推广以渠道防渗为主的节水灌溉技术，完善田间节水工程措施。

(2)在水源条件较好的丘陵区和山间平原，可利用自然水头发展自压喷灌、微灌。

(3)在贫水的山丘区积极推广集雨节灌和与之配套的免耕技术及机械化机具，提高灌溉保证率，增强抗旱能力。

重点任务：加强对现有中小型灌溉工程的续建配套；积极发展小型蓄引提灌溉工程，扩大灌溉面积；大力推广节水灌溉技术；开展山丘区综合治理。

第四节　其他农业资源的利用

一、废物资源的农业利用

废物是人类生产和生活活动的产物。要使废物转化为资源，使废物的开发、利用和管理建立在科学的基础之上，使废物得以经济、合理、有效地开发利用，就必须了解废物的特性。废物的共同特性主要有客观性、资源性、价值性、污染性(图 1-9)、再生性、多用性与整体性等。

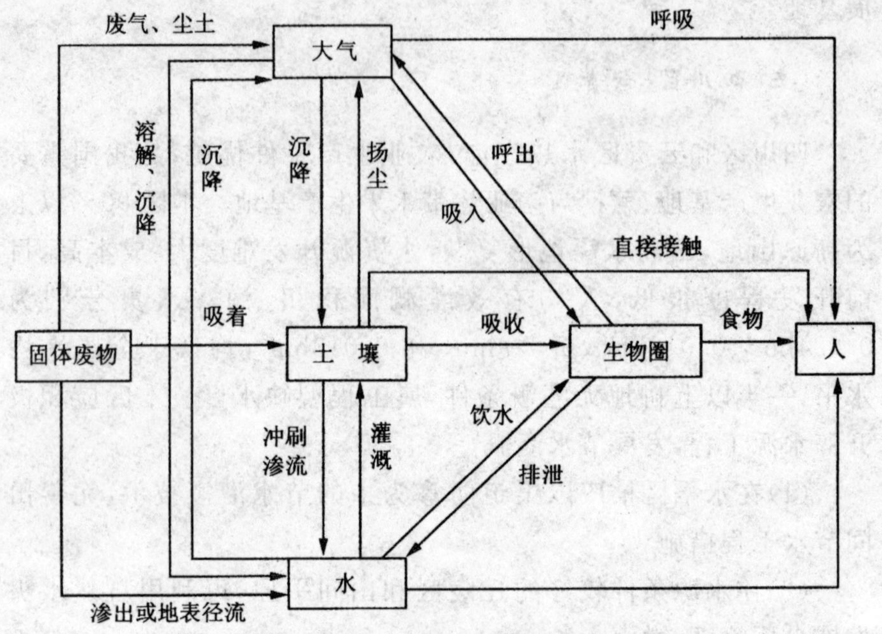

图 1-9　固体废弃物的主要污染途径

废物农用资源化，又称废物资源的农业利用，是将具有农用价值的生产性废物和生活性废物作为一种农用资源开发，再投入农业生产体系中，参与农业循环的过程。此处所指的农业是大农业含义，包括种植业、林业、畜牧业、渔业和农副业这五大行业，而非狭义的以种植业为特征的小农业。

(一)废物农用加工处理技术与模式

1. 粉煤灰的加工处理与农业利用

(1)直接施用于土壤。

粉煤灰是一种松散的固体集合物，直径大于 0.01mm 的物理性大颗粒占 85%左右，物理性状类似于砂土，含有铝、硅、铁、钙、硫、硼、锌等营养元素。粉煤灰对黏土、酸性土和生土均有良好的改良效果。改土增产的原因主要表现在以下几方面。

①改善土壤物理性质。黏土施入粉煤灰后,容重降低,孔隙度增大,通透性和耕性变好,有利于微生物活动和作物生长。粉煤灰中的硅酸盐矿物和炭粒具有多孔性,是土壤本身的硅酸盐类矿物所不具备的。粉煤灰粒子内部的孔隙则可作为气体、水分和营养物质的"储存库"。粉煤灰施入土壤,除其粒子中、粒子间的孔隙外,粉煤灰同土壤粒子还可以连成无数毛管孔隙,构成输送营养物质和水分的交通网络,为植物根的吸收提供新的途径,从而改善土壤的毛细管作用和溶液在土壤内的运动,使土壤的水、气更加协调。砂性土壤施加粉煤灰的效果虽然不如黏重土壤效果明显,但也能改善土壤的蓄水保肥性能。

②提高地温。粉煤灰所具有的灰黑色利于其吸收热量,将其施入土壤,一般可使上层提高温度1℃~2℃。土壤温度的提高,有利于微生物活动、养分转化、种子萌发和根系吸收等,从而促进作物早发早熟,特别是早春和秋冬效果明显。

③补施营养、增加产量。不同土壤合理施用符合农用标准的粉煤灰后,由于其含有较多有效的营养元素,特别是微量元素,增产作用明显。一些试验和生产实践表明,每亩土壤施加粉煤灰333.33~1 666.67kg/hm^2,增产范围大多在7.1%~15%,平均增产10%以上。不同土壤质地中以黏重土地增产最明显,生荒地增产次之,砂质土地不明显;不同作物中以蔬菜增产效果最好,粮食作物增产次之,其他经济作物也有增产作用,但不十分稳定。

(2)制作粉煤灰肥料。

作为肥料资源,粉煤灰可提供硅、钙及一些微量元素,常将它作为硅钙肥应用,有机复合肥配方中加入一定量的粉煤灰,可以提高造粒速度,并改善粒状肥料的某些理化性能,如粉煤灰硅钾肥、粉煤灰硅钙钾肥、粉煤灰磁化肥、粉煤灰磷肥等。

(3)覆土造田。

对深沟、低洼地、坑地或矿坑塌陷地,可用粉煤灰填坑垫底,上面覆土造田,增加耕地面积。

(4)其他农用方式。

利用粉煤灰和一些有机废弃物及添加剂相配合，可以制成改土剂、人造营养土等系列产品。粉煤灰还可用作垫圈材料，覆盖冬小麦或水稻育秧田作保温材料等农业利用。

另外，粉煤灰还可用作生产粉煤灰砖、粉煤灰水泥的原料，用于农用建筑、修筑地面和水利工程等。

2. 钢渣的加工处理与农业利用

钢渣中含有 P、Si、Ca、Mg 等有利用价值的元素，可根据其有效元素含量作不同的利用。钢渣在农业领域主要用于生产钢渣磷肥、硅肥和酸性土壤改良剂等。

(1)作钢渣磷肥。

钢渣磷肥又称托马斯磷肥或矿渣磷肥，由含磷生铁用托马斯法炼钢时所生成的碱性炉渣经轧碎、磨细而得。大多是灰黑色，主要有效成分是磷酸四钙($Ca_4P_2O_9$)和硅酸钙的固溶体，并含有镁、铁、锰等元素。五氧化二磷含量 12%～18%，是枸溶性肥料，适用于酸性土壤，可作基肥。实践证明：不仅钢渣磷肥($P_2O_5>10\%$)肥效显著，普通钢渣(P_2O_5 4%～7%)也有较好肥效；不仅适用于酸性土壤，而且在缺磷碱性土壤使用也可增产；不仅水田施用效果好，即使是旱田施用钢渣也有一定效用。我国许多地区土壤缺磷或呈酸性，充分合理利用钢渣资源，一般可增产 5%～10%。

(2)作硅肥。

硅是水稻生长需求量大的元素，$SiO_2>15\%$的钢渣磨细至 60 目以下即可作硅肥，用于水稻生产，一般每亩施用 100kg，增产 10%左右。

(3)作酸性土壤改良剂。

CaO、MgO 含量高的钢渣磨细后，可作为酸性土壤改良剂，并且利用了钢渣中的磷和各种微量元素。其用于农业生产，可增加农作物的抗病虫害的能力。

另外，钢渣还可用作生产钢渣砖、砌块和其他建材制品的原料，用于农用建筑，道路的基层、垫面及面层和水利工程等。

3. 煤矸石的加工处理与农业利用

含有高有机质的碳质泥岩煤矸石，粉碎后置入适量农家肥可作为复合肥。这类煤矸石中含有丰富的农作物生长所需的钾、磷、钠、铁、锰、硫等化学元素，同时煤矸石中大量的 SiO_2 可使土壤疏松，增加土壤的透气性，硫还能调节土壤的 pH 值，煤矸石粉末具有较大的孔隙，能吸附空气和水分，有利于好气菌和嫌气菌的新陈代谢，促进有机肥的分解，丰富土壤有机质。

利用煤矸石可以生产砖、瓦、水泥、轻骨料，也可以用来生产空心砌块和预制构件，还可以用于填坑造地及作路基材料。

4. 污泥的加工处理与农业利用

污泥中含有丰富的有机物和 N、P、K、Ca、Mg 等营养元素以及植物生长所必需的各种微量元素，施用于农田能够改良土壤结构、增加土壤肥力、促进作物的生长。污泥农用主要包括用于农田、林地、园艺、废弃矿场等场地的改良和制成有机复合肥料施用等。

把污泥制成污泥颗粒肥和有机复合肥是一种肥效高、经济效益显著的方法，是污泥农用、污泥处置的最佳途径之一，可广泛推广应用。

典型的污泥处理工艺流程，包括四个处理或处置阶段。第一阶段为污泥浓缩，常采用的工艺有重力浓缩、离心浓缩和气浮浓缩等，主要目的是使污泥初步减容，缩小后续处理构筑物的容积或设备容量；第二阶段为污泥消化，可分成厌氧消化和好氧消化两大类，使污泥中的有机物分解；第三阶段为污泥脱水，可分为自然干化和机械脱水两大类，使污泥进一步减容；第四阶段为污泥处置，途径很多，主要有农林使用、卫生填埋、焚烧和生产建筑材料等。采用某种途径将最终的污泥予以消纳。以上各阶段产生的清液或滤液中仍含有大量的污染物质，因而应送回污水处理系统中加以处理。以上典型污泥处理工艺流程，可使污泥经处理后，实现减量化、稳定化、无害化、资源化。

5.垃圾的加工处理与农业利用

垃圾的农业利用是解决垃圾污染的一种经济有效的途径。垃圾中虽含有大量有机物质和多种矿物营养元素，但同时也含有较多的重金属和虫卵、病菌，需经过无害化处理才能安全使用。目前对于垃圾的加工处理与农业利用主要有垃圾堆肥和垃圾生产沼气两条途径。

(1)垃圾堆肥。

采用垃圾堆肥是一种集处理和资源再生利用于一体的生物处理方法，其加工处理工艺流程如图 1-10 所示。

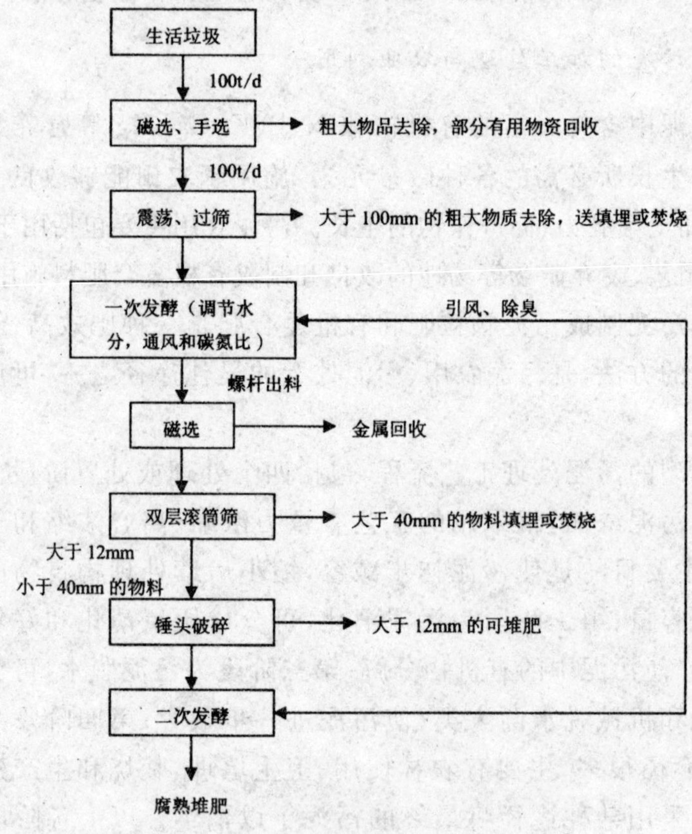

图 1-10　100t/d 垃圾处理实验厂工艺流程①

① 黄云.农业资源利用与管理[M].2 版.北京：中国林业出版社，2010.

垃圾堆肥原理主要是依靠自然界广泛存在着的细菌、真菌、放线菌等微生物的作用，将垃圾中的有机物进行分解转化为较稳定的腐殖质，微生物自身也得到繁殖，最终形成腐熟的堆肥。由于其产品具有含作物生长所需营养元素全面、无害化等优点，因此日益受到各国的重视。

(2)垃圾生产沼气。

城镇垃圾中含有大量有机物，可以经厌氧发酵生产沼气，回收垃圾中的能量、沼渣作肥料，实现垃圾多层次利用。据报道，我国经济发达区平均每天每人产生 1.0kg 垃圾废物，每吨垃圾废物能产生 86kg 甲烷；发展水平中等地区平均每天每人产生 0.5kg 垃圾废物，每吨废物能产生 21.5kg 甲烷，城镇垃圾生产沼气有着广阔的前景。

6.有机废渣液的加工处理与农业利用

(1)利用谷氨酸母液制备有机肥工艺。

谷氨酸废液的 COD 约为 5×10^4mg/L，含有机质 41%～45%，全氮 13%～14%，全磷 0.26%，全钾 0.42%。由谷氨酸母液制备有机肥工艺流程如图 1-11 所示。

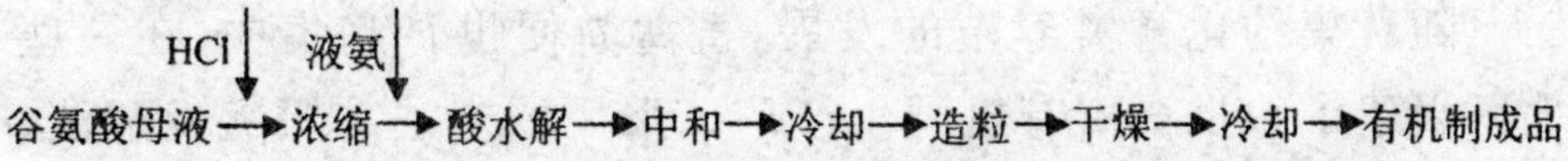

HCl↓（浓缩）　液氨↓（酸水解）

谷氨酸母液→浓缩→酸水解→中和→冷却→造粒→干燥→冷却→有机制成品

图 1-11　由谷氨酸母液制备有机肥工艺流程

(2)利用造纸废水絮凝渣制取高效复合生物有机肥工艺。

向造纸废水絮凝渣中加入酵母菌、钾细菌等菌种进行发酵可产生大量腐殖酸，腐殖酸与配入的微量元素、无机化肥中的金属离子有交换吸附、螯合等作用，金属离子对木质素的降解有催化作用，再配入适量的氮磷钾等元素，所生产的肥料具有增效、长效、改良土壤、刺激农作物的生长、改善农产品质量等特点。造纸废水絮凝渣制取高效复合生物有机肥工艺流程如图 1-12 所示。

图 1-12　造纸废水絮凝渣制取高效复合生物有机肥工艺流程

(3)酒精废水浓缩液、蔗渣、滤泥等生产有机肥工艺。

利用酒精废水浓缩液、蔗渣、滤泥等经生化堆肥处理可得到有机肥产品。其工艺流程如图 1-13 所示。

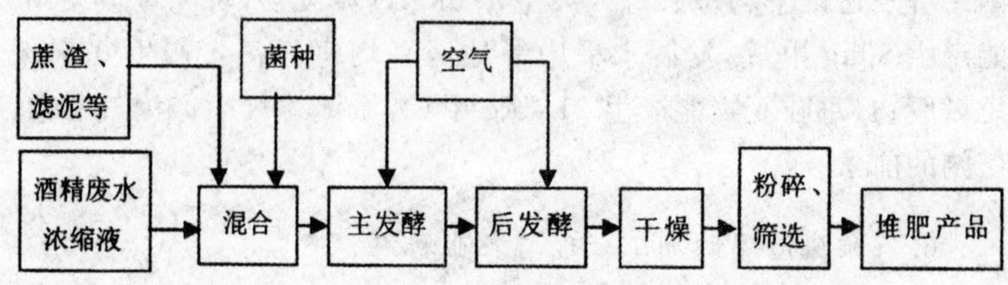

图 1-13　酒精废水浓缩液堆肥工艺流程

7. 畜禽粪便的加工处理与农业利用

畜禽粪便农用资源化，就是通过一定的技术处理，将粪便由废物变成农业利用的肥料、饲料和燃料等。

随着集约化畜禽养殖的发展，畜禽粪便也日趋集中，在一些地区兴建了一批畜禽有机肥生产厂。采用的方法有厌氧发酵法、快速烘干法、微波法、膨化法、充氧动态发酵法等。畜禽粪便生态工程处理与农业利用模式如图 1-14 所示。

8. 秸秆的加工处理与农业利用

我国利用秸秆的方式很多，当前主要有秸秆还田、饲料化处理和作为工业生产原料三种类型。

(1)秸秆还田。

秸秆还田是目前秸秆利用的主要方法之一。秸秆还田的方法分为秸秆直接还田、间接还田和利用生化快速腐熟技术制造有机肥还田。

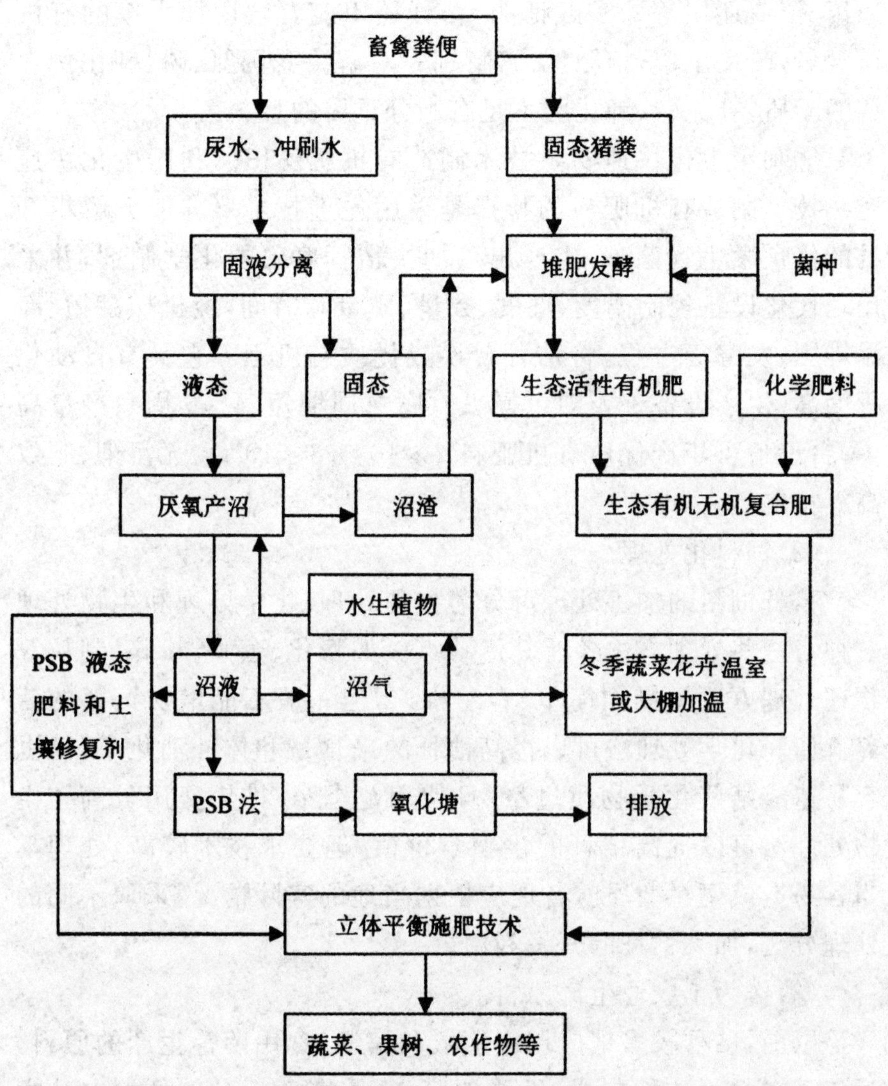

图 1-14　畜禽粪便生态工程处理与农业利用模式

①秸秆直接还田。可分为秸秆整株还田技术和粉碎还田技术。试验证明：秸秆还田后，土壤中的氮、磷、钾养分都有所增加，尤其是速效钾的增加最明显，土壤活性有机质也有一定的增加，对改善土壤结构有重要作用。秸秆覆盖和翻压对土壤有良好的保墒作用并可抑制杂草生长。

②秸秆间接还田。包括传统堆沤腐解还田、灰分还田、菇渣

还田、沼渣还田等。实践证明，秸秆还田能有效增加土壤的有机质含量，改良土壤，培肥地力，特别是对解决我国氮、磷、钾比例失调的矛盾，补充磷、钾化肥不足有十分重要的意义。

③利用生化快速腐熟技术制造有机肥还田。利用生化快速腐熟技术制造有机肥料的特点是采用先进技术培养能分解粗纤维的优良微生物菌种，生产出可加快秸秆腐熟的化学制剂，并采用现代化设备控制温度、湿度、数量、质量和时间，经机械翻抛、高温堆肥、发酵等过程，将秸秆转换成优质有机肥。它具有自动化程度高(生产设备1人即可操纵)、腐熟周期短(4～6周)、产量高(一台设备可年产优质有机肥料 $2\times10^4\sim3\times10^4$ t)、无污染、肥效高等特点。

(2)饲料化处理。

秸秆饲料的加工处理可分为物理处理、化学处理和生物处理三种。这些处理方法各有其优缺点。如膨化、蒸煮、粉碎、制粒等物理处理方法虽操作简单、容易推广，但一般不能增加饲料的营养价值。化学处理法可以提高秸秆的采食量和体外消化率，但也容易造成某些化学物质过量，且使用范围窄，推广费用较高。生物处理法可以提高秸秆的生物学价值，但要求技术较高，处理不当容易造成腐烂变质。各地应根据当地的实际情况，采取不同的处理方法，加大秸秆的开发利用。

(3)作为工农业生产原料。

以前，秸秆较多地应用于造纸和编织、食用菌等生产的原料，近年又兴起了秸秆制炭、纸质地膜、纤维密度板和秸秆发电技术等。利用农作物秸秆等纤维素废料为原料，采取生物技术的手段发酵生产乙醇、糠醛、苯酚、燃料油气、单细胞蛋白、工业酶制剂、纤维素酶制剂等。

9. 有机废物农用绿色增效模式

有机废物的农用资源化是一项复杂的、综合性生态系统工程。针对目前有机废物农用资源化中普遍存在的加工处理技术简单、产品效价和综合效益低等问题，西南农业大学提出了绿色增效模式（图 1-15）。

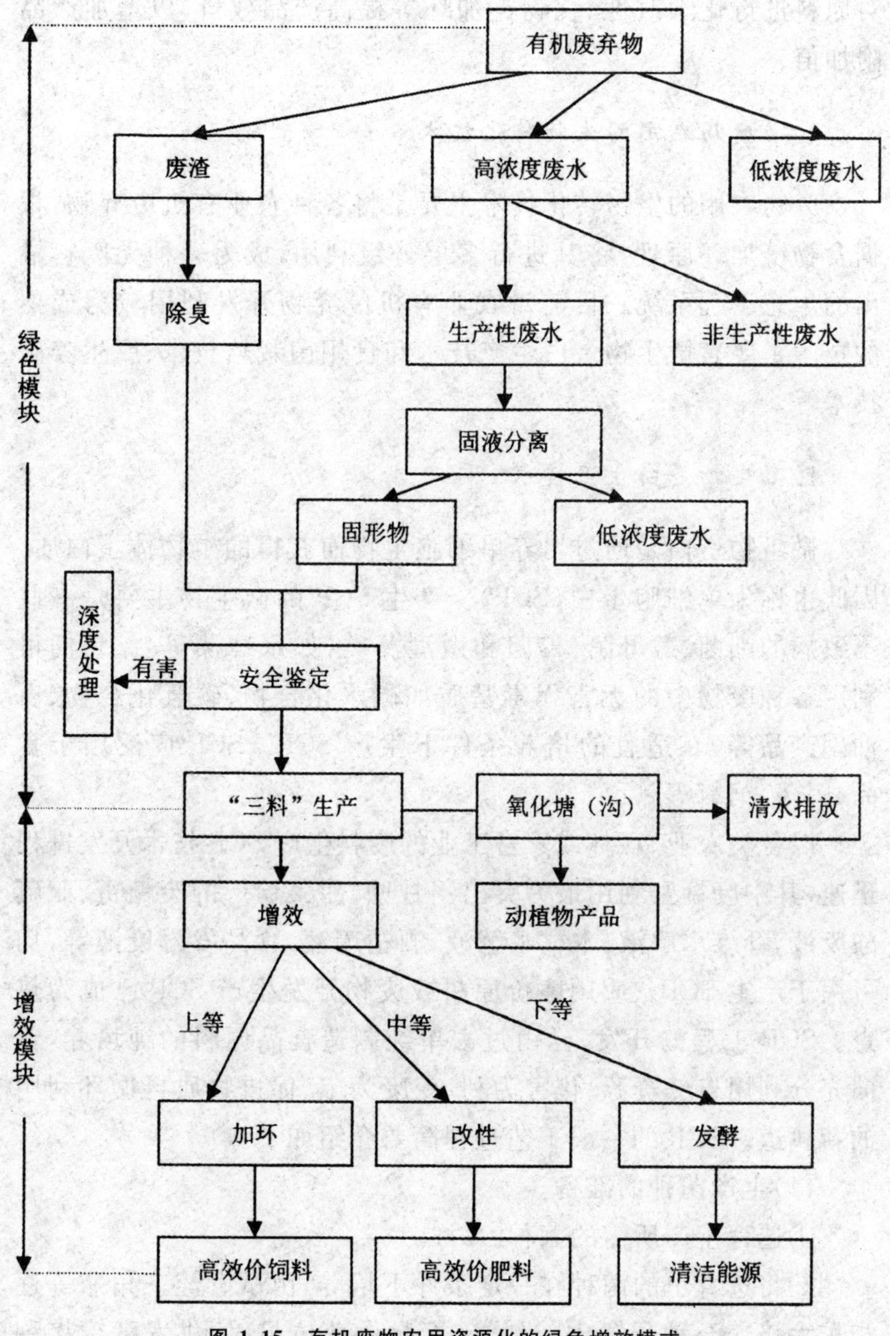

图 1-15 有机废物农用资源化的绿色增效模式

在此模式中，将工厂化流程分为绿色与增效两个模块。第一模块主要是将有机废物转变成原料并进行安全鉴定，第二模块是对原料进行化学改性、食物链加环等提高产品效价，以增加产品附加值。

（二）废物农用的生物转化技术

废物农用的生物转化技术主要是将各种农业有机废弃物，根据食物链加环原理，将其进行多层分级利用，成为一种无废料输出的生态工程系统。目前对农业有机废弃物开发利用较为成熟的技术主要有微生物蛋白生产技术和食用菌栽培技术、腐生养殖技术等。

1. 微生物蛋白生产技术

微生物蛋白是通过培养单细胞生物而获得的生物体蛋白质，因此也称为单细胞蛋白（SCP）。产生 SCP 的微生物主要是一些不致病的细菌、酵母菌、霉菌和微型藻类（如水球藻等）。它们可利用各种废物中的无害无毒基质如碳水化合物、碳氢化合物、石油副产品等，在适宜的培养条件下生产 SCP。SCP 广泛用于食品、医药、饲料等。

以各类农业、森林或家畜工业的废料生产 SCP 技术开发进程迅速，其中废糖蜜利用最为突出。甘蔗、甜菜糖厂的废糖蜜、亚硫酸废液、纤维水解液、木材水解液、酒精废液、食品发酵废液等，均可用于产生 SCP。应用廉价原料或废物开发生产 SCP 已成为热点。SCP 工程的开发，已由过去单纯制造食品原料的纯培养，转向充分利用自然资源、化害为利、变废为宝、促进物质再循环利用的新轨道。SCP 的一般工艺过程简要介绍如下。

（1）生产菌种的准备。

①选育生产所需的菌种。

②将选育出的菌种在一定条件下培养，由试管经三角瓶等逐步扩大培养至种子罐中，当增殖至足够菌体量时，供发酵罐接种

所需。

(2)发酵液准备。

①发酵基质的预处理。通过物理方法(切割与粉碎、沉淀与过滤等)、化学方法(用酸、碱或溶剂处理)、生物方法(利用特定的水解酶类)等途径,将待用废料转变为微生物可以利用的基质状态。

②配制发酵液。按所选 SCP 生产菌的要求添加氮、磷等无机盐类,并调节 pH 值至该菌生长繁殖所需的范围之内。

③发酵液灭菌。如果该 SCP 生产菌的活力强,繁殖速率高,或该菌的发酵条件不利于一般杂菌生长,则可以不进行发酵液的灭菌。

(3)发酵罐培养。

①按一定比例将菌种液接种入发酵罐,通常菌种液与发酵液的比例为 1∶10。

②控制发酵条件,使菌种得以迅速繁殖,对于中温需氧微生物而言,发酵液需保温在 25℃～35℃,并需通气与搅拌。必要时在培养过程中需添加营养并调控 pH 值,如培养石油脱蜡酵母时可以加氨水,即补充其氮源的要求。为了使培养液中的营养成分被充分利用,可将部分培养液连续送入分离器中,分离出的上清液回流到发酵罐中循环使用。

(4)菌体收获。

SCP 菌种在发酵罐中培养一段时期后,可经离心、沉淀、压滤等不同方法使液菌分离,收集菌体 SCP。一些易于自溶的微生物,如酵母菌,在培养成熟后,应及时进行分离菌体,以免损失营养组分。

(5)菌体干燥,制成 SCP 成品。

用作动物饲料的 SCP,在收集浓缩菌体后,应洗涤菌体,再进行喷雾干燥或滚筒干燥。湿菌体可用高温干燥,浓菌液可经喷雾干燥,制成干粉状 SCP 成品,便于贮存或使用。作为人类食品的 SCP 则需除去大部分核酸,先将菌体细胞壁水解破坏,溶解释放出的蛋白质,经分离、浓缩、抽提、洗涤、喷雾干燥后,即得到食用蛋白。

2.食用菌栽培技术

食用菌多为腐生型真菌,是食物链加环中的一个重要环节。目前能够人工栽培的食用菌有双孢蘑菇、香菇、平菇、草菇、金针菇、清菇、猴头菇、银耳、黑木耳等十多种。食用菌的生长过程可分为两个相互联系的发育阶段,即菌丝体阶段和子实体阶段,前者为营养生长期,后者为繁殖期。菌丝体能够分泌各种分解纤维物质(有机废物的重要组成)的酶,能将复杂的纤维素(包括木质素和半纤维素)大分子分解成结构较简单的小分子化合物,供菌丝细胞吸收。这些纤维素物质多为农业有机废弃物,因此栽培食用菌是利用纤维素废弃物的有效途径之一。

3.腐生养殖技术

腐生养殖技术是利用腐烂的动植物残体养殖微小动物(多为原生动物),包括蚯蚓养殖、蜗牛养殖、蝇蛆养殖等。

(1)蚯蚓养殖。

蚯蚓作为一个潜在的土壤生物资源,它在改善土壤肥力、保护环境和开发动物蛋白饲料资源以及医药、食品等方面都有一定作用。

(2)蜗牛养殖。

蜗牛是一种广食性、高蛋白、低脂肪的软体动物。养殖蜗牛既有较高的经济价值,又能保护环境,它可将一些不宜食用的蔬菜、嫩的落叶、瓜果皮等废料再利用,减少环境污染。

(3)蝇蛆养殖。

蝇蛆是一种廉价的蛋白质饲料,是处理新的禽畜粪便的重要途径之一。

(三)废物农用的自净化技术

废物农用的自净化技术是指利用生态系统的自然净化能力对排入环境的废物进行净化与利用,包括废水灌溉、废水种植养殖和废热利用等。

1. 废水灌溉技术

废水灌溉，也称污灌，一般是指利用经过二级处理后的城市生活污水或城市各类工业废水来灌溉牧草、森林、饲料作物或农田。它主要是以利用废水中的水、肥资源为目的。

污灌在我国已有50多年的历史，它不仅解决了农、林、牧业对水、肥两大要素的需求，而且通过其中的腐殖质提高土壤肥力，获得了十分显著的增产效果，故其意义重大，但必须谨慎从事。污灌的关键在于正确控制废水水质，使之符合作物正常生长、保持农田土壤与地下水源质量的要求，其具体要求应符合农灌水质标准(GB 5083—1992)。为了使污灌水质符合要求，应在农灌前确定适宜废水的种类，对某些废水还应实行预处理，以降低对植物及土壤的危害。

2. 废水种植养殖技术

废水种植养殖是将有机废水贮存于天然的或经过一定人工整修的池塘中，通过培养植物、动物等对废水加以净化利用，故又称生态系统塘。

(1)利用废水放养水生植物。

水生植物可分为挺水植物、漂浮植物、浮叶植物和沉水植物四类。放养品种的选择取决于它们的适应和净化能力、是否易于收获处置及利用价值等。一般认为，凤眼莲(即水葫芦)、绿萍等漂浮植物和水浮莲等浮叶植物有很强的耐污能力，适合于废水的一级利用；芦苇、水葱、菖蒲等挺水植物具有中等耐污能力，适合于水浅的二级栽培；而茨藻、金鱼藻等沉水植物则适合于后级放养。

放养植物对污染物的净化利用，主要是通过两种途径完成的：一是吸收→贮存→富集→积累→沉淀；二是它们发达的根系上形成了大量的生物膜，植株通过根端向生物膜输氧，使微生物参与对废物的净化。

(2)利用废水养殖鱼类和家禽。

一般地，生态系统塘中有水生动物所必需的溶解氧和由多条食物链提供的多种饲料，具备养殖鱼类、螺、虾、蚌和鸭、鹅等家禽的良好条件。这种养殖塘以阳光为能源，对污染物进行同化降解，并在食物链中迁移转化，最终转化为动物蛋白。国内若干个大中型养殖塘的运行结果表明，它比普通藻类共生塘有更高的净化效果，BOD_5 的去除率在 90%以上，固体悬浮物(SS)和氮、磷去除率一般在 80%～90%，细菌去除率大于 98%，而鱼产量比清水养鱼增产 0.3～0.45kg/m^2。

3. 废热利用技术

利用工厂余热(包括气热和水热)作为邻近住房冬季取暖热源的方法，已被许多城市采用。如能根据散热及导热原理，在工厂附近建造不同温度梯度的温室和利用余热养殖水生植物，收益会更好。所收获的植物的一部分可制成饲料，喂养禽畜；禽畜粪便用于肥田和培育防护林；农田和防护林又可调节工厂燃料所产生的二氧化碳(图 1-16)。

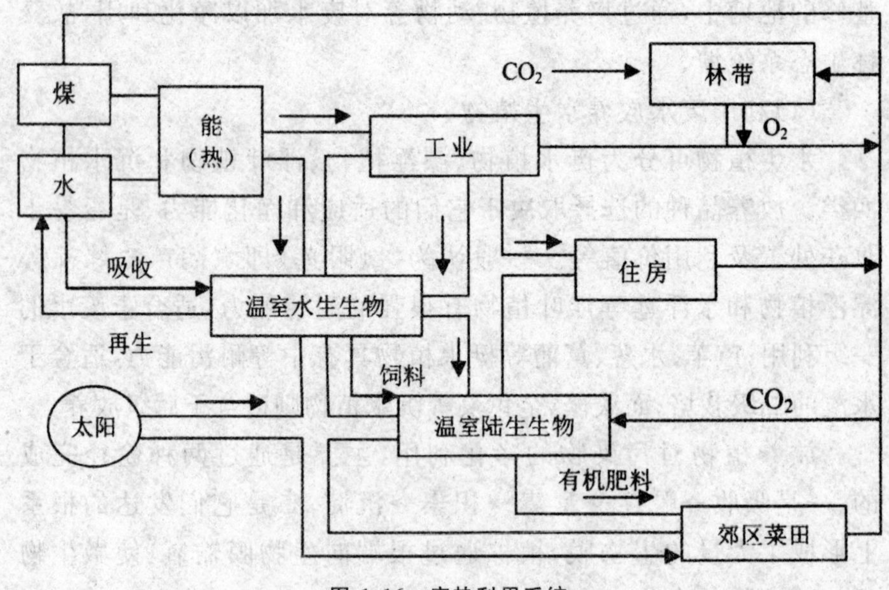

图 1-16 废热利用系统

二、生物资源的利用

（一）生物资源的利用原则与对策

1. 生物资源的利用原则

（1）可持续利用原则。

生物资源是一种可更新的再生资源，但不合理利用会造成生物资源的退化、解体。开发利用生物资源必须掌握该生物的生长发育和繁殖规律，考虑利用的方式和程度，制定出合理的利用计划，使其自身增长速度超过利用速度，从而使生物繁衍不息，为人类永续利用。

（2）最佳生境原则。

生境条件的好坏直接影响着生物的生长发育和生物量的积累，生境优越，生物繁殖能力强、生长快，资源量就大，反之生物资源衰退。如滥砍森林导致环境恶化，多种生物死亡。因此，开发利用生物资源要考虑到后果，要维持生物的最佳生境。

（3）保持物种最丰富性原则。

一般来说，生态系统生物种类组成越丰富，系统就越稳定，尽可能保持物种的多样性是维持生态平衡的重要内容。在开发利用生物资源时，要研究每一种生物的生态生物学特性，调节好各种生物之间的关系，创造有利条件，使其得到持续发展。

（4）最小生存种群理论。

最小生存种群是指一个物种存活所必需的个体数量，即在可预见的未来具有很大生存机会的最小种群数量。种群一旦太小，生物就有灭绝的危险，如中国的东北虎、华南虎等濒危动物。因此，利用和保护生物资源时，研究确定最小生存种群大小相当重要。

（5）种群最大持续产量原则。

生物资源的最大持续产量是指单位面积或某一自然地段上

的自然或人工生态系统，能够长期不断地获得人类所需的某种生活物质可能接近或所能达到的理论产值。种群生态学理论表明，种群密度过高不利于种群产生新个体，只有种群数量适宜时，种群的生长速率最大，最大持续产量才能达到最大值。英国鱼类学家格雷恩应用生态学中著名的逻辑斯谛增长模型理论解决了这个问题。

(6)最适持续产量原则。

最大持续产量是建立在种群稳定的基础上，是针对单个物种的，有些时候生物平均个体太小经济收益反而不高，有时甚至导致资源毁灭。许多学者提出最适持续产量的概念，其含义比较广泛，把最大持续产量没有估计到的问题考虑了进去，一般来说，产量较最大持续产量低一些，目前还存在许多技术上的困难，需要深入研究。

2.合理利用生物资源的对策

(1)建立健全法律法规，切实保护好生物资源。

法律法规在合理利用和保护生物资源方面具有极为重要的作用，如《中华人民共和国森林法》《中华人民共和国草原法》和《中华人民共和国野生动植物保护法》等。然而，有关生物资源的立法仍很不完善，人们对法律规定认识不足，缺乏强有力的执法机构等，致使有法不能执行或不能真正贯彻执行。

(2)加强生物资源的调查和科学经营管理。

全面清查生物资源的种类、数量、质量和利用现状等，能为合理开发利用决策提供科学依据。对于普查过程中发现的问题及时解决，加强经营管理，如森林砍伐应使采伐量略低于生长量；草场利用要确定最适利用界限，以草定畜；渔业必须坚持繁殖保护措施，严格控制捕捞强度，使资源永续利用。

(3)制定科学合理的开发利用和保护规划，建设自然保护区。

制定长远规划，把经营管理纳入利用与保护、采与育相结合的永续利用轨道，受到目前世界各国的普遍重视。忽视生物资源更新和维持再生的必要投入、忽视生物资源的保护,会造成生物资源大量消耗,形成生态恶性循环。因地制宜建设各类自然保护区,大力保护生物物种及其生境条件,是合理开发利用生物资源的重要内容。

(4)加强生物资源的集约经营,促进产业发展。

采用良种、增施肥料、综合防治病虫害、加强基本建设等,实行集约经营,不断提高生物资源的生产量。应因地制宜,面向国内外大市场,依靠科技进步发展特色生物资源产品,形成规模经营,促进生物资源的产业化发展。

(5)加强生物资源的科学研究与国际合作。

突破生物资源研究的理论和方法,从宏观和微观两方面不断发展,形成不同的研究水平;从定性到定量、由单学科走向多学科综合研究。开展生物资源研究、开发和利用等多方面的国际合作,可促进生物资源的合理开发和保护,促进科研水平的提高。

(6)强化生物资源专业教育和国民教育。

通过高等院校、科研机构以及成人教育等多种渠道培养各种生物资源利用的高级专门人才;向广大群众广泛宣传教育生物资源合理开发利用和保护的重要意义,使其具有保护生物资源的自觉意识,对于生物资源的合理开发利用至关重要。

(二)种植业资源的开发利用

1.种植业资源利用中存在的主要问题

(1)主要粮食作物的单产水平和商品率不高。

我国主要粮食作物的平均单产水平仍然较低,应该加大对有潜力的中低产区的投入,进行综合整治,着眼于提高单产,充分利用各种农业资源、挖掘单位面积的增产潜力。

(2)主要经济作物的布局还需进一步调整。

目前,我国主要经济作物的生产布局不尽合理,种植也不够集中,商品率不高,各地区的优势不能充分发挥。其主要原因是粮食作物和经济作物争地矛盾突出，受当地社会经济技术条件和种植习惯的限制。应因地制宜合理调整各种农作物的结构和比例。

(3)种植业生产抵御自然灾害能力低，低产田和旱作农业面积大。

我国种植业内部多半是旱作地，中低产田面积大，生产水平低，阻碍着种植业的进一步发展。各种自然灾害经常发生，严重影响了种植业生产。进一步加大农田基本建设，扩大旱涝保收面积，改善种植业的生产条件仍是一项不容忽视的艰巨任务。

(4)大部分地区农田生态平衡受到破坏，作物产量低，经济效益差。

许多地区农田生态平衡遭到破坏，农、林、牧比例失调，种植业不能为饲养业提供充足的饲料、饲草；饲养业也不能为种植业提供充足的有机肥料，使饲料、燃料和肥料间的“三料”矛盾更为尖锐；用地和养地失调使土壤有机质含量下降，地力衰退；土壤的污染也日趋严重。此外，农业投入不足，加上水土流失严重，也会制约种植业资源优势的发挥。

2.合理开发利用种植业资源的措施

(1)稳定粮食作物面积，合理安排粮食作物和经济作物的比例。

增加粮食总产量的主要途径是提高单位面积产量和适当扩大复种面积，根据国家需要，建立相应规模的商品粮基地。建立科学的耕作制度，各地充分利用当地的农业资源条件，保证适当的高产作物比重，同时兼顾经济作物的种植面积，尽可能做到产销平衡、因地制宜、统筹兼顾、全面发展。

(2)不断改善种植业的生产基本条件，促进其优势的发挥。

要加强包括良种繁育体系和农业技术推广体系在内的农业基础设施建设。重视科学平衡施肥，以有机肥料为基础，有机肥与化肥配合施用；发展多品种农膜，开发高效低毒农药，合理调整农作物布局，改革耕作制度，增加复种指数，充分利用耕地资源；改革传统育种技术，不断培育推广使用高产、优质和高效的优良品种。

(3)大力开展农田水利建设，积极发展农田灌溉。

水利是种植业生产的命脉，而我国降水量和地表水分布不均，给农业生产带来较大威胁，旱涝现象经常发生。应逐步完善沟渠配套，把新的灌水技术如喷灌、滴灌、渗灌等逐步运用到生产上，制定出行之有效的农业节水措施。

(4)发展农副产品的综合利用。

许多农产品都具有多种利用价值，充分利用种植业资源就必须发展农副产品的综合利用，比如棉花是一种纤维、油脂、蛋白质兼产的多用作物，其主、副产品的加工利用途径很多，综合利用的价值大。应对大部分的农产品进行加工、精制、重复利用，充分发挥其经济效益，改变单纯出售提供原料的状况。

(5)推广运用新的科学研究成果，增强农业发展后劲。

我国种植业既要发扬传统农业精耕细作、节能低耗、保持生态平衡的优点，又要各方面吸收现代技术和先进管理方法。要着重研究不同类型地区主要农作物的生态适应性、产量形成及其调节控制的规律、田间诊断技术，注意发展节水灌溉和科学施肥技术，逐步建立现代化的高产、高效和低耗生产技术体系。

三、森林资源开发利用的方法与措施

森林可以通过自然繁殖进行天然更新或者通过人工造林进行人工更新。只要不受到人为或自然灾害的破坏，就能世代延续演替下去，不断扩展。森林资源的用途是多种多样的，如图1-17 所示。

我国是世界少林国家之一，保护利用好现有森林资源，努力扩大森林资源面积，是全国人民的长远利益所在。我们必须把培育森林、提高森林覆盖率放在重要的战略地位来加以考虑和安排。

1. 因地制宜，不断扩大森林资源面积

采取人工造林、飞播造林、人工促进天然更新、封山育林(天然更新)等多种造林方式扩大森林资源面积。特别要加强工程封

山育林，利用自然恢复的方式增加森林资源。妥善解决好封山与群众放牧、燃料之间的矛盾。

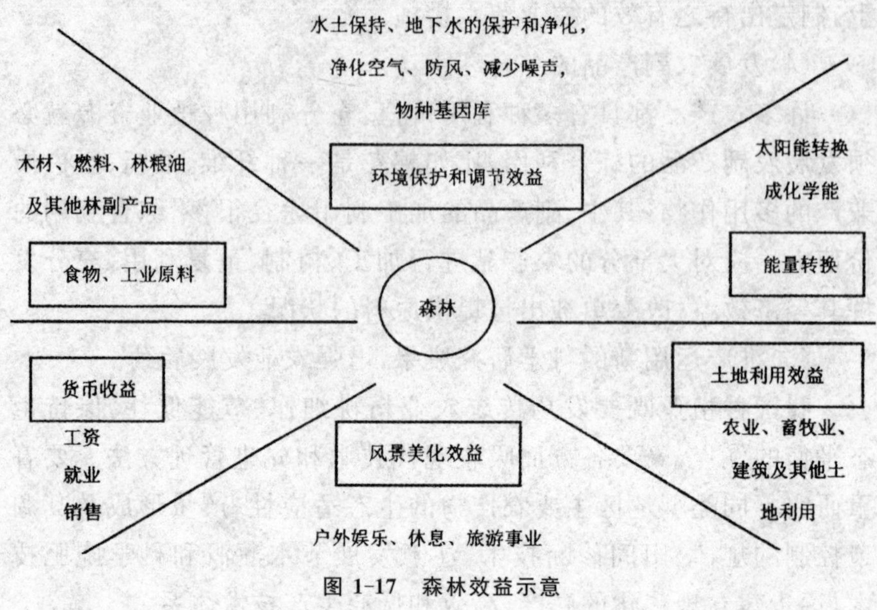

图 1-17　森林效益示意

2. 加强次生林抚育和改造，强化管理，提高质量

次生林是原始林受到破坏以后，经过一系列植物群落次生演替而成的森林。多分布在交通比较方便、人类活动比较频繁的地方。许多次生林都反复多次受到破坏，形成树种组成复杂，树冠层次较多，林木疏密不均，高矮参差不齐，直径大小不等，年龄差异很大等状况。各种不同类型的林分都亟待改造。对次生林的改造要坚持以高产、优质、高效为目的，逐步调整树种结构，实行新造林与抚育中幼林，更新造林与改造低产林相结合，加快后续资源培育。在安排上以培育短轮伐期和生产中小径材为主，适当安排一定比例的大径材和珍贵树种，做到短、中、长期兼顾。

3. 增加科技投入，积极应用和推广先进技术

加强人工用材林的集约经营和科学管理，缩短木材经营周期。建设种苗基地，选择繁殖材料，培育良种壮苗，实行定向采

种，定点育苗，定向调苗。合理控制林分密度，维护与提高林地生产力，进一步提高木材利用率和深加工能力。

4.加强天然林的保护管理

根据我国从1998年起在全国范围内全面禁止采伐天然林的规定，依法加强天然林的保护和管理，严禁采伐，使其充分发挥保护环境、涵养水源、保持水土的生态效益。

5.加强宣传，动员全社会兴办林业，全民搞绿化

利用多种方式和渠道进行宣传教育工作，不断提高公众对森林重要地位的认识，继续深入推进全民义务植树运动。提倡国家、集体、个人一起上，开展多形式、多层次的群众造林，实现社会办林业、全民绿化多方位地推进造林绿化的新格局。

6.集体林权制度改革，促进林业发展

集体林权制度改革是农村经营制度的又一重大变革。实践证明，通过集体林权制度改革，实现"山定权、树定根、人定心"，充分调动了农民造林育林护林的积极性，极大地释放出林地蕴藏的巨大潜力，实现森林资源增加、农民群众增收、林业经济增长的"三增"局面。

7.建立健全森林资源保护、管理和监督体系

把森林资源的保护、利用和管理纳入法治轨道。依照《森林法》及《森林法实施细则》等法律、法规严格执行，保护森林资源的健康发展。健全森林防火、防治病虫害和制止乱砍滥伐的"三防"体系。加强森林监测体系建设，及时掌握森林资源的消长动态，为森林资源的保护和利用提供可靠依据。

8.加强林地资源管理，严格控制林地流失

全面贯彻《森林法》《林地管理暂行办法》，依法管理林地资

源,制定调处林权权属纠纷的有关法规,依法解决林权纠纷。建立强有力的林地管理机构,配备和培训林地管理人员。建立森林资源资产化管理制度和林地有偿转让使用新机制,设立林地保护管理基金。在全国实行征用、占用林地的初审和使用林地许可证制度,对非法征用和不合理占用的林地坚决予以收回。

9.加强木材检查站建设和管理,强化木材流通领域的监督和管理

严格执行凭证运输木材制度,取缔非法经营加工木材单位,严厉打击非法经营加工木材活动,维护正常的木材流通秩序。

10.实行森林资源资产化管理

明确把国家森林资源资产划分为两级监管,对全国有重要影响的大面积国有森林资源资产由国家林业局监管,其他国有森林资源资产由省、市级林业主管部门监管。

11.国家继续对林业实行经济扶持政策

一是在保持原有林业资金投入的基础上,增加林业资金投入,稳定林业投资政策,拓宽新的资金领域,广辟资金来源,改革林业资金投入使用机制,实行投资与效益挂钩。二是以法律形式规定国家对林业实行轻税制。三是明确建立森林生态效益补偿制度,对那些依托森林生态功能获取直接收益的单位和个人征收森林生态补偿费。四是建立和完善林业基金制度。

第二章 农业资源的对外合作

从20世纪80年代以来,中国农业对外合作已经走过了30多年的历程。进入21世纪,在中国经济高速增长的带动下,农业对外合作也获得了长远发展。农业对外直接投资规模不断扩大,领域不断拓展,投资模式和方式不断创新。农业已经成为中国对外直接投资的重要领域。农业对外合作机制已经建立,多渠道、多方式的合作网络雏形已经形成。农产品贸易快速扩大,和世界资源的互补程度不断加深。农业科技合作的广度和深度不断加大和加深。

第一节 中国农业对外合作的发展现状

一、中国农业对外合作发展现状及特点

(一)农业对外直接投资进入快速发展阶段

中国农业对外投资规模与中国农业的发展水平紧密相关。20世纪80年代以前,中国农业对外投资很少。加入世界贸易组织后,随着经济的快速发展和企业实力的不断增强,中国农业由长期以来的“引进来”开始逐渐转变为“引进来”与“走出去”相结合,先后出台了多项措施支持农业对外合作,农业对外直接投资的规模不断扩大,领域不断拓宽,水平不断提高。2003—2015年,中国农业对外投资流量从0.8亿美元增长到25.7亿美元,增长了30.6倍,年均增长33.3%。2004—2015年,存量从8.37亿美

元增长到114.8亿美元,增长了14.8倍,年均增长24.4%。

近些年,农业对外直接投资速度高于全国对外直接投资增长速度。2007—2015年,全国对外直接投资流量、存量年均增长为23.7%和32.2%。同期,农业流量、存量年均增长为32.4%和32.5%,分别高于全国对外直接投资增长速度8.7个和0.3个百分点。截至2015年底,中国共有600多家境内投资机构在全球90多个国家和地区开展农业投资合作,成立了1 356家企业,占在外企业总数的4.6%。对外农业累计投资总额为114.8亿美元,占全国对外直接投资总额的1.1%。同期,农业对外直接投资流量占全国的1.8%。

农业对外投资区域和领域不断拓展,目前已经遍及全球80多个国家和地区。投资领域已经从最初的渔业发展到很多行业和领域,包括粮食、油料作物种植、农畜产品的养殖和加工、仓储和物流体系建设、森林资源开发与木材加工、园艺产品生产、橡胶产品生产、水产品生产与加工、设施农业、农村能源与生物质能源及远洋渔业捕捞等。总的来看,发展规模较大、发展速度较快的产品和行业主要集中在国内需求较为旺盛、生产比较优势不强的产品或产业,包括大豆、玉米、水稻、天然橡胶、棕榈油、木薯的种植、加工、相关仓储物流设施的建设以及远洋渔业等。

农业对外投资主体多元化,已经形成了国营、民营、混合所有制等全方位的发展格局。投资模式也多种多样,企业根据不同国家的特点探索出各种模式,有采用“公司+农户”模式的,有直接新建、收购并购或租用生产基地或加工厂的,还有直接利用当地成熟的生产服务体系的,等等。对外合作层次不断升级,从最初的合作开发资源,逐渐向资本合作经营转变,推动国际产业并购。

(二)农业对外合作机制初步建立

中共十八大以来,中国进一步扩大了对外开放的格局,给农业对外合作创造了极为有利的外部环境。目前,中国和发展中国家、发达国家、国际组织都签署了合作协议，双边自由贸易区建设也取得了较快发展，对外开放呈现出全方位和整体性的特点。构建了中非合作论坛、中阿合作论坛、中巴战略合作框架、中俄全面战略协作伙伴关系。中国与世界贸易组织（WTO）、联合国粮农组织（FAO）、世界银行（WB）、联合国金砖国家峰会机制、亚太经济合作组织、上海合作组织、G20 国集团、亚洲相互协作与信任措施会议（亚信峰会）、非洲联盟等国际组织建立了长期稳定的农业合作关系，形成了东盟与中日韩（10＋1）农业合作、上海合作组织农业合作、中国与 FAO“粮食安全特别计划”框架下的“南南合作”、中国与中东欧国家农业合作论坛等机制。在自贸区建设方面，截至 2016 年底，中国已签署自贸协定达到 14 个，涉及 22 个国家和地区。在建自贸区 19 个，涉及 32 个国家和地区。在双边机制方面，中国已与全球 140 多个国家建立了稳定的农业合作关系，与 60 多个国家成立了农业合作联合委员会或工作组。商务部已与 200 多个国家和组织建立了双多边经贸机制，质检总局也与各贸易合作国家和地区建立质检合作机制，签署了 500 余份检验检疫议定书。2014 年 12 月，由农业部牵头、18 个部门参加的农业对外合作部级联席会机制成立，为国内协调推进农业对外合作开创了新局面。

（三）农产品贸易快速发展

入世以来，中国农产品贸易持续快速发展，贸易规模大幅增加。目前中国已成为全球农产品第一大进口国和第六大出口国，贸易额仅次于美国位居全球第二。2016 年，中国农产品贸易额 2 571.7 亿美元，其中进口额和出口额分别由 2010 年的 725.7 亿美元和 493.9 亿美元增长到 2016 年的 1 845.6 亿美元和 726.1 亿美元，分别增长了 2.5 倍和 1.5 倍。随着农产品贸易规模的快速扩张，中国在世界农产品贸易中的地位大幅提升，农产品贸易额占农业 GDP 的比重大幅提升。贸易结构不断优化，日益符合中国农业比较优势。出口市场多元化取得进展，已经改变了入世初期中国农产品进出口市场高度集中在日本、中国香港、韩国等周边国家(地区)的格局,形成了目前的以亚洲为主,欧洲、美国等发达国家(地区)为辅的多元化格局。

(四)国际农业科技交流与合作蓬勃发展

近年来,中国农业科技国际间的交流与合作领域扩大、范围拓宽,合作的广度和深度都不断加大,农业科技合作成果丰硕。目前中国已与140多个国家以及主要国际农业和金融组织建立了长期稳定的农业科技交流合作关系。通过互派访问学者、留学生和各类短期培训人员、引进专家、引进先进实用技术、引进动植物物种资源等多种方式大力促进中国农业国际科技合作与交流,对国内农业科技和农业发展起到了较大的推动作用。

二、中国与世界各国农业合作现状

(一)中巴农业合作现状

1.农业投资现状

近年来,巴基斯坦政府通过结构改革、改善投资环境,大力吸引了国际投资。据商务部统计,2015年中国对巴基斯坦直接投资流量为3.2亿美元,直接投资存量为40.4亿美元。目前,中国企业在巴基斯坦投资的项目主要集中在电子产业、银行、工业、贸易等领域。近年来,中国与巴基斯坦农业领域的投资合作逐渐增多,投资领域进一步拓展。双边农业合作逐渐从以粮食作物种植为主,拓展到基础设施建设、产品加工、农业机械、农业信息化应用等以前合作相对较少的领域[①]。但总体来看,双边农业合作规模总体偏小,企业竞争力较弱,投资的地区主要集中在旁遮普省的拉合尔,合作方式也以政府间的农业合作项目为主要载体。

---

① 高云.中国与巴基斯坦农业合作探析[J].世界农业,2015(8):26-31.

2. 农产品贸易现状

巴基斯坦积极发展农产品贸易。2000年以来，农产品贸易额增长迅速，总体处于贸易逆差。2000—2013年，巴基斯坦农产品贸易总额从28.6亿美元增长至106.7亿美元，增长了2.7倍，年均增长10.6%。其中，进口额从17.9亿美元增长至55亿美元，增长了2.1倍，年均增长9.0%；出口额从10.7亿美元增长至51.7亿美元，增长了3.8倍，年均增长12.9%。贸易始终处于逆差，其中，2008年贸易逆差高达26.5亿美元，但近几年随着出口的增长，贸易逆差规模逐年缩小。

巴基斯坦主要进口食用油、豆类、茶叶等产量偏低、需求缺口较大的产品，受灾歉收年份也会进口部分粮食。农产品主要进口来源国包括马来西亚（以棕榈油为主）、印度（以棉花、食糖、茶叶为主）、印度尼西亚（以棕榈油为主）、加拿大（以油菜籽为主）、美国（以棉花为主）、肯尼亚（以茶叶为主）、中国（以蔬菜及其制品为主）、澳大利亚、巴西和泰国10个国家。巴基斯坦政府积极鼓励农产品出口。在加大对传统出口产品政策、资金和技术支持的同时，积极开拓果蔬、家畜和水产品的出口，力求保持和扩大市场份额，并逐步改变出口产品结构。但由于化肥和农药残留量偏高，且加工、保鲜和包装技术落后，很多农产品达不到国际质量标准，出口难度较大。目前，巴农产品出口以初级产品为主，主要出口产品为大米、水产品、水果和蔬菜，上述产品出口额占农产品出口总额超过80%。

中国和巴基斯坦双边农产品贸易规模总体稳步扩大。2005—2014年，中国对巴基斯坦出口农产品总额从1.7亿美元增长至2.6亿美元，增幅51%，年均增长4.7%；同期，中国进口巴基斯坦农产品规模扩大明显，2005年进口额仅为3 500万元，自2012年出现贸易逆差，进口额达到5.3亿美元，此后虽有回落，但仍保持逆差。2014年，农产品进口额为3.9亿美元，与2005年相比增加了10倍，年均增速达到30.7%。

中国与巴基斯坦贸易互补性较强。中国出口巴基斯坦的主要农产品按出口额排序分别为蔬菜、其他农产品、谷物(稻谷)、饮品类、糖及糖料、调味制品、水果和油籽等。2014 年,前三类农产品出口额分别为 9 045.9 万美元、6 186.4 万美元、2 673.6 万美元,占中国对巴出口农产品总额的比重分别为 34.3%、23.5%和 10.2%,累计占比为 68%。

中国自巴基斯坦主要进口稻谷、水产品、饼粕、坚果、棉麻丝、干豆等农产品。2014 年,前四类农产品进口额分别为 1.6 亿美元、7 239.9 万美元、5 635.7 万美元和 3 842.5 万美元,占中国自巴基斯坦农产品进口总额的比重分别为 40.8%、18.6%、14.5%和 9.9%,累计占比为 83.8%。

3.农业技术合作

在科技和文化交流方面,中国和巴基斯坦保持着密切往来。中国与巴基斯坦的科技交往始于 20 世纪 60 年代。随着两国友好关系的持续发展,中巴科技合作也不断走向深入。合作模式逐渐从较为分散的单项交流发展到科技联委会等规模性的政府间科技合作。自 1976 年中巴科技合作协定签订以来,两国政府已举行了 16 次会议。

在农业技术交流合作方面,2006 年,中国与巴基斯坦签署《中巴联合声明》,确定加强双边农业技术,尤其是农产品加工、农药、滴灌和渔业等方面的技术交流与合作;同年签署了《中巴经贸合作 5 年发展规划》(2007—2011 年),合作主要集中在农业节水灌溉产业合作及技术培训、种业技术转让和生产基地建设、农药、农业技术培训、果蔬加工、化肥等方面。2009 年以来,中国农科院(2009)、湖北省种子集团(2009)、新疆天业节水灌溉股份有限公司、新疆生产建设兵团(2009)、国家粮食局(2010)以及中国杨凌农业高新技术产业示范区(2010)等机构和企业分别与巴基斯坦签署了合作谅解备忘录,在水资源管理、杂交育种技术合作、Bt 杂交棉、农业示范基地建设等方面开展了技术交流与合作。

（二）中加农业合作现状

中加农产品贸易在双边市场中占有重要地位，投资规模总体较小，主要集中在油料种植和仓储物流领域。

1. 中加农产品贸易规模较大，贸易产品结构趋于稳定

中国与加拿大农产品贸易在双边市场中均占有重要地位，中国是加拿大农产品出口的第二大市场、进口的第三大来源国。2015 年，加拿大对中国的农产品出口额为 49.1 亿美元，占其农产品出口总额的 10.2%，位居第二；从中国进口的农产品总额为 11.3 亿美元，占其农产品进口总额的 3.1%，居第三位。加拿大是中国农产品第四大进口来源国，2015 年中国从加拿大进口农产品 52.2 亿美元。

从产品结构看，中加农产品贸易具有较强的互补性，贸易产品结构相对稳定，符合双边的比较优势。中国从加拿大进口的农产品，主要是油菜籽、畜产品、植物油和水产品。2015 年，这四类产品占从加拿大农产品进口额的比例超过了 80%。中国向加拿大出口的农产品主要是水产品、水果和蔬菜。2015 年，这三类产品占对加农产品出口额的比例为 64.9%。

2. 投资规模总体较小，投资集中在油料种植和仓储物流领域

中国对加拿大的农业投资尚处于起步阶段，投资规模不大。中国对加拿大农业投资的投资主体包括大型央企、零售连锁商等，如中粮集团、中国农业发展集团总公司及其下属的中国农垦集团等企业。投资领域集中在农业生产、农产品加工和农产品流通，特别是在大豆、油菜籽种植和仓储物流等方面。目前，重庆粮食集团已在加拿大进行大豆和油菜籽种植、加工和仓储物流投资。2015 年中国最大零售商之一——北京华联集团，在加拿大安大略省建立第一个北美办事处，计划进行农产品及食品采购。

(三)中俄农业合作现状

中国与俄罗斯共同边界达4 300多千米,俄罗斯是中国最大的邻邦。中俄两国农业交流的历史可以追溯到300多年前。经过多年发展,中俄农业合作已经从自发分散的区域传统农产品贸易发展到规范有序的贸易、投资、科技交流等多层面、多方位的合作。

1.农产品贸易现状

俄罗斯农产品贸易在波动中增长,整体处于逆差。2015年,俄罗斯农产品贸易总额为432.6亿美元,比2006年增加174.1亿美元,年均增长10.6%。其中,农产品进口波动较大,2006年为208.6亿美元,2013年增长至438.4亿美元,2015年又下降至269.6亿美元。农产品出口大幅增长,2015年为163.0亿美元,比2006年增加113.1亿美元,增长2.3倍,贸易逆差不断缩小。俄罗斯农产品贸易结构相对集中,主要进口畜产品、饮品类和水果,2015年三类产品进口额占农产品进口额的比重超过50%;主要出口粮食(谷物)、水产品和其他类农产品,2015年三类产品出口额分别占比为35.5%、17.9%和10.7%。

近年来,中俄农产品贸易增长迅速。2015年,中俄农产品贸易总额为35.4亿美元,较2006年增加13.6亿美元,年均增长5.5%。俄罗斯在中国农产品出口国中排第8位,进口国中排第12位。自2010年起,中国对俄罗斯农产品出口额大于进口额,由贸易逆差转为顺差,且呈扩大趋势,2014年顺差达7.8亿美元,2015年缩减至1亿美元。中俄农产品贸易的商品结构较为集中,互补性较强。中国对俄出口以蔬菜、水果、水产品为主。2015年,三类产品分别占中国对俄农产品出口总额的29.4%、25.4%和20.0%,中国已成为俄罗斯较大的水果进口来源国之一。中国自俄罗斯主要进口水产品、油籽和坚果。2015年,三类产品分别占中国对俄农产品进口总额的75.4%、8.5%和4.8%。目前,中国约80%的进口水产品为冷冻鱼,俄罗斯出口到中国的冷冻鱼大约占中国冷冻鱼进口总额的50%。

2.农业投资现状

农业投资是中俄农业合作的重要方面。近年来,在中俄双方政府的积极推动下,中国对俄罗斯农业投资迅速发展,投资规模不断增长,投资领域不断拓宽,投资模式日益多样化。

(1)投资速度增长较快。

根据商务部统计,2015 年中国企业对俄直接投资流量为 29.6 亿美元,比 2006 年增长 5.5 倍,年均增长 23.2%。其中,对俄农、林、牧、渔业直接投资流量为 3.5 亿美元,占对俄直接投资流量的 11.7%,占中国对外农、林、牧、渔业投资流量的 13.6%。截至 2015 年底,中国对俄农、林、牧、渔业直接投资存量为 24.6 亿美元,占对俄直接投资存量的 17.6%。

(2)投资领域不断拓宽。

目前,中国对俄罗斯农业投资涵盖了农产品生产、仓储加工、物流运输、市场销售等农业产业链的各环节。其主要集中在农业资源开发领域,通过租种土地、建立农业合作园区、建立农业科技园区等方式,将中方的农业机械、生产技术、劳务等优势生产要素与俄罗斯丰富的土地资源优势相结合,发展粮食、豆类、蔬菜种植、畜牧养殖和农产品加工等。

(3)投资主体多元化,经营模式多样化。

中国对俄农业投资最早是农垦等大型国有企业,随着地区交流的深入和投资环境的改善,投资主体日益多元化。资料显示,黑龙江省作为对俄农业投资的"桥头堡",在俄已有农业经营主体 160 家,包括农业开发企业 110 家、种植大户 30 家、农户联合经营 20 家[①]。针对不同的农业合作领域,投资经营模式多样化,包括成立新企业、入股俄本土企业等。就境外农业生产而言,对俄罗斯荒地和休耕地的投资主要进行土地开发,"境外租地种植"模式较为多见。这种模式的主要特点是企业以独资或合资形式进入,

① 邹春燕.俄罗斯加入世贸组织后黑龙江省对俄农业合作发展问题研究[J].西伯利亚研究,2013(6):21-24.

承包土地,进行种植开发。种植产品大部分直接在海外销售,部分产品根据国内产业状况运回国内加工销售。

(4)投资地域不断向内陆深入。

近5年来,中国在俄罗斯投资最多的地区是滨海边疆区,直接投资增长了13倍。在俄边疆地区,中国对俄农业投资已经遍布滨海边疆区、阿穆尔州、犹太自治州、哈巴罗夫斯克、克拉斯诺亚尔斯克、萨哈林等10个州(区、共和国)。随着中国与俄罗斯农业合作范围的不断扩大,投资领域也由俄罗斯远东地区逐渐向腹地发展,由过去的滨海边疆区向内陆延伸。如今,在俄罗斯欧洲部分地区,如伏尔加格勒州、奔萨州、沃罗涅日州等都建立了中俄农业合作项目。

3.农业科技合作现状

中俄两国农业科技合作范围广泛,合作机制完善,合作成果显著,为促进两国农业发展发挥了积极作用。目前,中俄两国农业科技合作领域包括种质资源保护开发、农业技术培训、动物疫病防控、农业机械研发应用、农产品质量安全控制和生态农业发展等方面。两国通过科研机构交流、合作研究、专家互访、人员培训等方式建立了完善的农业科技合作机制。两国农业科技合作成果丰富,尤其在品种改良、新品种选育等方面成果较多,例如,中国从俄罗斯引入早熟、抗寒、生长期短的冬小麦、春小麦、玉米等新品种和育种材料。中国通过引进和利用俄罗斯野生大豆资源,改良了中国大豆品种"黑河号"的特性,培育了一批高油、高蛋白的新大豆品种。

(四)中美农业合作现状

1.中美农产品贸易在双边市场中占有重要地位,产品结构稳定

中国与美国的农产品贸易在双边市场中均占有重要地位,中国是美国农产品第二大出口市场、第三大进口来源国。2015年,

美国对中国的农产品出口额为214.1亿美元，占其农产品出口总额的15.1%；从中国进口农产品总额为74.9亿美元，占其农产品进口总额的5.2%，仅次于加拿大和墨西哥。美国是中国农产品的第五大出口市场、农产品进口的最大来源国。2015年，中国对美国的农产品出口额占农产品出口总额的10.5%，仅次于日本和中国香港；从美国进口的农产品额占农产品进口总额的21.3%，高居各进口国榜首。

从产品结构看，中美农产品贸易具有较强的互补性，贸易产品结构相对稳定，符合双边的比较优势，中国主要从美国进口土地密集型农产品，向美国出口劳动密集型农产品。中国从美国进口的农产品，主要是大豆、谷物、棉花、畜产品等。2015年，这四类产品占进口额的比例超过了70.0%。中国向美国出口的农产品，主要是水产品、水果和蔬菜。2015年，这三类产品占对美农产品出口额的比例近50.0%。

2.投资规模总体较小，投资主要集中在贸易领域

中国赴美投资的农业企业，投资规模和经营规模相对都比较小。中国在美投资平均规模为184万美元，总体上仍处于小微企业阶段。2015年，中国在农、林、牧、渔业领域对美国的直接投资流量为8 651万美元，存量资金为22 122万美元，占中国农、林、牧、渔业对外直接投资流量和存量的1.1%和0.5%，占中国对美直接投资流量和存量的比例分别为1.1%和0.5%。从投资领域看，绝大多数对美农业投资企业的主营业务是贸易，其中，约有50%的企业单纯地从事贸易业务，其他企业从事的实体性经济活动包括林业砍伐、渔业捕捞和产品加工、作物育种、物流等。

3.民营企业和大型国企是在美农业投资主力

中国对美国农业投资的主力是民营企业，大型国企也是重要的参与力量。民营企业中多数又是私人企业，也有部分股份制企业。例如，在美投资的隆平美国公司是安徽隆平公司的全资子公

司，安徽隆平公司则是上市公司隆平高科技的全资子公司。尽管双汇并购史密斯菲尔德是通过国际资本运作的，但其决策者仍然是民营公司的创始人。中粮集团、中纺集团等大型国有企业也在美国有农业投资项目。中粮集团通过荷兰粮食贸易商尼德拉，在美国密西西比河沿岸间接控制了两个港口。还有少量在华外国投资企业，对美国进行了再投资。例如，莒县华腾有机生姜有限公司是一家阿联酋在中国投资的农业公司，该公司又在美国洛杉矶注册了分公司。

4. 投资方式以“绿地投资”模式为主

目前，中国对美国农业投资的企业中有70%以上采取“绿地投资”模式，即新注册企业；另有不到30%采取“并购投资”模式，即收购部分或全部股权的方式，有些企业在并购完成后很快放弃并购项目，重新注册了企业。在并购投资模式中，并购对象一般都是中国国内企业从前的贸易或技术合作伙伴。贸易先行带动投资加工和物流，也是中国企业在美农业投资的重要模式。这种模式以九三油脂、北大荒商贸集团、北大荒马铃薯集团等为代表。主要做法是成立境外机构在先、投资活动在后，贸易活动在先、投资活动在后。通过成立境外机构和开展贸易活动了解掌握行业信息，逐渐向加工、物流领域发展。例如，九三油脂集团在美国先设立海外公司，通过海外平台与国际粮商进行农产品贸易和融资，在贸易活动中逐渐将投资重点向港口码头等领域转移。双汇国际收购的史密斯菲尔德项目属于比较纯粹的资本运作项目，除了投资方的变更外，该公司目前基本上还是地道的美国公司，从事生猪养殖、屠宰、加工等全产业链经营。

5. 农业投资尚未进入美国农业核心区域

中国对美国农业投资的项目多数集中在美国西海岸，只有少部分分布在东海岸。在农业发达的美国中部各州，中国农业投资很少。这种情况表明，中国对美国农业投资迄今尚未进入美国农业核心区域。

（五）中国与中亚五国农业合作现状

中亚五国与中国西部边界山水相连、陆路相通、民族跨界而居，是古丝绸之路经过的地方，农业交流历史悠久。经过多年的发展，中国与中亚五国农业合作已经从自发分散的区域传统农产品贸易，发展到规范有序的贸易、投资、科技交流等多层面、多方位的经济合作。

1. 农产品贸易现状

近年来，中国与中亚五国农产品贸易呈现先增长后下降的趋势，贸易总量较小。2015 年，中国与中亚五国农产品贸易总额分别为 10.3 亿美元，较 2006 年增长 35.2%，但比 2012 年的最高值降低 2.6 亿美元。2015 年，中国与中亚五国农产品贸易总额占中国农产品贸易总额的 0.5%。总体来看，中国对中亚五国农产品进口额大于出口额，处于贸易逆差地位，但逆差越来越小。中国与中亚五国农产品贸易的商品结构较为集中，互补性较强。中国对中亚五国的出口以水果、畜产品、蔬菜为主。2015 年，三类产品出口额为 1.8 亿美元、1.0 亿美元和 0.8 亿美元，分别占中国对中亚五国农产品出口总额的 35.2%、19.1%和 15.1%，主要出口国是哈萨克斯坦和吉尔吉斯斯坦。中国自中亚五国主要进口棉麻丝、油籽、谷物、坚果等产品。2015 年，四类产品进口额分别是 3.2 亿美元、0.4 亿美元、0.3 亿美元和 0.3 亿美元，分别占中国自中亚五国农产品进口总额的 61.1%、7.0%、5.4%和 5.0%，进口产品主要来自乌兹别克斯坦和吉尔吉斯斯坦。

2. 农业投资现状

农业投资是中国与中亚五国农业合作的重要方面。近年来，中国对中亚五国农业投资平稳发展，投资领域不断拓宽，但投资规模总体较小，仍处于起步阶段。

(1)投资规模迅速增长。

中国对中亚五国直接投资增长较快,但占中国对外直接投资的份额较小。根据中国商务部统计,2012 年,中国企业对中亚五国直接投资流量达到顶峰,为 33.5 亿美元,比 2006 年增长 40.3 倍。近两年投资流量不断降低,2015 年为 23.2 亿美元。截至 2015 年底,中国对中亚五国直接投资存量为 80.8 亿美元,比 2006 年增长 17.1 倍,占中国对外直接投资存量的 0.7%。从投资领域看,中国对中亚五国投资主要集中在石油天然气开采,交通、电信等基础设施建设,汽车组装,食品加工和农业种养等领域。从投资国别看,中国对中亚五国投资主要集中在哈萨克斯坦,2015 年中国对哈萨克斯坦直接投资存量为 51.0 亿美元,占中国对中亚五国直接投资存量的 63.0%,中国在哈注册各类企业 2 945 家,以小型企业为主。

目前,中国对中亚五国农业投资涵盖了农产品生产、加工、仓储、物流、市场销售等农业产业链的各环节。农业投资主要集中在农产品和食品加工领域,通过独资成立新企业、入股投资国企业等方式,将中国先进的农产品加工和食品生产技术与中亚五国的劳动力结合,充分开拓当地消费市场,发展粮食、番茄等蔬菜水果、畜产品加工、啤酒等食品加工业生产。

(2)投资主体日益多元化,模式多样化。

中国对中亚五国农业投资的主体最早是从事边境贸易的企业,随着地区交流的深入和投资环境的改善,投资主体日益多元化。根据商务部境外投资企业(机构)名录,截至 2014 年底,中国在中亚五国开展农业及相关领域投资的企业有 57 家,其中哈萨克斯坦 21 家、乌兹别克斯坦 27 家。吉粮集团、中农发集团、黑龙江农垦等国内大型粮农企业开始在哈萨克斯坦等国开展大规模的农业综合开发项目。中国与中亚五国农业合作的模式多样,主要包括农业劳务合作,输出农业技术人员;利用边境经济开发区,开展农产品加工贸易;利用中亚五国土地资源,进行农产品生产加工等。

3.农业科技合作现状

中亚五国独立以来，农业科技合作得到中国政府和中亚五国政府的大力支持，经过20多年的发展，双方农业科技合作范围广泛，合作机制完善，合作成果显著。目前，中国与中亚五国农业科技合作领域包括种质资源保护开发、农业生产技术、病虫害防治技术、牧草选育和草场改良方法、牛羊饲养技术、畜病防治动物疫病防控等方面。中国与中亚五国通过科研机构交流、合作研究、专家互访、人员培训等方式建立了完善的农业科技合作机制。中国与中亚五国农业科技合作成果丰富，尤其在品种选育、农业生产技术应用方面成果突出。例如，中国新疆农业科学院通过与中亚五国开展小麦、棉花、瓜果等农作物育种材料、优良品种交换等方面的科技合作，从中亚五国引进了先进棉花品种“安吉延60”“纳曼廿77”，取得了较好的经济效益等。从哈萨克斯坦引进冬小麦和春小麦品种资源，选育出了新疆小麦“新冬”“新春”系列主栽品种。中亚五国从中国学习了棉花地膜种植、病虫害的生物与机械防治等技术，提高了中亚五国的棉花产量。

4.经济援助

中国对中亚五国的农业援助致力于基础设施改善和生产技术提高，也包括受援国遭遇困难年份为其提供农业物资。援建项目包括农业示范园区建设、农田水利设施建设、农业机械装备赠送、农业技术人才培养、农业技术培训等，对促进中亚五国农业发展发挥了积极作用。

(六)中蒙农业合作现状

随着中蒙两国政治向好、经贸往来频繁、区域经济合作态势深化，两国农业合作日趋深入，合作领域向深层次、宽领域方向迈进。中蒙农业合作的主要特点为农产品贸易稳步增长、农业技术合作成效显著、农业投资潜力凸显等。

1. 农产品贸易现状

中蒙农产品贸易规模较小,贸易产品结构单一。中蒙农产品贸易总额占中国农产品贸易总额的比重仅为0.2%,贸易规模较小,但增长较快,农产品贸易总额从2005年的0.6亿美元扩大到2015年的3.0亿美元,年均增长18.5%。从进出口结构看,近年来中国对蒙农产品出口乏力,进口增长相对较快,农产品贸易逆差从2009年的0.1亿美元扩大到2015年的1.3亿美元。

从产品结构看,中蒙农产品贸易互补性较强,中国对蒙古国出口的产品主要为初级加工品及蔬菜水果,而从蒙古国进口的农产品多为农产品原材料。中国从蒙古国进口的主要是畜产品,2015年畜产品进口份额高达68.1%,近年来从蒙古国进口农产品的进口增量也主要来自畜产品,其次是油籽和坚果,占农产品进口总额的比重分别为17.8%和12.0%,此外还进口少量的谷物。出口蒙古国的农产品主要是粮食制品、谷物、畜产品、蔬菜和水果等,2015年这五类产品的进口份额分别为23.3%、9.9%、14.5%、13.8%和7.3%。

2. 农业投资现状

农业投资是中蒙农业合作的重要方面。近年来,在中蒙双方政府的积极推动下,中国对蒙古国农业投资迅速发展,投资规模不断增长,投资领域不断拓宽,投资模式日益多样化。

中国是蒙古国最大的贸易伙伴国和投资来源国,中国对蒙古国投资占外国对蒙古国投资总额的近30%,农业投资规模总体较小,投资主要集中在畜产品加工领域。矿业和农牧业是蒙古国的支柱产业,超过80%的外商投资集中在矿业领域,农牧业的投资则主要集中在畜产品加工领域。据商务部统计,截至2015年末,中国对蒙古国直接投资存量为37.60亿美元,投资主要分布在矿产、能源、建筑、金融、畜产品加工、餐饮服务等行业,对农业的投资占比较小。根据《对外投资合作国别(地区)指南》,2016年在蒙主要中资企业119家，其中从事农牧产业相关的企业为3家，分别从事农机、羊绒及运输、羊绒驼绒加工。

3.农业技术交流

中蒙农业技术合作主要涵盖种植业、畜牧业和农业机械等领域，主要依托“南南合作”项目。蒙古国是第一个利用中国政府信托基金支持的“南南合作”项目国家，一期项目历时3年半，19名中国专家和技术员为蒙古国8省2市的29个农业企业与私营部门提供技术服务，在饲料、畜牧、果蔬等领域提供技术示范与培训，二期合作项目将集中在饲料生产、牲畜品种改良、温室蔬菜、养鱼、养蜂、养鸡六大领域，同时由合作企业继续向外拓展，实现“由点到面”的辐射。2011年，中国向蒙古国政府移交了“南南合作”项目下农用物资，主要包括中小型拖拉机、播种机、除草机等农业设备，并在饲料、畜牧、温室大棚、商品贸易等领域进行示范工程建设。

（七）中缅农业合作现状

中缅两国互为重要经贸合作伙伴，近年来，中缅贸易发展迅猛，投资步伐加快，合作方式多元。

1.农产品贸易现状

2011年以来，缅甸政府大力推行政治民主化改革和经济体制转型，国际关系得到大幅改善，逐渐融入世界经济体系，对外贸易得到快速发展。亚洲国家为缅甸主要贸易伙伴，缅甸外贸总额的90%均来自与邻国的贸易，位居前5位的贸易伙伴依次为中国、泰国、新加坡、日本和韩国。

缅甸农产品贸易规模较小，进口规模增长较快，出口波动较大。2013年缅甸农产品进出口贸易总额为31.9亿美元，其中进口17.8亿美元，出口14.1亿美元，贸易逆差3.7亿美元。2001年以来缅甸农产品进口规模增长较快，由2.9亿美元增长到17.8

亿美元，年均增长16.2%。受政治局势的影响，缅甸农产品出口波动较大，2010年以来（2011年除外）呈较大幅度的下降趋势。缅甸主要进口农产品为棕榈油、粮食制品、饮品，这三类产品占缅甸农产品进口总额的45%以上，2013年三类产品分别占缅甸农产品进口总额的22.4%、12.9%和9.9%。缅甸主要出口农产品为豆类，占缅甸农产品出口总额的比重超过70%，还出口少量的芝麻和玉米等。

中国—东盟自由贸易区的建立和大湄公河次区域建设的深化，有力地促进了中国与缅甸的双边贸易。中缅农产品贸易总额占中国农产品贸易总额的比重仅为0.3%，贸易规模较小，但增长较快，农产品贸易总额从2005年的0.8亿美元扩大到2014年的5.9亿美元，年均增长25.2%。2013年以来，中国对缅甸农产品出口快速增加，农产品由逆差转变为顺差，2014年顺差额达到2.4亿美元。中缅农产品贸易具有较强的互补性，出口产品主要为初级加工品，进口农产品多为农产品原材料。中国对缅出口主要产品为花卉、水果、饮品类和粮食制品，进口水产品、坚果、水果、干豆和油籽等。

2.农业投资现状

中国投资占比下降。由于经济和地缘位置优势，中国一直是缅甸最大的投资来源国，1988—2016年在缅的外国直接投资中，中国占28.5%，新加坡占21%，泰国占16.3%，中国香港占11.4%。2011年缅甸政府实行改革后，中国仍是缅甸外国直接投资流入存量最大的国家，但中国投资占比呈现下降趋势，在2011—2016年6个财年中，中国对缅投资流量分别占93.6%、16.3%、1.4%、6.4%、135.1%和33.5%。

农业投资受到关注。2012年以前，FDI在缅投资主要集中在资源性行业，包括矿业、制造业、电力、石油和天然气，这四类行业所占比重超过90%。2012年改革以后，非资源性行业的外国直接投资快速增加，电力、石油和天然气、采矿行业占比明显下降。

特别值得关注的是,2012 年以前鲜有外国直接投资进入的农业、畜牧业和渔业的投资开始增加,2014 年在农业领域的外商直接投资规模达到 3 970 万美元,在畜牧业和渔业的投资为 2 690 万美元。

3. 农业科技合作

近年来,中缅双边在农作物品种交换、育种和栽培技术的交流、农业科研技术人员培训等方面开展了一系列合作,并取得了积极的成果。以替代种植项目为代表的中缅边境农业合作取得明显成效,部分中国企业通过替代种植项目在缅甸进行农业开发,已经形成政府搭台、民营企业为主体的格局,缅甸北部罂粟种植面积大幅下降。中国的小型农机、种子、化肥、农药等农资产品,特别是手扶拖拉机及其零件,在缅甸市场占有很大比例。2014 年《关于加强农业合作的谅解备忘录》决定成立农业、畜牧兽医和渔业合作分委会,全面指导在缅甸开展农业技术示范推广合作、现代农业改造与育种合作、跨境动植物疫病联防联控合作和小额农贷合作等。

(八)中印农业合作现状

印度是世界上的大人口国,也是世界农业大国。随着经济的发展,印度在世界经济舞台以及区域经贸合作中日益活跃。受历史、地缘政治等因素影响,中国与印度的经贸关系在较长时期内处在较低水平,两国农产品贸易联系也不强。20 世纪 90 年代中期以来,随着中国和印度经济的快速发展,特别是两国政治关系的逐步改善,两国经贸活动日益频繁,特别是进入 21 世纪以来,中印双边经贸合作持续稳定发展,双边贸易规模迅速扩大,经贸合作日益加深。

1. 农业投资现状

近年来,中国对印度的投资规模随着双边经贸合作的加深也呈现显著增长趋势。据中国商务部统计,2005—2015 年,中国对印度对外投资存量从 1 462 万美元增至 37.7 亿美元，增长了 256.9 倍，年均增长 74.2%，对印度投资流量最高达到 7.1 亿美元。总体来看，尽管中国对印度投资增长显著，但投资规模仍较小，缺乏集约式投资，投资模式和领域都较为单一，农业领域的投资与合作相对较少，与两国的经济规模和经贸合作水平不相称，提升空间较大。

2.农产品贸易现状

印度最主要的进口农产品是动植物油脂、蔬菜和水果三大类。2013 年，动植物油脂、蔬菜和水果三类产品进口额占印度农产品总进口额的 75.5%。其中动植物油脂主要进口国分布在印度尼西亚、马来西亚等国，主要进口棕榈油；蔬菜主要从加拿大、缅甸和澳大利亚等国进口；水果主要从美国、科特迪瓦和坦桑尼亚等国进口。印度主要出口农产品集中在谷物、棉花、畜产品等。

近年来，中印经贸合作快速发展，双边农产品贸易近年来也增速迅猛。2005—2014 年，双边农产品贸易总额从 6.4 亿美元快速增长到 30.6 亿美元，增长了 3.8 倍，年均增长 19.0%。与对印产品贸易中国大额顺差不同的是，农产品贸易中中国为贸易逆差，自印度进口农产品贸易额占总贸易额的比重高达 82%。

2005—2014 年，中国自印度进口农产品贸易额从 4 亿美元增至 24.1 亿美元，增长了近 5 倍，年均增长 21.9%。其中，进口额最高年为 2012 年，达到 41.7 亿美元。中国出口印度农产品贸易额总体稳步增长，从 2.3 亿美元增至 6.5 亿美元，增长了 180%，年均增长 12.1%。贸易逆差从 1.7 亿美元增至 17.6 亿美元，其中 2012 年逆差最高时达到 35.6 亿美元。至 2014 年，中国对印度农产品出口额占中国农产品总出口的 0.9%，进口额占总进口额的 2.0%。目前印度是中国第 11 大农产品进口国和第 20 大农产品出口国。

贸易结构显示，中国自印度进口农产品以棉花、油料、水产品、干豆等产品为主，2014 年四类产品进口额累计占比为

88.6%；中国出口印度农产品主要为棉麻丝、其他农产品、水果、精油、干豆等，2014年出口额占中国对印农产品出口总额比重分别为25.0%、22.3%、17.7%、10.3%和9.0%，累计占比为84.8%。从贸易往来看，表现为中国从印度进口初级农产品，加工后再出口部分至印度。

总体来看，印度对中国农产品贸易顺差的基本格局，对于调剂中印失衡的贸易大格局具有一定的积极作用，也为今后加深双边农业投资合作奠定了良好的基础。

第二节　中国农业对外合作面临的挑战

中国农业对外合作虽然有着良好的发展机遇和基础，但还应该看到，当前及未来要开展农业对外合作还面临诸多困难和挑战。

一是世界经济复苏缓慢，贸易保护主义抬头，国际环境制约因素增多。金融危机后，世界经济持续不振，贸易保护主义抬头，农业领域尤为突出，中国农业国际合作面临更多限制。而发达国家依托其跨国公司的垄断力量，不断强化全球粮源、物流、贸易、加工、销售全产业链布局，对资源性、战略性重要农产品市场的掌控力度加大。世界范围内的农业资源争夺越来越激烈。同时，国际环境制约因素增多。针对中国的海外投资开发行为，国际上出现了“中国威胁论”“资源掠夺论”“新殖民主义”论调，对一些与中国有合作意向的国家政府决策造成了不利的舆论压力。近些年，中国部分企业通过资本运作进行海外收并购已经受到特别关注。许多西方国家对国有背景企业的海外收并购投资审批较为严格，甚至设置一些壁垒，农业对外投资的风险依然很大。

二是中国企业自身竞争力不强，缺乏话语权和影响力，难以适应国外复杂多变的政治经济社会环境。从实际情况看，中国农业对外合作企业尤其农业企业多数规模相对较小、投资层次相对较低、技术创新能力较弱,不少企业主要是在境外租地、买地、种地,在加工、贸易和流通环节涉足得比较少,还处于产业链的上游、价值链的末端,更多的是市场价格和贸易规则的被动接受者,普遍存在成本高、收益低和风险大等问题。与国际大型农商企业相比,在实力、人才、经验、创新能力等方面都存在很大差距。另外,受一些负面国际舆论的影响,企业农业境外投资也受到了特别的关注和限制,进一步增加了许多不确定因素。2015 年,全球最大 100 位非金融类跨国公司的境外资产平均值为 810 亿美元,入选的中国内地企业只有 3 家,分别为中信集团、中国远洋集团和中海油集团,其境外资产分别为 786 亿美元、434.5 亿美元和 342.7 亿美元,均低于全球平均值。2015 年,全球排名前 100 位的非金融类跨国公司平均国际化指数为 64.6%,而入围该名单的 3 家中国内地企业的平均国际化指数仅为 28.2%;2015 年发展中国家和转轨经济体排名前 100 位的非金融类跨国公司的平均国际化指数为 54.2%,而入选该榜单的 12 家中国内地企业的平均国际化指数仅为 19.9%。根据农业部对外经济中心 2015 年的调查数据显示,开展农业投资的境外企业的资产总额在 500 万美元以下的企业占 52.3%;500 万~1 000 万美元的企业占 16.0%;1 000 万~5 000 万美元的占 24.7%;5 000 万美元以上的占 6.8%。

三是政策支持体系不健全。目前中国农业对外合作主要集中在俄罗斯、东盟和非洲等国家,投资领域也高度集中。一些企业为了获得项目,存在恶性竞争的现象,不仅加大了企业海外投资的成本,更增加了境外投资的难度和风险,还直接影响中国企业在国际市场的形象和地位。尽管国家支持农业对外合作的政策环境有了明显改善,但实质性、根本性、关键性政策还不够多,落实得还不到位,综合运用外交、财政、金融、保险、关税、配额等政策工具促进和保障对外合作的机制还有待进一步强化,国家层面的具体规划和指导还需要更加切合企业的发展需求。法律、外事等社会中介服务体系还不健全,海外企业的国内支持平台仍需要加快建立和完善。

四是国内农产品市场调控政策需要适应开放的国际环境。在农业对外合作中，合作双方基本上都是按照资源比较优势来配置生产要素，最终的投资流向是由不同产业、不同产品的获利水平决定的，逐利性较强。从近些年中国农业对外合作的现状尤其是农业对外直接投资和农产品贸易状况看，中国农业对外投资对带动国内农产品出口的作用尚未明显地发挥出来，反而是通过对外投资大幅引进国外产品，如葡萄酒、乳品、牛羊肉等。这里面有两个原因：一是农产品结构的互补。随着中国经济的快速发展，人们对农产品的需求也从“有”提高到“好、优、特”，但显然当前中国的农产品在质量上还无法满足广大消费者的需求，因此，部分投资者看到这一机会，纷纷去国外投资，将国外优质农产品引进国内，满足国内的需求。二是国内外农产品价格差异较大。2004年以来，为了提高农产品产量、增加农民收入，中国出台了最低收购价、临时收储政策等农产品市场调控政策，在这些政策的支持及成本增长的推动下，中国农产品价格全面高于国际市场。在这种状况下，国内投资者纷纷投资国外，将国外较为便宜的农产品通过投资引进国内，从而导致“洋货入市、国货入库”。因此，在未来农业对外合作中，如何调整中国农产品市场调控政策，适应开放的大环境，是未来促进中国农业对外合作健康发展的重要方面。

第三节　中国农业对外合作的战略模式

一、合作战略

着眼农业农村外部环境和自身内部发生的重大变化，按照“一个目标”“三条主线”，即以保障农产品有效供给为目标，以优化品种结构、加强渠道管控、改善支持方式为主线，全面深化改革，借力“一带一路”、亚投行等国际平台，积极参与国际分工，促进国际国内要素有序自由流动、资源高效配置与市场深度融合，提高统筹利用国际国内两个市场、两种资源的能力，有效提升我国农业的国际竞争力①。

（1）保障农产品有效供给，是指在国内粮食生产确保谷物基本自给、口粮绝对安全的前提下，为了减轻国内农业资源环境压力、弥补部分农产品供求缺口，一方面适当加大技术、管理、人才等先进要素的引入力度，提升国内农业生产效率；另一方面加快农业“走出去”步伐，增加世界农产品供给总量，提高重点农产品的掌控能力，保障农产品的有效供给。

（2）优化品种结构，是指农业“走出去”与“请进来”均应实施一定的行业优先次序。对于农业“走出去”，可重点关注国内紧缺的农产品、我国具有比较优势的劳动密集型农产品以及我国农业技术成熟但限于农业自然资源而不具有比较优势的农产品。对于农业“引进来”，在进口层面，可适当加强农产品加工品、非基本需求农产品的进口规模，限制谷物尤其是口粮的进口规模，在投资层面，则重点关注先进农业技术的本土化应用。

（3）加强渠道管控，是指通过鼓励企业海外投资与完善外资准入目录的方式，加大我国对于农业上下游产业，尤其是农产品加工、仓储物流、批发零售、市场信息等关键行业以及种子、技术等高科技领域的掌控能力，强化国际农产品市场的话语权与定价权。

（4）改善支持方式，是指针对我国农业大而不强，涉农企业规模小、竞争力弱、应对风险能力差的现实背景，继续发挥国家的指导作用，对于“走出去”，重在支持有助于加强渠道管控的负责任农业投资行为，对于“引进来”，侧重支持可以引进国外先进科学技术、管理经验与高端人才的农业投资项目。

---

① 刘合光.关于中国农业“走出去”的战略思考[J].中国发展观察，2012(4)：28—40；宋洪远，徐雪，翟雪玲，等.扩大农业对外投资加快实施“走出去”战略[J].经济研究参考，2012(28)：38—49.

二、合作模式

采取依托资本运作、上下游产业链整合、“走出去”带动“请进来”的模式，统筹推进农业“走出去”与“请进来”工作，保障我国农产品有效供给，提升农业国际竞争力。

具体而言，鼓励我国农业企业采取合资、参股、收购、长期合作协议等多种手段做大做强，推广公平、包容和共赢的本地化商业模式，推动海外农业项目向附加值高、敏感度低、带动效应强的产业链两端拓展。一方面，通过“走出去”拓展我国农业发展空间，打造全球农业产业链条，迅速提升我国农业在国际国内农产品市场中的地位与话语权；另一方面，通过参股控股国外农业企业，利用海外投资撬动国外资本，引进我国农业发展迫切需要的生物、基因、能源、工程装备等领域的关键技术，提升我国农业的现代化水平。

第四节　中国农业对外合作的投资政策分析

我国农业和农村经济的发展也正在进入一个新的发展阶段，农产品供给由长期短缺转向总量基本平衡、丰年有余和逐步过剩，农业发展的任务由解决温饱转变为提高农产品质量、满足人民小康生活需要。因此，促进农业对外投资已经不是要不要做的问题，而是如何做好、做大、做壮、做强的问题。

一、内功外功兼修，加强宏观指导和机制保障

进一步将党中央关于农业对外投资的政策上升为国家战略意图，形成推进农业对外投资的“一盘棋”总体部署。在现有研究规划成果的基础上，结合针对不同行业、地区、运行模式等情况执

行的联合调研结果，从区域、品种、投资规模、运作模式选择、政府企业角色分工、政策体系保障等方面进行合理引导。从部际层面，充分利用现有“对外农业合作部际工作机制”平台，进一步强化中央各部（办、委、局）之间的务实协作，建立健全推进农业对外投资的协调机制，并在开展专题研讨、实施重要行动、落实重大政策、上报重要成果等方面，进一步完善工作程序。从央地层面，促进中央、地方上下联动，对农业对外投资推进工作基础好、意愿强、思路清、成效丰的省份给予更多倾斜，采取“以省包国”“抱团取暖”的方式推动地方区域内企业积极参与实施“南南合作”、对外援助项目；建立中央和省级两个层面的企业激励制度，加快推进央地企业对外农业投资合作信息交流和共享。

二、多措异举相施，依靠外交手段促进保护农业投资

除了进一步增强财政、金融和税收等支持政策外，建议在相应国家使馆内增设农业办事机构并补充人员。加强农业外交人才的储备、培养、选拔，积极争取向所有重点国家和地区派驻农业外交官，支持和推荐农业系统优秀人才到国际组织任职，强化农业外交队伍专业化建设。加大对“一带一路”沿线国家（地区）的农业投资和贸易研究力度，密切跟踪国外相关法律法规的调整，收集、分析和预测农产品市场信息，提供项目可行性论证和咨询服务。可由驻外使馆出面，对农业投资事宜进行调研和了解，通过信息产品采购、多双边合作数据交换、驻外人员报送以及国内相关机构和企业监测等多种渠道和方式，获取代表性强的信息数据，逐步建立国内外农产品生产、价格、加工、消费、技术、贸易、标准、企业以及政策等多方面的全国性和地方性相互配套补充的基础数据库。

三、我国他国同利，以区域合作带动农业投资

随着我国与周边邻国外交关系的发展，区域经济合作为我国

对外开展农业投资活动提供了很好的条件。深入参与自由贸易区谈判，推动自贸区内农业合作战略形成多（双）边共识，围绕产业发展需要，科学合理设定敏感条件。我国要着力推动农业投资政策的透明化、确定性。开展自贸区战略深化研究，结合正在实施的中国—东盟、中国—巴基斯坦自贸协定第二阶段谈判等区域性合作，考虑利用区域协作机制加强农业对外合作。鉴于一些发展中国家拖欠我国援外贷款、偿还困难的情况，应该探讨在部分国家用“以债抵租”的方式，鼓励大企业租赁土地，进行农业开发。请驻外使馆出面牵头，对租赁土地事宜进行调查和了解，在自然条件好、经济开放程度高的国家，签署政府间协定，把一些国家的欠债变成我国政府支持企业开发投资的资本，实际上这是以另一种形式免除了欠债国家的债务，这样可以在无形中出资一笔贷款支持企业开发东道国。

四、生产加工并举，增强企业对外投资能力

按照“谁投资、谁负责”的原则，建立对外投资事后监管体系，加强对境外投资企业财务状况、重大投资决策的年审工作，最终形成以企业为投资主体，中介机构广泛发挥作用，政府宏观监管、监控、监测的管理体系。引导企业在农业“走出去”事业的起步阶段拔高起点、夯实基础，实现长期可持续的境外投资。鼓励涉农企业之间通过联合、兼并、收购等方式实现共赢，培育和组建一批具有较强竞争力的大型农业综合企业集团，通过财政金融支持政策引导，延长企业产业链条，扩大产品深加工规模和范围，发挥它们在农业产业链中的主导作用。打造对农产品加工企业的信息服务体系，建立准确、全面、系统的产业信息报告制度和发布平台，向企业定期提供国内外农产品产销形势以及业内企业生产、销售、库存等方面的信息。

五、当前未来共谋，改革规范农业境外投资审批机制

为了加强农业对外投资，应在农业部设立专门的农业境外投资促进机构，负责协调农业企业，开展境外项目招投标工作。建立“一带一路”农业境外投资企业数据库，在国家发布的统一企业境外投资的审批办法规定的范围内，规范审批标准，简化审批程序，逐步推行核准制，最终转向以提供咨询服务为主的登记制。管理依据要从目前的《境外投资管理办法》等部门行政法令中跳出，上升到法律层面，做到有法可依。研究制定《对外投资法》，作为国家管理境外投资的基础法律文件，从而统一境外投资管理的指导思想和基本原则，明确各部门的职能分工和投资主体权利义务，规范国家管理境外投资的基本程序等。

第三章　境外农业资源及利用

农业“走出去”战略是国家“走出去”战略的重要组成部分。实施农业“走出去”战略对于弥补我国耕地面积的不足、水资源的匮乏，提高我国农产品国际化有着重要的意义。

第一节　境外农业资源的可利用性

一、亚洲周边国家

（一）东盟

东盟 10 国人均资源占有量均高于我国，这些国家在耕地、森林、草地及淡水资源方面占有先天优势。这里土地肥沃、阳光充沛、降水丰富，但是对于土地的开发和利用还处于初级阶段，因此，农业的发展前景十分广阔。在这些国家，农业仍然是国民经济的基础。例如，缅甸尚有 647 万公顷的空地、闲地和荒地待开发；菲律宾气候湿润，非常适宜农作物生长，但是菲律宾的农业开发极不发达，有的地区甚至有粮食短缺的情况。柬埔寨全国的可耕种面积为 670 万公顷，但是尚未开发的还有 410 万公顷，可见柬埔寨的农业发展空间还很大。

缅甸和老挝是中国在农业境外投资的重要战略伙伴，双边关系发展一直良好。缅甸、老挝政府十分关注和中国的农业合作，在近几年，缅甸、老挝的农业取得了较大的进展，尤其是大米、玉米、橡胶等农作物产量大增,但是由于缅甸、老挝的农业科技发展较慢,一些地区甚至还处于刀耕火种的状态,严重影响了农业的发展。

东盟国家普遍降水量大,热量充足,是种植水稻的最佳地区。东盟10国水稻产量占世界总产量的1/4,在这些国家中,大米能够自产自足的国家有泰国、越南、柬埔寨和缅甸4个国家,其余国家需要进口大米,新加坡大米全部依赖进口。近年来,全世界对大米的需求不断上升,且大米产量下降,导致大米的市场价格一度暴涨,对大米的进口国家造成了不同程度的影响,菲律宾、印度尼西亚甚至发生了社会动乱。

总体来说,东盟国家中,泰国、越南、马来西亚、印度尼西亚的农业基础、政府宏观管理等条件相对较好。南亚国家中孟加拉国、巴基斯坦、斯里兰卡、尼泊尔的农业发展前景较好。这些国家可能需要的相关农业技术包括:适合的旱季作物及种植技术,病虫害防治(尤其是具有区域性的水稻、玉米、棉花等的病虫害)技术,农田水利和灌溉等基础设施设计与建设技术,测土配方施肥、生态农业技术,土地整理与开发,食品深加工和包装、储存、运输技术,人工降雨技术,各类作物的栽培与管理技术,饲料生产与加工,海水养殖,农业生产组织与管理,农业技术推广,农业区划等。

2001年11月,中国与东盟第五次领导人会议把农业确定为面向21世纪合作的重点领域之一;2002年11月,中国农业部与东盟正式签署了农业合作谅解备忘录;2008年,中国农业部与东盟共同制定"中国—东盟农业合作中长期规划";2010年1月1日,中国—东盟自由贸易区正式建立,中方承诺将在2011—2015年全面建成自贸区,即东盟各国与中国贸易的绝大多数产品实现零关税。

就战略合作的现状来看,东盟国家中,老挝、柬埔寨、缅甸和菲律宾目前最具投资和援助潜力,相关的农业情况如表3-1所示。

表 3-1 老挝、缅甸、柬埔寨和菲律宾的农业投资概况

国别	农业概况	农业制约因素	投资潜力
老挝	老挝的粮食作物主要有稻谷、玉米和薯类等。老挝的经济作物主要有绿豆、大豆、咖啡、烟草、茶叶、花生、甘蔗、棉花、橡胶、糖棕和椰子等	河谷平原地区：①缺乏市场信息及市场联系；②缺乏商品等级及标准；③许多农村地区缺乏商业信贷手段；④生产力流动不够…… 河谷坡地地区：①缺乏市场及市场信息的流入；②交通运输及装载不便利；③极低的农村储蓄与农业投资；④缺乏增产技术的引入；⑤正规的土地租用制度实施慢；⑥缺乏以社会为基础的、能够优化农业内部水资源生产力的灌溉基础设施	河谷平原地区的农业，水稻、橡胶、小型农机具、替代种植
缅甸	缅甸主产稻谷、甘蔗、长绒棉、玉米、花生、芝麻、向日葵、黑豆、绿豆和赤豆等，在全部6 800万公顷的土地中，1 800多万公顷是可耕地。然而，仅有900万公顷目前进行作物耕作，全部可耕地的另一半仍有待开发	资金是扩大土地开发中的制约因素；缺乏充足的灌溉用水；缺乏农业机械化支持；缺乏先进的农业技术；缺乏良种	杂交水稻、豆类、橡胶、农机、化肥、食品加工、替代种植、农业机械
柬埔寨	柬埔寨主要是种植水稻。此外，还种植少量的经济作物，如蔬菜、腰果、热带水果等。橡胶业是柬埔寨农业收入的重要组成部分	耕作方式基本处于粗放式，能够使用机械耕作的土地只占现耕种面积的10%左右；农田基础设施落后，无力抵御旱涝灾害，农业单产极低，每公顷产量仅为1.97t；财政和科技投入不足；农业生产科技含量的提升，只能靠市场机制运作或其他国家的援助以及外来投资	旱季农业种植技术与品种、大米生产与加工、橡胶加工、水产养殖与加工

续表

国别	农业概况	农业制约因素	投资潜力
菲律宾	菲律宾17%是农业用地。主要农业用地集中在城市附近及人口稠密地区。农业用地中78.31%最适合农业。其具体分为粮食用地、其他食物用地和非食物用地。粮食用地31%、其他食物用地52%、非食物用地17%。粮食用地中以玉米和水稻为主；其他食物用地中，椰子占比最大，其次是甘蔗、工业作物、果树、蔬菜和块根作物	菲律宾农业效益较低；国家对农业的投资或补贴不多；土地改革。特别是随着人口的增加，家庭数量在不断增加，生产规模逐渐缩小；多年来种植技术和生产技术水平较低	水稻、玉米的种植及栽培技术、农副产品的深加工技术、农业机械引进、海洋捕捞和养殖、椰子产品加工等

（二）中亚五国

中亚与我国新疆毗邻，这里地广人稀，土地资源十分丰富。中亚各国农用土地合计2.824 6亿平方千米，其中可以耕种的土地有3 084万平方千米，永久性草地面积可达2.509 4亿平方千米，这里人均耕地面积为0.52平方千米，几乎是我国人均耕地面积的6倍。中亚地区是典型的内陆性气候，水资源匮乏，年降水量只有160～700mm，降水主要发生在冬春两季。中亚地区水资源分布不均匀，地处锡尔河、阿姆河上游的吉尔吉斯斯坦和塔吉克斯坦拥有丰富的水资源，这一地域水资源占有量约为整个中亚地区的2/3。中亚五国的农业灌溉水平很低，很多地方仍处于靠天吃饭的状态。

在中亚五国当中，哈萨克斯坦拥有最为丰富的土地耕种面积，约为2 270万平方千米，其人均耕地面积为1.47平方千米，是我国人均耕地面积的16倍。哈萨克斯坦是中亚地区农业进出口规模最大的国家，仅2007年，哈萨克斯坦农产品的贸易额就达到了353亿美元，是中亚五国总进出口额的一半以上。哈萨克斯坦主要出口小麦和棉花。

自从苏联解体以后，中亚各国进行了农业改革，对农业的投资连年增加。哈萨克斯坦为了增加农业收入，于2003—2009年投入了多达5 000多亿元的资金，而且为了保障农户的收益，引入了农业保险；为了加快农业现代化的步伐，在物质装备方面政府也投入巨大，逐步淘汰了苏联时期的农业装备。

我国是中亚五国重要的贸易伙伴，近年来双边贸易增长迅速。2007年中哈农产品贸易额超过了1亿美元，是2002年的3倍。我国主要向中亚五国出口粮食、水果蔬菜、禽蛋和一些小型农机具，进口棉花、羊毛、皮革原料等。然而，我国与中亚国家至今尚未签订农业合作、贸易与投资框架协议，也没有建立涉及农业合作以及农产品贸易的高层对话机制，仅个别地区签订了地区性合作协议，如塔城与哈萨克斯坦东哈州签订了地区级农产品贸易协议，因此双边农产品出口还没有形成规范有序稳定的贸易环境。

（三）俄罗斯

俄罗斯是世界上国土面积最大的国家，在其17亿公顷的国土上，适宜发展农业的土地就有5亿多公顷，约为全国土地的1/3，但是俄罗斯人口较少，加上自然环境较为恶劣，因此土地开发比较有限，已开发的农业土地仅为2.38亿公顷，其中耕地占60％，割草地占15％，牧场占25％。气候与土壤条件适合于发展综合性大农业，不同农业自然带为发展不同农业部门提供了有利条件。最近几年，俄罗斯政府开始高度关注农业，政府为农业发展提供了大量的资金，逐步提高了农业从业者的收入和农村生活水平。随着中俄两国战略互信的不断深化，中俄两国未来在农业方面的合作有望持续扩大，为我国农业走向俄罗斯提供了便利条件。

与此同时，俄罗斯在农业国际合作方面也存在一些不利因素，如对农业劳动力的引进限制严格；农资缺乏，农业种植成本高；对我国农产品在农产品检疫等方面有一定限制；俄罗斯贸易秩序不规范，投资环境欠佳，主要表现为俄罗斯政府和企业对吸收外资的准备不足；没有完整的外国投资立法程式，缺少完整稳定的外国投资法规，而且税制不健全，企业的税务负担沉重，要缴纳的税费种类繁多，投资者税负过重。另外，俄罗斯对外国投资的优惠法规政策不明确，变化太多。俄罗斯贸易规模随市场需求的波动性较大，经贸法律法规不完善、政策随意性强、缺乏透明度、经营风险高，使得中方农业企业对俄罗斯农业“走出去”的步伐艰难。

二、拉丁美洲

拉美幅员辽阔、土地肥沃、气候适宜、雨量充沛，有利于发展农、牧、林、渔各业的生产，同时农业在拉美经济中占有十分重要的地位。耕地和水资源是农业发展最重要的基础性资源。拉美80%的土地面积处于热带和亚热带，适合多种农作物生长，农业发展条件极为优越，被誉为“世界粮仓”。据泛美农业合作研究所(IICA)统计，南美地区提供了全球25%的粮食、34%的油料作物、25%的水果、11%的块茎作物、31%的肉类和24%的牛奶。但是，由于拉美国家土地占有结构普遍不合理，且小农经济发展不充分，农业生产率低下，土地资源未能得到充分开发。据世界银行统计，拉美可耕地利用率仅有10%，墨西哥、智利、哥伦比亚、阿根廷和巴西等国都有数百万公顷的土地未得到充分利用。

巴西拥有得天独厚的农业资源，80%的地区属于热带，水资源约占世界总量的14%，具有农业开发潜力的土地面积为4.1亿公顷，目前实际已利用的土地仅占17%。巴西农牧业研究公司的数据显示，巴西中西部地区有可耕地约2亿公顷，目前仅开发农业用地1 000多万公顷。如果将这些土地全部利用起来，并且达到目前巴西全国平均单产的话，就足以满足中国的全部粮食需求。阿根廷拥有1.7亿公顷的可用耕地，潘帕斯草原以拥有0.76亿公顷世界最肥沃的耕地与牧场著称。阿根廷南部、巴西中西部和北部等地区幅员辽阔，作为未来新的农业产区潜力巨大。据IICA称，目前拉美的农业资源并未得到完全开发，巴西、阿根廷等国是世界上为数不多、最具农业扩张能力的国家，预计到2030年拉美的农产品产量有望翻一番。

(一)巴西

1.巴西农业的特点

第一，农业资源的利用率较低，但是潜力巨大。巴西地广人稀，在851万平方千米的国土面积上，居住人口反为2.08亿，每平方千米土地不足18人，仅为我国的1/7。全国可耕种土地面积为2.8亿公顷，人均耕地面积可达1.75公顷，实际开发利用的面积5 000多万公顷，仅占国土面积的6%。第二，巴西是南美洲最大的国家，这里雨量充沛、气候条件好，是发展农业的优选地区之一。巴西境内拥有世界上著名的亚马逊热带雨林，拥有300多万平方千米的亚马逊平原，这里年降水量普遍可达1 500～2 000mm，而且降水均衡，旱涝少有发生，适于各种农作物的生长。第三，耕作粗放，每平方千米土地的产值不高，往往是广种薄收。

2.巴西的农业开发及有关政策

1970年巴西政府提出全国一体化的农业发展计划，实行扩大耕地面积、提高农业产量的措施；1997年巴西政府为了鼓励农业生产，降低了农业生产相关的贷款利率，并拨出10亿美元用于农业发展；1999年巴西政府对外宣布外国企业可以进驻巴西境内开设公司，鼓励外资企业在巴西开展与农业相关的投资，并和本国的其他企业一样对待。

(二)阿根廷

1.阿根廷农业的特点

第一，农业净出口额较高。从20世纪20年代以来，阿根廷一直处于农产品出口大国的行列，在第一次世界大战以后，阿根廷一度成为全球农产品出口第一的国家，农牧渔业及加工品出口额是全国总出口额的60%。第二，农业地位逐年下降。阿根廷的农业生产总值仅为国内生产总值的5%，但是农牧渔产品及其加工品的出口却占到阿根廷出口总额的50%以上。油籽类产品的出口占其所有农产品出口的52%，而以豆油和豆粕形式出口的大豆约占油籽类产品出口的90%。此外，在全国就业人口中，36%的人从事农牧渔业生产、加工及其相关产业。第三，农业的分区域发展和生产专业化。随着经济作物种植面积的扩大和多样化生产的发展，阿根廷农业开始向潘帕斯草原以外的区域发展，逐步形成了按地形、气候、农作物分布等特点划分的农牧业区域。

2.阿根廷农业的外资引进及有关政策

阿根廷在2002年经历了经济和政治危机，如今已经过去了十年多，阿根廷经济开始快速恢复，连续三年实现稳定增长。阿根廷大力引进外资，对外国资本实行国民待遇，资本的政策已经达到了前所未有的宽松程度。阿根廷政府规定，除了军事领域，外国资本可自由进入各个领域。

拉美各国自然资源十分丰富，从而吸引了大量的外资进入，拉美各国政府为了实现经济的快速增长而采取了投资促进政策，为外资流入提供了良好的宏观环境。但是一些发达国家一味地推销他们的农业技术，虽然带来了大量的外资，但是也引发了许多问题，如他们推销的多是大型农场才能够使用的器械，因此许多中小农场无法使用，同时机械化的快速普及造成了农业从业人员的大量失业。我国在此方面，做得较为妥当。我们生产研发了适用于不同规模的农业器械，同时我国的器械有着价格方面的优势。再有，跨国公司的投资往往是掠夺式的经营，这主要表现为过度的开发，因而造成了农业生态环境的严重破坏，影响了整个农业产业的后续发展和可持续发展。

三、非洲

非洲幅员辽阔，自然条件优越，面积为3 029万平方千米（包括近海岛屿），占世界陆地总面积的1/5。非洲现有53个独立国家，除南非、利比亚等11国外，其余都是以农业为主的国家。根据联合国非洲经济委员会和非盟联合发布的《2016年非洲经济报告》显示，农业仍然是非洲国家的经济命脉，其中高达35%左右的国内生产总值和60%的就业人口来自农业领域。

1. 非洲农业的主要特点

（1）土地供应量大，生产条件较差。

从土地供应看，非洲开发潜力巨大。2007年，非洲农业用地面积占全球的23.47%，且长期耕地面积增速高于全球平均值，与1997年相比，非洲农业用地面积增加了3.87%，同期全球下降了0.04%；非洲长期耕地面积增长了11.57%，而全球仅增长2.19%。非洲1.84亿公顷的可耕地只有14%得到耕作，各个国家长期耕地面积比例均不高，如表3-2所示。

表3-2　非洲各国长期耕地面积

单位：万公顷

国家	2000年	2003年	2006年	2007年	A(%)	B(%)	C(%)
尼日利亚	3 265	3 490	3 900	3 950	13.91	16.02	28.51
苏丹	1 635	1 819	1 947.2	1 954.6	7.57	7.93	16.92
南非	1 571	1 571.2	1 545	1 545	7.13	6.27	1.9
埃塞俄比亚	1 066.2	1 160.7	1 421	1 507	4.75	6.12	43.7
尼日尔	1 400	1 410	1 433	1 473	6.34	5.98	5.25
坦桑尼亚	1 000	1 072	1 075	1 020	4.53	4.14	1.97

续表

国家	2000年	2003年	2006年	2007年	A(%)	B(%)	C(%)
摩洛哥	965.2	987.6	894.6	896	4.48	3.63	9.45
阿尔及利亚	819.2	824.47	837.8	839	3.69	3.4	2.83
乌干达	716	735	760	770	3.2	3.12	9.07
刚果	780	780	765	765	3.57	3.1	2.92
喀麦隆	716	716	716	716	3.24	2.9	0
肯尼亚	537.1	557.4	575.4	570	2.4	2.31	7.67
赞比亚	528.7	528.9	528.9	528.9	2.39	2.15	0.09
马里	467.4	504	480	498	2.1	2.02	7.1
埃及	329.1	340.9	353.3	353.8	1.49	1.44	7.21
其他	6 700.61	7 015.1	7 272.83	7 265.03	29.23	29.47	12.48
非洲	22 496.7	23 512.37	24 506.43	24 652.53			11.57

非洲有"高原大陆"之称,处于热带,整个地势由东南向西北倾斜,这里常年干旱少雨,气温偏高,年平均温度在20℃以上,只有南北两端和局部山区的年平均温度低于20℃。沙漠面积约占非洲大陆面积的40%。非洲是一个干旱的大陆,水分分布不均,多数地区水分不足。全非60%的土地处于干旱的威胁下,50%的土地受到荒漠化的威胁。非洲国家灌溉设施不发达,部分河流主要流经低地、丘陵地区,导致河水控制费用高昂。FAO数据显示,非洲农业生产均与降雨量关系密切,95%以上生产依赖天然降雨。

非洲农业在基础设施、肥料来源、良种供应等方面不完善、不配套。农业地区电力供应不足且不稳定,大多数企业靠自备发电机供电,导致生产成本增加,有大量的灌溉设施没有得到有效利用。在推动农业基础设施、灌溉设施和农业技术方面投资不足。虽然非洲综合发展计划(CAADP)为非洲农业生产带来了一定变革,它要求所有参与国家承诺将至少10%的政府预算用于农业部门,但这个计划基本上没有被执行,大多数非洲国家用于基础设施方面的预算只占预算总额的5%左右。

(2)粮食自给率低,发展水平落后。

非洲农产品的自给率低下,根据非洲国家的统计资料显示,非洲的五十多个国家中,有四十多个国家的粮食无法自给,特别是撒哈拉以南地区,当地人均食品供应量均低于最低需求量,其中马拉维、津巴布韦、莫桑比克等国家分别有1 200万人严重缺粮。为此,世界银行专门为非洲成立了食品保障工作组,工作组指出,要在20世纪末实现非洲粮食的自产自足,但是这一目标到现在为止尚未实现。目前,除了玉米能够供应非洲本地的需求外,45%的小麦和80%的水稻仍需进口。非洲水稻中心预测,约占世界人口10%～13%的非洲消费了全球水稻进口产品的32%,并且消费量每年以4.5%的速度增长,而全球粮食储备却跌到25年前的水平。

从历史上看,非洲受长期殖民政府统治的影响,政策方面重经济作物、轻粮食生产。长此以往,非洲的农业基础设施和生产技术将无法摆脱极其落后的状态,更谈不上农业机械化。在非洲,农药、化肥、良种未被广泛使用,农业生产耕作方式落后,机械化水平低,人才匮乏,抵御自然灾害的能力差,农业生产率和土地等资源利用率低,主要粮食作物如小麦、玉米、高粱、水稻等的单位产量与全球平均水平差距较大,农业生产率的平均增长率只有1%,这是导致非洲粮食持续短缺的重要原因。

自给率低也与非洲人口迅速增长密切相关。在过去数十年中,非洲人口快速增长。目前,非洲约有10亿人口,据预测,到2050年将达20亿。世界平均人口自然增长率为17‰,而有的非洲国家的人口自然增长率甚至超过30‰,且多数非洲人口以农业为生。根据世界银行统计,农业从业人员占非洲从业人员总数的70%,1/2的非洲国家农业人口占总人口的比重在80%以上。

2.非洲资源利用的政治经济环境

目前,非洲总体政局平稳,特别是非洲联盟成立后,依靠集体力量努力调解冲突,维护地区稳定,积极实施《非洲发展新伙伴计划》,为非洲经济持续稳定发展创造了环境。一些长期困扰非洲的冲突得到降温和基本控制,卢旺达、利比里亚、安哥拉、布隆迪、科特迪瓦、乌干达逐步摆脱了战争,走向了和平。虽然仍有少数国家,如索马里经常出现内乱,但总的趋势是缓和的。总之,非洲大陆已经出现了“摒弃暴力,寻求和平”的势头,许多非洲国家不断潜心进行改革,国民经济稳步发展。

2000—2008年,非洲年平均经济增长超过5%,虽然没有从整体上达到非洲伙伴计划提出的7%的年增长率,但仍为非洲发展的最好时期,宏观经济得到改善,通货膨胀下降,外贸出口、吸引外资和外来援助都有较大幅度的增加。外债负担减轻,外债占非洲国内生产总值的比重从10年前的80%降至30%。国际货币基金组织认为,非洲目前已进入历史最好状态,是可持续发展和通货膨胀较低的时期。受全球金融和经济危机的影响,非洲近两年经济增速明显放缓。国际货币基金组织于2009年10月3日发布预测称,2009年非洲经济增长率将由过去5年平均6%的水平下降到1.7%,但2010年可望恢复到4%。《2009年商业环境报告》指出,撒哈拉以南非洲的28个国家在2008年共施行58项积极改革,为创办企业、注册财产、获得信贷和跨境贸易提供了便利。

非洲国家对外国投资者的土地政策主要包括:第一,禁止外国企业拥有土地。阿尔及利亚法律规定,外国人或企业不得购买当地土地。投资项目所需土地可通过租用私人土地(房产)或特许经营国有土地获得。埃及土地法规定外国人不得拥有土地,投资可以拥有项目建设的土地。埃塞俄比亚法律规定,土地属于公有财产,任何个人、公司及其他机构只拥有使用权。第二,外国投资者可获取土地的使用权或租赁权。莫桑比克的《土地法条令》规定，土地许可期限最长为 50 年，如果使用方提出延长，可以延长同样的时间。符合条件的外国人可以享有土地使用权和利用权。乌干达 1998 年的《土地法》规定，允许个人和社区就个人拥有土地或共同拥有土地申请获得土地产权证。外国投资者只能在乌干达租赁土地，租期 49 年至 99 年不等。厄立特里亚 1997 年土地法规定，允许厄立特里亚国民和外国人租赁土地。为鼓励外国投资农业项目，南非部长或省长有权一次性批给投资者 1 000hm^2 土地 50 年的无偿使用权。苏丹允许土地的私有和买卖，外资可以成片租赁购买土地用于发展农业生产。尼日利亚土地使用法规定，外资可以租赁承包土地发展粮食项目。

根据国家投资环境的稳定性，可以将非洲国家分为两类：政治形势稳定的国家，投资环境相对较好，发展粮食产业的条件比较好，如南非、阿尔及利亚、坦桑尼亚、埃及、突尼斯等；拥有丰富的土地资源的国家，适合粮食生产，但政治、投资环境相对不稳定，如安哥拉、尼日利亚、苏丹等。

四、区域视角下的境外资源利用模式

就不同区域的不同特点，境外资源利用模式应该有所区分，如表 3-3 所示。总体而言，对于东盟、中亚、东欧等近邻，我国可以建设粮食基地，为本地区人民造福；对于拉美和非洲等国，由于农业生产条件较差，投资不足，其满足自身需求尚存在困难，因此我国政府需要在这些地方加大投资，以满足当地粮食总需求的同时，还对世界粮食市场的总供给有所帮助，在整体上平抑世界粮价，减小中国在粮食需求上的压力。

从利用方式和政府角色来看，对于落后国家可以采取开发式援助和技术援助，提高当地农业生产条件，积极引导企业在当地投资，促进企业在实现盈利的同时也要实现企业在当地的社会责任，最终建立“以企业为主导，政府引导”双边双赢的投资模式。

针对不发达国家和欠发达国家,可以适当与多边组织和公益机构进行合作,扩大投资对国家形象的正面影响。

表 3-3　境外资源利用模式

项目	区域主要特点	资源利用目标	利用方式	政府角色	主要国家
东盟	近邻、农业财政投资少、生产条件差、人均耕地面积有限、耕地开发不足	重点建设粮食基地,补充国内需求	政府进行开发式援助以及技术援助;企业投资	直接开展双边援助;与亚行、世界粮食计划署等多边机构和公益机构合作开展援助;引导企业的投资方向	老挝、缅甸、柬埔寨、菲律宾等
中亚	近邻、农业财政投资少、生产条件差、国家经济条件较好、人均耕地面积大	重点建设粮食基地,补充国内需求	技术援助;企业投资	推动技术援助、引导企业的投资方向	哈萨克斯坦等
东欧	经济条件好、人均耕地面积大、生产潜力大	可以重点建设粮食基地,补充国内需求	企业投资	引导企业的投资方向	俄罗斯等
拉美	农业财政投资少、生产条件差、人均耕地面积大、耕地开发不足、粮食自给率不高	首先满足当地需求,提高生产能力,平抑国际市场粮食价格	技术援助;企业投资	推动技术援助、引导企业的投资方向、视情况开展与多边组织或公益机构的合作	巴西、阿根廷、委内瑞拉、巴拉圭等
非洲	农业财政投资少、生产条件差、人均耕地面积大、耕地开发不足、粮食自给率不高	首先满足当地需求,提高生产能力,平抑国际市场粮食价格	政府进行开发式援助以及技术援助;企业投资	直接开展双边援助;协同世界银行、世界粮食计划署、农业发展基金等多边机构和公益机构合作开展援助;引导企业的投资方向	安哥拉、苏丹、埃塞俄比亚、南非、坦桑尼亚、尼日利亚等

第二节　境外农业资源开发的路径

一、瞄准重点合作国家

从战略大局出发，在农业合作上中国应该吸取经验，将农业“走出去”的重点落在撒哈拉以南非洲、亚洲（中国除外）和北部非洲等地区。一些地区经济相对发达，但是农业相对落后，如大洋洲、前苏联12国和中南美洲，这些地区土地资源十分丰富，特别适合中国农业“走出去”。从中国农业的根本出发，我们发现中国的农业优势不是资源优势，而是生产水平高。中国能够在有限的土地上解决13亿人口的吃饭问题，从这一点上看中国的粮食自给率远高于北部非洲、撒哈拉以南非洲和亚洲（中国除外）。

（一）撒哈拉以南非洲

撒哈拉以南非洲有着优越的自然环境，但是这里经济条件非常落后，没有完备的基础设施建设，农业生产技术还是非常原始的状态，当地农民没有形成农业商品的意识。粮食消费在人口增长拉动下增加迅速，粮食的自给率很低，粮食进口能力也因为本国经济受到阻碍，这里是全球粮食问题最严重的地区之一。在这些地方实施农业“走出去”战略主要是发展当地的交通运输和基本农田灌溉，推广先进的农业技术，提高农民的农业商品意识。

（二）亚洲

亚洲地区（中国除外）各国的情况相差较大，大多数国家有着丰富的自然资源，目前亚洲是世界上经济最为活跃的地区之一，农业发展水平居于全球中下，有着较为发达的传统农业生产技术，农民形成了农业商品意识。受中国传统的影响，亚洲大多数地区都崇尚自给自足的小农经济,粮食消费水平居世界中下。这些国家普遍粮食自给率高,而日本经济总量位于世界第三,有着极强的粮食购买力。农业"走出去"战略主要是改造传统农业,发展全自动灌溉、多熟高产的现代化农业。

(三)北部非洲

北部非洲地区气候干旱少雨,自然条件极差,主要以石油拉动经济的发展,部分地区以畜牧业为主,农民的农业商品意识较强。经济和人口的发展拉动了消费的快速增加;粮食单产水平居中,人均粮食产量较低,粮食自给率处于全球最低水平,粮食主要依赖于进口。农业"走出去"战略应充分考虑当地的水资源问题,发展节水农业,尽量做到水资源的循环利用。

埃塞俄比亚的农用耕地主要由山区高地、非洲大峡谷分开的平原以及一些低地组成,农用耕地土层深厚,土质疏松,有机质含量高,十分肥沃。但是由于缺水、虫害等影响,许多生产潜力巨大的土地无法得到开发利用。同时,当地农民的耕作水平低,农业生产资料匮乏,造成了耕地低效使用,农业生产不能得到大力发展。2005 年以来,政府实施"以农业为先导的工业化发展"战略,加大农业投入。根据灌溉发展项目(IDP)规划,在 2002—2016 年的 15 年间,埃塞俄比亚需要发展灌溉面积 27.4 万公顷,比现有面积增加 135%。埃塞俄比亚的灌溉潜力可能在 300 万~400 万公顷,而目前仅开发 5%左右。

(四)大洋洲

大洋洲地区农业资源丰富,这里的国家大多经济发达、农业发达,具有优越的人文环境。

这里粮食的消费水平居于全球中下,但是增加迅速。由于气候的影响,大洋洲地区粮食生产极不稳定,可以说波动很大。以往这里粮食自给率很高,但现在受生产波动迅速下降。农业"走出去"能够有效地改善当地的灌溉措施,增加农业的投资,确保粮食安全稳定的生产。

(五)东欧地区

前苏联12国农业自然资源丰富,这里有着发达的农业基础和优越的人文条件,人均粮食消费居中,近年在逐步回升,粮食生产水平居中下,现在也表现出一定的增长趋势。近几年,东欧地区粮食出口逐年增加,自给能力迅速提高,实现了粮食的净进口向净出口的大反转。农业"走出去"战略主要从灌溉方面着手,努力发展渠灌、井灌和滴灌,充分利用各种水资源;采用先进的耕作技术以提高耕地的利用率;根据当地实际情况推广地膜种植以增强农作物的抗寒能力,实现高产。

(六)中南美洲

这里的农业资源是全球最丰富的地区之一,中南美洲的经济发展状况非常火热,国家综合经济水平较高,多数国家都普及了教育,当地农民的农产品商业意识强,大型农场的开发是当地农业发展的典型事例。粮食消费居全球中上,粮食单产居全球中下,粮食贸易发展较快,净出口增加迅速,自给率大大提高,从过去的进出口平衡迅速实现以出口为主的局面。农业"走出去"的基础点是广修渠道,全面灌溉;采用新型高科技耕作技术以提高高坡耕地的利用率;根据当地的太阳能分布,采用多熟农作物,实现对热量的最大利用。

二、将国内较有竞争力的农业技术对外输出

中国在农作物杂交领域有着较为成熟的理念和不俗的成果,其中我国的杂交水稻技术一直处于世界领先的地位,杂交水稻的种植由我国逐步走向世界各国。除了杂交水稻,中国的杂交玉米技术也比较成熟,且在亚洲地区逐步推广开来。在进一步进行境外资源开发和对外农业合作的过程中,相关活动应与国家

政治、外交、外援等政策相结合,在政府积极鼓励国内优秀农业企业掌握先进的育种技术的基础上,通过农业技术转让、技术入股和技术指导等方式,实现国内优秀的成熟的农业技术输出到国外。

第三节　境外农业资源的利用战略

一、中国农业"走出去"战略机遇

(一)农业"走出去"战略

农业"走出去"战略是我国"一带一路"倡议的重要组成部分。实施农业"走出去"战略能够在"一带一路"沿线国家形成良好的示范作用,能够取长补短。对中国而言,这在很大程度上弥补了我国粮食生产的不足;对沿线国家而言,传统的农业生产技术阻碍了当地经济的发展,引入外资能够帮助就业的同时,还为本国积累了大量的粮食储备。

广义的农业"走出去"指的是农产品的出口以及农业对外合作。狭义的农业"走出去"指的是在我国政府政策的指导下,以营利和合作为目的的农业投资,在平等互利的基础上,采取资本、技术以及劳务的输出。

2006 年,商务部、原农业部、财政部联合下发《关于加快实施农业"走出去"战略的若干意见》。2008 年商务部和原农业部牵头成立由 10 个部门组成的农业"走出去"工作部际协调领导小组,建立了由 14 个部门组成的对外农业合作部际工作机制。2010 年 6 月,国务院批准建立了由发展改革委和商务部牵头、27 个部门组成的"走出去"工作部际联席会议制度。2008 年,原农业部和中国进出口银行签署战略合作协议,推动农业"走出去"。2011 年,原农业部与国家开发银行签署规划合作备忘录，双方将进一步巩固长期稳定的战略合作关系，在编制全国农业发展规划、支持农业“走出去”、建设现代农业、构建农业基础设施建设融资机制、农业合作试点等方面进一步加强合作，共同推进我国农业产业快速健康发展。

农业农村部对于“十三五”期间的农业国际合作提出了明确的目标：围绕中国农业农村经济发展的大局，加快中国农业企业“走出去”，提高“引进来”的质量，实现农产品贸易的持续健康发展，造福两国的老百姓，逐步提升服务“三农”的水平。构筑农业贸易发展支持体系，重点建设一批优势农产品出口基地，提高农产品国际竞争力，确保农产品贸易持续健康发展；培育一批国际竞争力较强、跨国经营的农业产业化龙头企业，加强我国在全球范围内配置农业资源和生产要素的能力；实施一批重大国际金融组织贷款项目和国际农业科技合作项目，增强对现代农业建设的支撑能力；加强农业领域“南南合作”，建设一批境外农业技术试验示范基地及跨境动植物疫病防控中心，帮助发展中国家提升农业发展能力；不断巩固和完善国际合作体制机制，加强农业国际合作系统能力建设，推动农业领域外交迈上新台阶。

在利用境外资源保障粮食安全方面，《国家粮食安全中长期规划纲要》指出，努力完善粮食进出口贸易体系，主动利用国际市场调节国内供需平衡。在保障我国粮食基本能够自产自足的条件下，合理利用国外市场进行进出口调剂。继续发挥国有贸易企业在粮食进出口中的作用。政府之间需要加强沟通与合作，与产粮大国建立长期、稳定的合作战略。

（二）农业“走出去”相关法律法规及政策

在国家实施“走出去”战略的同时，相关配套法律、法规和政策也不断出台，从宏观指导、金融、税务、信贷、人力资本等方面不断完善服务。例如，国家发改委在 2004 年发布《境外投资项目核准暂行管理办法》和《关于对国家鼓励的境外投资重点项目给予信贷支持政策的通知》;2005 年商务部和外交部联合发布《关于加强境外中资企业机构与人员安全保护工作的意见》;2009 年商务部发布《境外投资管理办法》、外汇管理局发布《境外机构境外直接投资外汇管理规定》。2010 年商务部出台了《境外中资企业机构和人员安全管理规定》和《境外中资企业(机构)员工管理指引》;中国人民银行出台《境外直接投资人民币结算试点管理办法》;国家外汇管理局推出《人民币对外汇期权交易》。地方政府结合各省特色颁布支持农业“走出去”的相关措施,如 2006 年河北发布《河北省关于加快实施农业“走出去”战略的实施意见》,辽宁发布《辽宁省关于进一步推进农产品出口的实施意见》。

目前,农业农村部领头的多个国家部委正在努力搭建农业“走出去”的相关政策,为了鼓励中国的企业,也包括农业企业“走出去”,政府相关部门开始制定和形成了鼓励“走出去”的一些基本税收政策的体制框架。这些体制主要是避免双重征税,使企业在“走出去”的过程中享有更好的赋税环境。目前,我国政府已同 90 多个国家和地区签订了避免国家双重征税的协议。此外,对资源性的企业前期的费用,参照国际的经验给予支持。在外汇方面,为“走出去”的企业创造更加宽松的外汇管理政策。国家发改委、国家进出口银行和国家开发银行都颁布了有关在信贷方面给予支持的政策。

(三)国际合作环境

国际层面,粮食危机引起的粮食安全问题一直备受关注,世界多国正积极行动起来,加强合作。2008 年 9 月 16 日,第 63 届联合国大会在纽约联合国总部开幕。中国外交部提出了五项关于粮食问题的主张:第一,加大支援力度,主张支持联合国的协调,努力构建全球粮价的稳定,极力帮助以非洲为代表的发展中国家渡过难关;第二,制定长远的粮食合作战略,敦促世界各国一道关注粮食生产,提高粮食产量,旨在提高粮食库存;第三,努力营造公平合理的国际大环境,促进新的国际贸易秩序的形成;第四，加强宏观协调，抑制过度投机，形成以联合国为主导的国际合作机制，建立集早期预警、监测监督、宏观调控、紧急救援为一体的全球粮食安全保障体系；第五，用联系的眼光看待问题，从金融、贸易、援助等多个方面着手，为粮食的安全生产创造有利的条件。

2010年世界粮食安全委员会在2010年第36届会议上提出了全球综合治理措施，主要包括加强国际协作、建设可行的安全网并为其提供资金、加强能力建设和培训、注意性别问题并避免性别歧视、加强"南南合作"；从区域情况看，非洲特别是撒哈拉沙漠以南地区以及亚洲一些国家的粮食不安全状况较严重。会议对孟加拉国、卢旺达、海地和约旦的粮食安全状况进行分析后，认为有必要在国家层面加强包括技术支持在内的广泛粮食安全合作。

地区之间也不断加强合作，如亚洲开发银行、FAO及国际农业发展基金会（WAD）三大组织在2010年9月签署了为期三年的《亚太区域粮食安全伙伴关系框架》。该伙伴关系框架确定了共同协作努力的四大领域：协调跨境与区域投资；在重点农业研究方面进一步加强合作；支持并加强区域内与区域间的粮食贸易；共享政策与制度应对方面的经验和教训，以改善家庭粮食的安全状况。亚太经合组织首次粮食安全部长会议于2010年10月17日在日本新潟闭幕，会议发表了《新潟宣言》，提出了农业的"可持续发展"和"加快贸易投资"两大共同目标，并提出了扩大粮食供给能力、改善农业灾害应对能力、振兴农村地区、应对气候变化四个具体方向。在加快贸易投资方面，宣言建议，促进农业投资、促进粮食及农产品贸易、强化农产品市场的信赖性、改善农业企业环境、改善食品安全措施等。针对在农业投资方面可能出现的利益优先等乱开发现象，《新潟宣言》特别提出要进行负责任的农业投资。《新潟宣言》还表示将继续为消除饥饿和贫困而努力。

（四）国内农业发展已具备利用境外资源的实力

就相关数据统计，我国对外投资一直呈现较大的增长趋势，除了 2009 年受经济危机影响外，从 2003 年以来的统计数据可以看出，我国境外总投资（非金融类）总额环比增长率达 90%左右，如图 3-1 所示。2003—2009 年年均增长率达 163.07%，投资额从 2003 年的 28.55 亿美元，增加到 565.29 亿美元。农业投资的环比增长率保持在 1%左右，2003—2009 年年均增长率达 121.48%，投资额从 8 136 万美元增加到 34 279 万美元，增幅小于投资总额增幅。由此可见，在我国境外投资总额保持较大增长的同时，我国境外农业投资增长率低于境外总投资的增长率。这说明，在境外投资已经倍增的情况下，我国已经具备境外农业的投资实力。

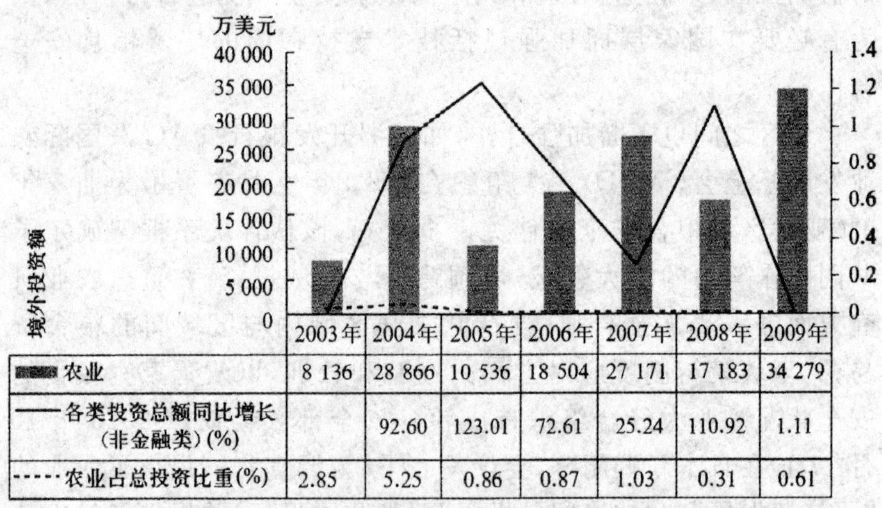

	2003年	2004年	2005年	2006年	2007年	2008年	2009年
农业	8 136	28 866	10 536	18 504	27 171	17 183	34 279
各类投资总额同比增长（非金融类）(%)		92.60	123.01	72.61	25.24	110.92	1.11
农业占总投资比重(%)	2.85	5.25	0.86	0.87	1.03	0.31	0.61

图 3-1　2003—2009 年我国境外总投资和农业投资情况

（五）农业"走出去"的现状

20 世纪 80 年代以来，中国农业"走出去"取得了不凡的业绩，农业的国际合作从最初的粮食进出口，发展到后来的农业技术、专利等的对外交流。农业合作还辐射了农、林、牧、渔各行业，农业的合作内容日趋丰富多样。

目前，中国已经在俄罗斯、东南亚、中亚和拉美等地区合作建立了水稻、大豆等的生产基地，同时还开发了橡胶、油棕、剑麻等稀缺资源的种植基地；又在菲律宾、柬埔寨等国建立了农业技术示范中心；与世界上的主要农业大国建立了农业科技交流与农业经济合作。据统计，目前中国在西非、印度尼西亚、缅甸、斯里兰卡、斐济和阿根廷等30多个国家的专属经济区，以及太平洋、大西洋、印度洋的公海陆续开发海洋渔业资源。到2016年底，中国的海外远洋渔业企业达到110多家，渔业从业人员更是达到7万多人，渔业产值连年上涨，可达120亿元，合法的远洋渔船达到1 500多艘，这个数量还在上升，中国已经跻身于世界主要远洋渔业国家的行列。

在农业"走出去"的过程中，中国农垦企业受政府政策引导，在海内外投资并取得了丰硕的成果。中国农垦集团成立于1980年，经过30多年的发展，农垦集团承担了3个援外项目，直接或间接参与国内外企业控股达20多家，公司主要分布于北京、上海、大连等大中型城市，境外项目主要在非洲、欧洲以及东欧，公司一切从实际出发，逐步发展成为一家集海内外农业资源开发、农产品生产及加工、农业综合服务为一体的大型农业企业。

中国农垦集团致力于非洲的农业发展，是我国农业"走出去"的典型代表。公司先后在非洲投资兴建7个独资、合资和农业控股项目，公司在非洲地区拥有农业土地1.42万公顷，总投资为2.9亿元人民币。到目前为止，中国农垦集团为当地居民提供了大量粮食、肉蛋等农业产品，是中国驻非洲最大且效益最好的农场。

从总体规模上来看，中国农业"走出去"还处于初级阶段。我国农业的产业层次还不高，与世界同行的竞争力较弱，成功的开发经验并不多，农业"走出去"还面临着诸多因素的制约。

商务部、国家统计局、国家外汇管理局联合发布《2010年中国对外直接投资统计公报》显示，2010年中国对外农林牧渔业直接投资流量为5.339 8亿美元，占当年中国各业对外直接投资流量(688.1亿美元)的0.78%；截至2010年末，中国农林牧渔业对外直接投资存量为26.120 8亿美元，占当年中国各业对外直接投资存量总额(3 172.1 亿美元)的 0.82%;2010 年,在 1.6 万多家境外企业中,农林牧渔业企业占 4.8%,在 1.3 万家境内投资者中占 3.6%。中国农业对外直接投资以及年末对外直接投资存量在中国对外投资和中国年末对外直接投资存量中所占比重很小,大约为 1%。目前,中国农业对外直接投资的主体是大型农业企业,中小农业企业数量较少,农业企业单项对外直接投资规模平均只有几十万美元,与发达国家约 600 万美元的平均规模相距甚远。

(六)农业“走出去”的主要制约因素

1. 农业企业规模小

企业经营规模是一个企业综合实力的体现,代表了企业抵抗各种风险的能力。就当前中国农业企业的发展状况来看,中国的企业规模普遍偏小,这样的企业很难走出国门。

规模小也会制约企业研发的投入,从而使得企业不具有行业竞争力。从种子行业来看,中国本土的种子企业所占的国内市场份额远比不上海外企业,这与中国企业研发投入不足有密切的关系。通常,跨国公司将其销售额的 8%～10%作为研发经费,因此跨国企业在育种选种方面有着压倒性的优势。调查表明,99%的中国企业在研发方面投入比例较低。

2. 融资难度大

农业企业在海外投资都面临着投资难度大的问题,除此之外,农业企业对外投资前期投入的诸如研发、市场分析及调研等的成本非常高,因而部分“走出去”的企业往往会陷入困境。如农作物种子的研发往往需要几年甚至数十年的试种,如果没有国家雄厚资本的持续支撑,企业是难以扩展农业市场的。

3. 国外投资环境多变

东道主国家国内的政治形势是影响我国对外农业投资的首

要因素之一，我国非常重视和世界各国的经济往来，但是一些国家政局不够稳定，政策难以长久执行，很多国家在选定新一届国家领导之后开始否定前任领导签订的协议，导致企业前期投入化为泡影，损失极大。此外，由于不同程度的粮食危机，一些国家不愿意将本国生产的、制造生物燃料的农作物出口到国外，这使我国农业企业的经营业绩受到了严重的影响。还有一些国家政策多变且手续繁杂，如俄罗斯的税收政策规定，大型农业机械过境除了缴纳 15%的关税还要缴纳 18%的增值税，中国基地生产的产品返销国内还必须缴纳 20%的关税，这些规定让我国的企业在俄罗斯简直难以存活。

4.缺乏跨国经营人才

要想真正地进入国外市场，就需要全面了解国外投资市场、风俗人情、产业政策以及精于企业管理的懂外语的综合性跨国经营人才，而这部分人才在国内极其缺乏，从而导致了跨国企业的营销方案设计、营销策略、广告的创意与投放、后期经营等一体化全程服务技术、水平和理念的严重不足。人才的不足着实阻碍了我国对外经济活动的开展。

5.海外投资经营经验不足

总的来说，海外投资经验不足是制约中国农业“走出去”的主要内因之一。目前，中国很多企业有足够的实力走出国门去海外投资，但是严重缺乏海外操作的经验，“走出去”难以快速展开。

二、中国农业“引进来”战略

因地理位置和生产要素禀赋不一致，加之各国各地历史发展进程和农业现代化进程的不同，中国与战略沿线国家和地区之间在农业合作方面还存在着巨大的互补空间。因此，中国也极有必要开展农业“引进来”工作。

1.产品和品种

我国的出口优势产品集中在以蔬菜、水果、畜产品、水产品等为代表的劳动密集型产品。我国农业还存在品种不全、种业不强、品质不高等缺陷。借助"一带一路"倡议的农业国际合作,我国可以从其他国家和地区引入或改良引入适合我国自然条件和生产技术的优良品种和优质产品。

我国在引入境外优良品种方面取得了极大的成功,以内蒙古为例,蒙古族对马有着特殊感情。近年来,内蒙古地区多次举办国际竞技赛马比赛。如何引进、服务赛事竞技马匹,并扶持马产业落地发展,考验着内蒙古检验检疫人履职尽责、服务发展的能力和水平。

内蒙古检验检疫局在全国检验检疫一体化框架下,提效率、抓管理、严管控,不放松口岸验放、长途押运、隔离监管、样品抽取、实验室检测和合格放行每个步骤。同时,深入研究分析,总结管理经验,将隔离任务标准化、流程化、合理化,利用企业资源优势,指导农牧民改进养殖技术,降低饲喂种马成本,增强其参与马产业的信心和能力。

通过宣传引导,内蒙古检验检疫局着力扩大进境马匹产业影响力,帮助农牧民脱贫致富。开展现场教学,指导农牧民提高技术,并提出改良意见,繁育适合不同赛事的混血马、半血马,极大地推动了当地马匹饲养热潮。伴随着各类、各级别赛事的成功举办,内蒙古检验检疫局推动饲养繁育、旅游参观、赛事转播融合发展,形成了新型马产业文化。以内蒙古兴安盟莱德马业公司为例,其所在地科尔沁右翼中旗原有超过50%的低保户,莱德马业进驻后,依靠马产业发展,实现了当地居民的收入翻番。

据统计,近3年内蒙古地区进口各类竞技马1 063匹、蒙古赛马1 212匹、屠宰马13 642匹,马匹进口贸易批次和数量均居全国首位。

在农产品引入方面,非洲有着天然的优势,引进和利用非洲地区的优异资源，可以丰富中国农作物种质资源库，提高中国的作物育种水平。

2.技术和设备

我国可以从丝路经济带其他国家和地区引入更先进的农业生产和加工技术以及农机装备，比如斯里兰卡的橡胶加工技术、越南的咖啡和胡椒技术等。我国更要从经济发达的西欧地区引入更多的农业现代化生产加工技术和设备，提升我国农业现代化水平。

3.资本

借助“一带一路”倡议，我国农业可以在更大更广的范围内吸引国际资本，尤其是来自西欧的资本，增强我国农业发展的资本实力，进而提升我国农业的国际合作力和竞争力。

4.中国农业“引进来”的主要问题及对策

发展“引进来”战略，我们将吸收更多的国外资金、技术和管理经验进入我国农业领域，促进我国农业快速发展。但同时我们也面临着十分严峻的挑战，那就是优势国家和国外企业可能利用技术垄断和优势控制某些农业领域，比如种子；大量外国质高价优的农产品流入国内市场，将会对我国的农产品造成不小的冲击。我们需要正确对待相应的挑战，这也将倒逼我国农业尽快进行转型升级，提高我国农产品的竞争力。

第四节　境外农业资源利用存在的风险及其防范

一、利用境外农业资源保障国内粮食安全的风险

所谓风险通常是指在当事者主观上不能控制的一些因素，由

此而导致实际结果与当事者的事先估计有较大的背离而带来的经济损失。这些背离产生的原因，可能是当事者对有关因素和未来情况缺乏足够情报而无法做出精确估计，也可能是由于考虑的因素不够全面而造成预期效果与实际效果之间的差异。进行风险分析，有助于确定有关因素的变化对决策的影响程度，有助于确定投资方案或生产经营方案对某一特定因素变动的敏感性。

农业生产对自然气候有极强的依赖性，对市场和社会环境也具有很强的依赖性，一旦外部环境发生了不利的变化，将给农业生产带来高度不确定性和不可控制性。在利用境外资源保障国家粮食安全的过程中，将不可避免地承受东道国的国家风险，气候变化带来的自然灾害风险，并且在参与全球粮食市场的竞争中，还将受到国际市场变动带来的风险。

（一）东道国的国家风险

在越来越多的中国农业企业走出国门寻找海外投资机会的同时，企业家也面临着前所未有的投资风险，实际上这种风险主要来自东道国的国家风险。中国已经成为经济总量世界第二的大国，对年轻的中国来说遭遇风险的可能性更大。因为有些国家，诸如日本正在试图宣扬所谓的“中国威胁论”，日本的做法是可耻的、丑恶的，但是其他国家也会受此影响，因为中国是一个正在崛起的发展中大国，中国的崛起将改变世界经济和政治格局，因此，中国农业在“走出去”的过程中必然面临许多的风险，我们要正视风险的存在，做好应对措施。

国家风险涉及一个国家的政治、经济、社会、法律、宗教、金融、外债等多个层面，涉及的范围相当广，可归纳为以下五大类：

一是政治政策类风险。如本国或外国发生政权更迭、政局动荡不安、爆发战争或发生国家（地区）间政治冲突等。例如，利比亚自 2011 年的政局动荡对中资企业造成了相当大的影响。

二是经济政策类风险。如税收政策的变动、外汇政策的变动，对外商投资企业中股权政策的变动、国际贸易政策的差异、不同的法律、不同的习惯、歧视性的贸易政策等。

三是国家法律风险。如东道国法制建设滞后，无法可依或有法不依甚至执法不严等给外来投资者造成的损失。

四是国际债务危机风险。由于债务国所借外债到期而无力偿还，由此引发一系列经济指标恶化，该国陷入债务危机，这种倒账行为会使拥有贷款债权的国际投资主体蒙受经济损失。

五是非传统风险。如国际国内恐怖主义、宗教与资源冲突、动植物病疫、民族冲突、自然灾害、生物侵害、生化病毒与武器（炭疽病、核武器、核事故等）、人类公害、生产安全、突发事件等。

（二）自然气候变化风险

气候变化已经被广泛认为是一个真实的、紧迫的全球性问题。近年来，极端天气频繁出现，自然灾害已成为我国粮食安全最大的风险隐患。在中国农业"走出去"利用境外资源保障粮食安全时必须充分考虑自然气候变化带来的风险隐患。

气候变化对水资源的影响非常明显，而水在区域及全球粮食生产中发挥着关键作用。一方面，全球80％以上的农业用地为雨养型，在这些地区，作物的生产力完全取决于当地降水量的多少。另一方面，全球粮食生产不仅取决于降水形式的水，而且也取决于现有的用于灌溉的水资源。实际上，水浇地只占全球农业用地的18％，但每年却生产10亿吨粮食，大约相当于全世界粮食总供应量的一半，这是因为灌溉作物产量是雨养作物产量的2～3倍以上。

FAO发布的《气候变化、水和粮食安全》报告指出，气候变化会减少地中海地区及美洲、澳大利亚和非洲南部的半干旱地区的河川径流量和蓄水层补给；在亚洲地区，大面积依赖积雪融水和高山冰雪融水的灌溉土地也会受到影响，而人口稠密的河流三角洲地区则同时面临水流量减少、盐分增加以及海平面升高的风险。气候变化还将使世界水循环速度加快，高纬度和热带地区的降雨增加，而中纬度半干旱地区和内陆地区的降雨减少，洪灾和旱灾的频率会更高。在世界大部分地区，气温升高会缩短农作物的种植周期，引起植物蒸腾作用增加，导致农作物产量和水分生产率下降。

在21世纪，预估的温度和降水状况发生的平均变化，以及预估的诸如干旱和洪水等极端事件频率的增加，将影响粮食供应的稳定性以及对关键粮食供应的获取，危及粮食安全。受极端天气因素影响，2010年世界主要粮食产区减产，俄罗斯粮食产量下降超过30%，德国小麦减产20%左右，加拿大小麦减产17%左右。此外，乌克兰、哈萨克斯坦和澳大利亚等世界主要产粮区也因异常天气而出现减产。

（三）国际粮食市场变化风险

国际粮价处于大幅波动之中，而波动背后既有自然因素更有国际粮食市场带来的风险，中国农业“走出去”时需高度重视该类风险。

FAO发布的价格指数显示，全球粮食价格在2006年上涨12%，2007年上涨24%，2008年前8个月涨幅超过50%。一些主要粮食品种价格更是涨幅惊人，2007年小麦上涨了112%、玉米上涨了47%、大豆上涨了75%，而从2008年1月到4月中旬，大米价格就飙升了141%。粮食危机因为这次“食品通胀”而引起了全球关注，世界谷物储备也降到最低点，一个高粮价时代正在到来。然而，2008年8月后，形势急转直下。全球主要粮食价格在连续猛涨后大幅下挫。2009年1—11月，国际粮食市场价格与2008年同期相比低29%，粮食均价与2008年4月粮价最高时期相比下降了近40%，2010年1—5月全球粮价继续下滑，之后伴随6月开始的俄罗斯干旱、大火和粮食出口禁令，以及哈萨克斯坦、乌克兰预计产量下降等因素，小麦价格自6月起又大幅上扬，6—8月上涨幅度超过了50%。图3-2显示了1990—2011年以来的粮食价格指数波动。

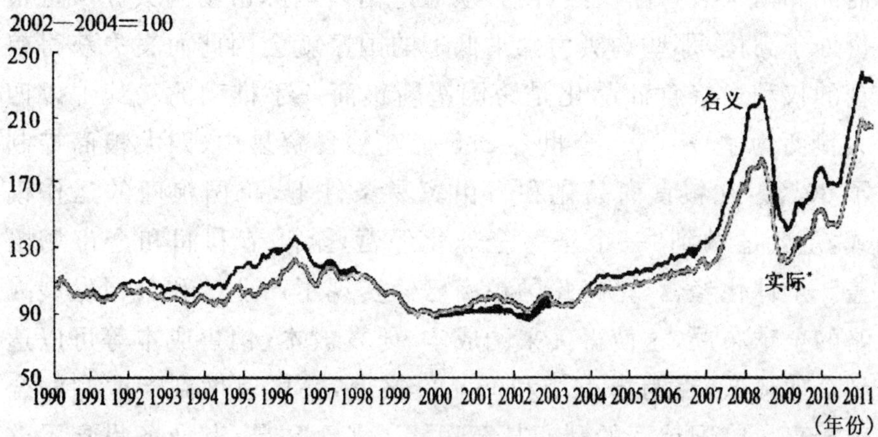

图 3-2　粮食组织食品价格指数

从图 3-3 则可以更清晰地看出，世界粮食价格现仍处于高位运行。粮食价格波动的背后存在两股主导性力量，即“粮食商品化”和“粮食政治化”。

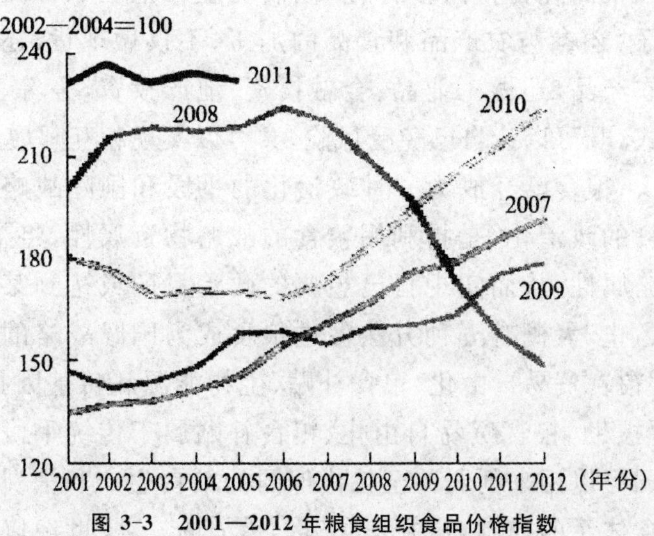

图 3-3　2001—2012 年粮食组织食品价格指数

首先，粮食商品化和跨国粮商的资本扩张越来越明显。所谓粮食商品化，是将粮食的多重属性简化为一种属性——商品，这使得粮食的作用发生了翻天覆地的变化，此时粮食不再是生活必需品和国家公共品供给，而必须通过国内国际市场购买。一旦粮价处于高位，那些购买力水平低下的国家就会因此而丧失获得粮食的权利。粮食商品化是跨国垄断粮商一手推动的。其中以四大粮商为主要代表，全世界 2.5 亿吨粮食贸易中，四大粮商控制了 80%。在粮食商品化和自由贸易条件下，跨国粮商的运作模式，主要是做到“三个全”：全球化经营、全环节利润和全市场覆盖。全球化经营，是指跨国粮商已经实现了产业链和公司发展战略的全球布局，这使得其采购成本、研发成本、销售成本等可以达到全球最低，在销售市场和产品价格上，又可以做到产业利润全球最高。跨国粮商的利润甚至囊括了各个环节，其业务贯穿了整个粮食产业链，具体做法是通过参股、控股、联盟、上下游整合等诸多方式，控制从研发、投资、生产，到下游所有的加工、销售等各个环节。只要控制了整个产业链，跨国粮商就可以轻而易举地推行他们的战略，实现对产业链上任何环节的打压。全市场覆盖指的是跨国粮商经营模式多样化，他们的经营范围非常庞大，不仅研发种子，还参与农产品和食品的加工；不仅做现货，还做期货；不仅做农产品，还做工业品、金融投资、地产投资，等等。这样的经营模式，既可以让自己免受风险，又可以实现相互呼应。

其次，粮食已经成为一种政治化的手段和国际战略的方式。所谓粮食的政治化，是指利用粮食的战略物资属性，将粮食作为一种战略属性，从而实现自己想要的政治目的或达到某种控制。到目前为止，大概有五种方法促进粮食成为国际战略的手段：粮食援助、粮食贸易自由化、粮食补贴、生物能源和转基因技术。其中，粮食援助、粮食贸易自由化、粮食补贴属于传统手段，粮食战略实施国可以用来削弱甚至替代他国的粮食生产和消费体系，加强其粮食体系的控制力，并消化其过剩产能。21 世纪以来，有些国家将生物能源作为控制粮价的遥控器，如果想要粮食价格下跌，就宣布暂缓执行生物能源的计划；若想让粮价快速上涨，就简单地宣布要加快实行生物能源计划，从而游刃有余地控制粮价。转基因技术在近些年发展势头越来越猛，逐渐成为第五种战略手段，使得以美国为首的极少数国家实施进攻型粮食战略，并依次作为一种新型的致命技术，堪称生物武器。通过技术垄断和捆绑销售，不仅实现了巨额的经济利益，而且掌握了游戏规则的制定权。这是转基因技术的后发国家无法具备的。总体来说，拥有完全的粮食自给能力的国家并不多。美国玉米产量占世界总产量的 40%，出口量占 65%，均居第一位；小麦产量占 11%，居第三位，但出口量占 33%，居第一位；水稻产量占 2%，居第十位，但出口量占 16%，居第三位；大豆产量占 35%，出口量占 67%，均居第一位。跨国粮商配合美国国家战略实施是有以上前提的。

二、利用境外农业资源的风险防范

（一）粤桂滇农垦企业的风险防范措施

1. 做好做实前期工作，规避投资风险

凡事预则立，不预则废。对外合作是一项复杂的系统工程，需要认真谋划，详细调研，科学论证，周密安排。广东农垦重视做好项目前期调研与论证工作，每个投资项目都组织多个专家小组进行考察论证，多层面、多角度对拟投资项目进行研究、分析、评估，多方求证、科学立项。同时，其还注重听取驻外使馆经商处的意见，及时了解项目所在国投资环境、资源状况、市场前景及拟合作伙伴资信状况等情况。可以说，不同的对外合作项目具有不同的特点，只有选对项目、选好伙伴、选合理地点、选合适模式，才能最大限度地规避投资风险。

2. 明确发展思路和规划，规避发展风险

广东农垦早在 2004 年就着手制定了海外橡胶发展规划，并根据国内橡胶需求和国际橡胶资源开发情况，确立了“以周边国家”为重点、“合作共赢、资源共享”的发展原则，制定了一系列低

调、务实的发展策略，重点在泰国、马来西亚、印度尼西亚、柬埔寨、越南等世界天然橡胶主要生产国发展天然橡胶产业。广西农垦抢抓中国—东盟自由贸易区建设机遇，按照“立足东盟、走向世界、投资贸易并举、积极稳妥”的发展思路，依托自身产业和技术资源比较优势，科学论证，制定了一套适合自身发展的海外板块总体规划。

3. 坚持互利共赢，规避政治风险

广垦橡胶将项目建设纳入当地发展规划，利用企业在天然橡胶种植、加工、科研、人才等方面的优势，带动和提升当地橡胶产业发展水平，促进当地农民就业增收。云南农垦多年来为老挝、缅甸农户免费提供大量的优质橡胶苗，为累计 4.37 万多人次提供种植、胶园抚管、病虫害防治、割胶等方面的专业技术培训，大幅度提高了老挝、缅甸农户的橡胶生产管理水平。广西农垦在中国—印度尼西亚自贸区已建成投产的 14 家企业共为当地提供多个就业岗位；广西剑麻集团在缅甸东北部掸邦省合作开展的剑麻替代种植项目，安置周边农村约 600 人就业，修缮了项目区周边道路，改善了当地居民的出行条件。通过共同发展，加深了国与国之间的友谊，为深化合作奠定了良好基础。

4. 加强沟通和履行责任，规避社会风险

农垦企业在海外项目实施中，非常注重加强与项目所在国政府部门的沟通与合作。如广东农垦与马来西亚砂捞越州政府、广西农垦与越南平定省归仁市政府、云南农垦与缅甸北部政府均建立了良好的沟通协作机制，遵守当地的法律法规、风俗习惯和环保要求。同时，企业还主动承担社会责任，在融入当地社会、参与地方公益事业、资助弱势群体等方面做出表率。如广垦橡胶每个海外分公司都设立了公益基金和教育基金，积极赞助当地社会文化活动，资助当地居民子女上学，安排职工到附近学校讲授汉语；为使企业员工有更多的荣誉感和归宿感，每年还组织海外企业优秀外籍员工到国内集中培训。云南农垦局在老挝、缅甸替代种植项目实施区先后投资上千万元，加强了当地的交通道路、桥梁、学校、卫生室等基础设施建设，大力度改善了当地村寨之间的生活、生产及物质运输条件，极大地方便了当地村民出行。这些工作赢得了当地人民的好感和尊重。在越南反华游行中，越南归仁市政府主动派出 80 名警力保护广西农垦归仁项目，当地民众也非常支持项目运行，没有发生一起打砸事件。

5. 强化企业制度建设，防控内部风险

为适应国际化经营需要，各企业逐步建立起一整套海外企业管理制度，以此规范集团和海外企业运作。如广东农垦集团建立了“七项制度”，强化境外企业运行管理。

一是采购制度。通过广垦新加坡公司，集中采购境外企业所需的各种生产资料、辅助原料，获取议价优势，控制采购物资质量。

二是销售制度。海外各分公司只负责天然橡胶的生产，产品统一由集团负责销售。

三是成本控制制度。海外企业生产经营成本细化到天，每天反馈成本数据，由集团总部统一掌握。

四是资金调配制度。充分利用国内银行政策性贷款、海外银行的内保外贷和外保外贷、开展贸易性融资等途径，化解企业资金压力。

五是汇率研判与调度制度。成立了专门的汇率分析小组对各国汇率变化进行研究，每星期开一次调度会，确定是否要锁汇。

六是人才培养制度。注重人才的储备和选派，从 2006 年开始，垦区每年招进 800～1 000 人，从中选派优秀人才到海外企业挂职锻炼、上岗。重视实施人才“本土化”战略，目前海外公司中层 90%以上为当地人。

七是审计制度。集团成立了资产管理部门，每半年对海外企业审计一次，加强财务的监管。广东农垦通过集团公司控制境外公司内部风险决策的权限。一方面对境外投资决策行为严格把关,避免境外公司权限过大,投资失控;另一方面对低于10万元的投资或支出规定不必报请公司总部审批,简化境外企业手续。

(二)黑皖农垦企业的风险防范措施

1.充分做好前期调研工作,对目标国相关政策做到心中有数

企业对外合作离不开对国外经济情况、产业政策、法律法规的了解。安徽农垦非常注重文化差异和本土化策略、法律、安全风险控制。在项目实施前,深入调研,做好论证、规划,控制风险的首要环节,并将风险控制贯穿于整个项目实施过程中,积极参加相关部门举办的对外合作培训班,认真学习国家和省对外合作相关政策文件,将津巴布韦相关法律文件翻译汇编,加强对目标投资国政策和法律的研究,对目标国相关政策做到心中有数。黑龙江新友谊农场在对俄罗斯投资中也是通过先和华信集团合作,了解俄罗斯的法律法规,然后才开始自主承包土地经营农场。

2.科学制定发展规划,规避投资风险

安徽农垦集团公司在皖津政府签署的《津巴布韦共和国国防部与中华人民共和国安徽省商务厅经贸合作谅解备忘录》的基础上,与津巴布韦国防部签署了《农业合作意向书》和《合资经营合同》,成立了皖津农业发展有限公司。安徽农垦根据项目,制定了切实可行的2010—2017年发展战略和发展规划,在规划中明确了未来的发展思路、发展重点、存在风险和发展步骤,切实做好顶层设计。黑龙江充分发挥现代大农业优势,以俄罗斯为主要投资区域,投资种植业,充分发挥总局的指导作用,组织力量制定境外农业开发总体规划,理顺完善总局、管理局、农场、龙头企业工作责任,定期分析对外合作企业的发展态势和影响因素。

3.选择适宜的进入模式,规避政治风险,降低融资成本

农业对外合作的模式直接关系到海外项目后续的操作难易

程度。九三粮油工业集团为了避免信息不对称导致的投资决策失误,采取了先成立海外机构,后开展投资活动的模式。通过设立海外子公司的方式了解当地环境,收集行业信息,积累经营经验和储备人才,为投资活动做准备。另外,很多企业都选择在中国香港成立境外机构,便于进行国家化业务。北大荒种业集团通过合资合作的模式进入菲律宾,与国际水稻所和菲律宾国家水稻所运用技术合作、技术示范、技术推广的手段全面实施农业产业化发展模式,实现了种子—稻谷—大米全程参与和控制,为农业对外合作持续发展奠定了基础。另外,很多企业还通过境外机构开展融资活动,有效地降低了企业的融资成本。

4. 严格选择合作伙伴,降低进入后的运行成本

良好的合作伙伴不仅能够降低海外项目运行风险,还能在和这些企业的合作中学到先进的技术和管理经验。安徽农垦在津巴布韦开展项目,选择津巴布韦的国防部作为合作对象。尽管津巴布韦也有农业部,但其农业部职能和权限有限,无法避免项目启动后的各种风险。北大荒马铃薯集团在泰国投资,选择的泉兴和联兴公司都是泰国木薯行业内的领军企业;北大荒商贸集团和九三粮油工业集团在对外投资活动中,也都优先选择与业内具有实力和经验的跨国企业开展合作,在合作中学习经验,分散风险。

5. 建立内部风险防范机制,防止企业内部风险

良好的管理和风险控制可以保证企业合规经营、财务会计信息的真实可靠和企业经营效率的提高。安徽农垦从一开始就将境外企业资产作为对外投资管控的首要目标,先后制定了对津投资项目财务资产管理办法、信息沟通管理办法、外派人员管理办法、经营者经营业绩考核暂行办法、物资采购操作细则等制度文件并严格实施。管理制度的建立,使项目运营更加规范化,各项工作的推进更加有条不紊。

6. 坚持本土化策略,规避社会风险

九三粮油工业集团在南美对外合作过程中,首先成立合资企业保持合资企业品牌的本地化,充分发挥当地合作伙伴的作用,强化对合作企业生产、经营、运输、分销等领域的辐射和渗透,对经营活动进行整合,提升在其他领域的影响力和控制力。安徽农垦在津投资活动中,在雇工方面,坚持本土化的员工战略,为当地就业及经济社会发展做出贡献;同时,尊重津方的风俗习惯,注重文化融合,扩大就业和项目的示范作用,通过援助小学、承办中国政府援外医疗活动等积极履行企业社会责任,获得当地政府、社区和民众的认可和支持。黑龙江新友谊农场在农业对外合作中不仅非常注重雇用当地员工,化肥、农药等农用物资多从当地采购,而且生产出来的粮食优先满足当地需求,充分考虑当地居民的风俗文化,并积极参加当地的公益事业,营造和谐共赢的生产生活氛围。通过本土文化策略,积极融入当地社会,规避各种社会风险。

(三)上海农垦企业的风险防范措施

在风险防控方面,光明食品集团制定了较为全面的制度安排。

1. 严格选择投资领域、集中投资机制

光明食品集团在对外合作过程中,严格选择投资区域、投资行业、投资企业。从投资区域看,光明食品集团重点在政治环境稳定、商业配套完善、法律基础健全、资源优势显著、文化氛围开放的地区选择投资机会,有效地控制投资风险。从投资行业看,光明集团主要选择食品行业,不熟悉的领域绝不进入,力求对外合作的业务和国内的业务能够产生协同效应。从投资企业看,要求被并购企业在所在国本行业中排名前三。

2. 严格评估项目风险机制

光明食品集团聘请国际知名评估机构、当地评估机构对重点投资区域的商业环境、产业基础、行业特点、竞争格局等进行全面了解，并对被并购企业进行严格评估，正确评价被并购企业的并购价格，要求项目估值能在一个理性的区间范围之内，以获得合理的投资回报。同时，光明食品集团要求评估机构充分揭示并购可能存在的风险，并事先制定出合适的解决风险的方法。

3. 规范运营机制

从并购后光明食品集团的运营看，均按照既定的操作模式运营。在业务往来方面，充分利用双方的营销网络，分别销售对方的产品，扩大企业经营利润；在管理团队方面，一般保留原有的经营团队，集团只派驻 1～2 名员工负责联络协调总部与分公司的事务；在激励方面，一般要求被并购企业经营者团队股份 5 年内不能减持；在融资方面，一般将并购企业运作上市，从市场上融资，减轻压力。

4. 建立良好的多方沟通机制

在境外投资时，风险更大，很多环节都可能出现问题，进而导致项目失败，如当地政府、行业协会、工会、环保组织、民众舆论、媒体报道、管理团队等。光明食品企业在对外合作过程中，利用多种渠道（驻中国使馆、领馆、办事处、协会、中国驻当地使领馆、中介公司等）与相关各方保持良好沟通，在沟通中兼顾各方利益，重视对方关键诉求。

第四章　国际农业政策的经验与启示

纵观世界各国农业政策的演变，可以看出，各国政府基本上是依照充分利用本国农业比较优势，适应国际社会经济环境变化，为本国农业持续发展提供支撑的原则制定农业政策的。

第一节　国际农业科研体系的成功经验及其借鉴

农业科学研究是促进农业科技进步，发展农业生产力，保障食物安全，增加农民收入，消除农村贫困，改善农业资源与环境的重要科学活动。完善的农业科研体制，有利于科研的创新与效率的提高，多出成果，对推进农业现代化发展具有重要意义。

一、当前世界农业科研体制的类型

（一）集中统一管理型，如法国、荷兰等

法国的国家农业研究院是政府设置的机构，以此为主体，形成全国完整的农业科研体系。它隶属于农林部和研究技术部。其他部门、农业大专院校、有关公司、企业、农业合作组织、行业协会都有自己的科研机构。法国农业研究院设院管理委员会、院科学委员会和科学领导办公室等决策部门；研究机构设研究部、研究中心和专业委员会。研究部是组织领导科研活动的实体。按学科设置，包括生物气候学、土壤科学、农学、生物统计学、信息学；植物遗传与改良、植物生理学与生物化学、植物病理学与杂草

学、动物学、林业、植物药理学与生态毒理学、品种、种子研究与检验；动物遗传学、动物营养学、动物生理学、草食动物饲养与营养学、单胃动物饲养、动物病理学、水生生物学、野生动物、狩猎；糖类与蛋白质工艺学；果蔬与衍生物生物技术、肉类工艺学、奶类工艺学与食品企业工程、消费科学；乡村经济与社会学、土地利用体系与开发等 26 个领域。该研究院的经费属政府预算，包括人员工资、研究管理费和储备金(学术活动和培训费)、科研项目支持费和计划内业务费。经费支出中，工资占 80%，业务费占 17%，基建费占 3%。研究经费除来自国家财政外还有申请欧盟项目、企业资助。

法国政府有鼓励科技人员创新流动的政策。如给离职到企业的科研人员更多的优惠条件，将其工资从原单位基础工资的 130%提高到 150%；对拥有专利的科研人员允许自己开办公司，对民营企业实行各种优惠政策，如 5 年内予以免税；成立创新投资的公共基金，支持和保护私营创办的中小企业，凡属科研人员电工程师和教师，用各自的发明专利等均可享受相当于其单位从企业收取特许费或专利费和扣除所有直接费用后税前收益的 25%。

荷兰的农业科研教育和推广服务是农业的三大支柱，他们与农民密切合作，相互联系，互相依赖，被称为农业知识系统。农业科研提供科学信息和新的知识/教育提高农民素质，使农民理解使用信息和知识，变为现实的生产力。农业知识系统有效地促进了荷兰农业的发展。

荷兰设有国家农业研究委员会，协调全国的农业研究工作，由农渔部领导。农业研究委员会既是行政管理机构，也是执行机构，主要职责是促进全国的农业研究，提供研究资金和大型公共设施，也负责评审注册登记管理农业研究成果。还下设一些专业咨询委员会，在研究与生产部门之间起桥梁作用。

(二)分层次型，如美国、日本等

美国农业科学研究体系由联邦农业部研究局领导的科研机

构、州立大学农学院领导的科研机构和私人企业领导的科研机构三个层次组成。

全国分四个地区中心：西部地区中心（在加利福尼亚州，分管12个州），南部地区中心（在路易斯安那州，分管13个州），中北部地区中心（在伊利诺斯州，分管13个州），东北部地区中心（在马里兰州，分管12个州及华盛顿特区），下设156个不同生态区的试验站、实验室和基地；全美共有56所州立大学农学院与所在州合作建立推广中心，与每个县建立推广站；私人企业如大的种子公司、农机公司、农业化学公司等都设有研究中心、实验室或试验站，主要从事技术开发、新产品试制方面的研究。美国农业部所属农业科研体系的工作人员达8 000人，其中有博士学位的科学家1 950人，主要承担国家级的重大项目，即属全局性、长期性、难度较大的课题，涉及作物、畜牧家禽、资源环境、人类营养等。联邦和州级政府科研机构分工比较明确，有交错合作，但不重复，人员精干，素质较高，经费投入较多。各州立大学和农业试验站，研究各自区域内的农业生产中的技术问题。私人企业尤其是大型企业，如孟山都生命科学公司等均有庞大的科研机构、优越的工作条件、先进设备和较多科研经费，吸引了大批优秀人才。主要从事研究能获得经济效益的农业科研项目，如作物种子、新农药、新农机具等。美国的农研人员大多数采用聘任制，课题主持人拿到研究项目后，找人去做，主持人有选人的权利，科研人员也有选择课题的权利。用人机制很灵活，能调动课题主持人和研究人员的积极性和创造性。

日本由农林水产技术会议统一管理与指导农业科研工作，包括制定科研基本规划，负责农业科研开发、政策、事务的协调管理，以及指导国立农研机构的科研工作开展等。对地方和其他农业科研单位给予资助，并对农业行政与科研机构之间进行联络和协调。农林水产技术会议设有事务局处理日常事务。农业科研综合体设在筑波。

（三）多系统管理型，如意大利、英国、印度、菲律宾、巴西、澳大利亚等

意大利农业科研机构分五部分，有国家研究委员会农业委员会、农林部、教育部所属大学、外交部及各类公私企业的研究机构。高等院校的科研部门是意大利基础研究的主要基地。1989年起组成了科研大学部。国家研究委员会和科研大学部等研究机构负责解决重大的战略性课题；农林部着重应用科学的研究；而公私企业的研究机构侧重于开发与应用。

国家种质资源研究所负责种质资源的收集、保存与研究工作，在不同地区下设4个试验站，谷物试验研究所下设4个研究中心或分所，还有7个边远试验站，从事遗传育种、生理栽培与耕作技术研究，另有蔬菜栽培研究所、水果蔬菜加工研究所、葡萄研究所与葡萄酿酒研究所。国家研究委员会、卫生部和研究开发局负责生物技术与基因工程的研究与开发。有非商业性研究机构，包括大学40个，经营生物工程的公司106个。农林院校以合同形式承担各部门及公私企业的科研协作项目取得科研经费。全国有19个大区和2个直辖省，均有地方的农业科研机构，从事本地区农业生产中的有关科研工作，经费由地方政府负担。政府通过政策与法令和项目规划、拨款等手段，加强各部门农业研究机构的协调作用。

英国在内阁办公室设有一名首席科学顾问，科技工作由政府各部门分散管理。政府各部门制定自己的科技政策，编制自己的科研规划并申请预算。农业和食品研究委员会负责计划、督促检查与协调全国的农业科研工作。政府创办的农业研究机构有50多个，其中属农业和食品研究委员会的有14个单位，有的设在大学里，偏重于应用基础研究。接受国家资助的农业研究机构有30多个。属农渔食品部的有7个单位，以应用研究为主。在确定自己的优先项目方面有高度的自主权，研究机构也有较大的自主权。还有一些化肥、农药、饲料和脱粒机等公司开展本专业的试

验研究。农业研究经费主要来自政府拨款,约占全国科技研究总拨款的5%,其中,用于畜牧研究的占45%,种植业占35.6%,园艺业占15.5%,还有国际组织的捐助及成果转让、咨询服务的收入。

印度农业研究委员会是国家级科研机构,形成了庞大的农业科研系统,体制较为完善,学科基本配套,在发展中国家中居先进地位。农业研究委员会属农业部领导,主席由部长兼任,副主席则由各邦农业部长兼任,设有一个管理委员会,包括农业部研究教育司长、知名科学家及财政部经费司和计划部农业司的官员。由农业部研究教育司长担任总干事。经费由政府提供85%,其他来自农业生产税基金、世界银行贷款、美印合作基金、国际合作与援助等。拥有6 000多名研究人员和7 000多名技术人员,还有一些大学的专家学者。

农业研究委员会领导38个中央级研究所和11个国家研究中心,从事农牧渔、农业工程、加工技术、经济、统计和自然资源的研究,其中农业研究所、兽医研究所和乳品研究所属综合性研究所,其余均为专业性研究所,有14个粮食和经济作物研究所,7个土壤和农学的,4个农业工程的,6个畜牧的,14个渔业的,按地区分别布局设置。一些研究所还在各地设立研究站。农业研究委员会组织和领导全国的协作项目,定期总结评估,以加快研究进程,提高业务水平。一些农业部门也设有60多个研究所,属地方性科研系统,着重从事当地经济作物和畜牧等方面的应用性研究。也有私人企业设立农业研究所。

菲律宾农业科研体制由5个政府部门的研究机构、28个地方大专院校与私人研究中心以及4个半官方机构组成。国家农业研究开发委员会和水产、海产开发委员会是两个农业研究的协调机构,隶属于科学技术部,是制定农业研究政策与协调科研工作的机构。水稻研究与培训中心和地方农业研究机构兼任技术推广工作。12个行政区均有农业试验站,由农业部领导。政府提供的农业科研经费占国民生产总值的0.47%。高等农业院校承担重要农业科研任务,包括一些基础理论和重大科研项目。高等农业院校科研经费则占全国农业科研经费的40%以上。

巴西全国农业科研最高权力机构为农业部管辖的巴西农牧业研究公司,执行政策和科研计划,协调全国与地方性农牧科研机构、高等农业院校、农牧企业和私营农场的科研活动。该公司重视提高农产品产量、劳动生产率、产品质量,降低生产成本,减少损失(增强抗灾能力)方面的研究。地区研究重点是腹地开发、东北部半沙地区开发和沼泽地区的治理。作物方面重点研究木薯、玉米、稻米、杂豆等产量提高问题。该公司与40多个国家保持农业科技合作关系。全公司有职工近9 000人,其中高级科研人员1 880人,辅助人员4 500人,行政管理人员2 400多人。

该公司还有12个专业研究中心(水稻、菜豆、棉花、山羊、肉角牛、奶牛、木薯与果树、玉米与高粱、橡胶与橄榄、大豆、猪与家禽、小麦与蔬菜等)和4个研究服务中心(种质资源、食品技术、土壤改良与保护、基础种子生产服务)。此外有全国农业工程中心(负责新农机具的研制与培训农机手)、4个地区性农业研究机构(稀树草原农牧业研究中心、热带半干旱地区农业研究中心、湿热地区农牧业研究中心、中南部森林地区研究中心)。有14个州级农牧业研究公司,研究解决本州农牧业发展中的具体问题,与州农业局密切配合,与大学基金会、农业合作社、私人研究机构进行合作研究,财政上由巴西农牧业研究公司资助。全国有30多所高等农业院校,25所畜牧兽医院校也都设有一些专业研究所,不少私人企业和研究机构,都偏重于应用项目或课题研究。

澳大利亚农业科研系统有两个,一个是全国科学与工业研究组织,偏重于理论研究,另一个是初级产品部和各州农业部所属所、站,偏重于实际问题的解决。科研人员中,科工组织占1/3,农业系统占2/3。参与农业科研决策的机构有3个,即科技理事会(科学院、厂商与政府人员)、初级产品部、农业理事会,由初级产品部长任主席,各州政府官员参加,决定农业研究的方针政策和任务经费等。全国用于农业科研的经费约4亿澳元,其中州级占50%,科工组织占35%,大学占10%,私人企业占5%。政府拨款占 80%,其余来自产品销售后的提成。

二、主要国家农业科研体制的主要特点与趋向

(一)有规模较大、机构健全、布局合理的农业科研网络

如美国由联邦农业研究局所属四大农研中心及 56 个农业试验站、州立大学农学院实行科研教学推广三结合,还有私人企业的科研机构,共同构成全国农业科研体系。法国农业科学研究院按学科(整个农业领域纵横内容)设置 26 个研究部,按地区设置 21 个地区研究中心;还设置有 280 个研究所或独立研究室,85 个实验场,地区与地区间实行横向联合,构成全国农业科研网络。日本则由国立与公立农业科研机构、大学、企业(民间)等几大系统组成,由日本农林水产省农林水产技术会议直接领导和协调,具有专业齐全、布局合理等特点,国立、公立农业科研机构占全部农业科研机构的 56%。

(二)政府地方私人企业的农业科研分工明确,内容各有侧重

美国农业部领导的科研机构负责全国公共研究任务的 40% 以上,各州立大学农学院侧重本地的农业科研教学和推广工作,并接受农业部的相关任务;私人农业研究机构一般承担具有应用价值的技术开发研究。英国的公共农业研究机构主要从事农业基础科学方面的研究,私人农业研究机构侧重于农业生产资料和食品工业方面的研究。日本国家农业研究机构工作面向全国,范围涉及基础研究等方面。公立农研机构面向本地区,属区域性应用研究开发性机构。民间企业农业研究的对象,是一些具有良好开发前景和市场销售的应用性开发研究项目。

(三)科研、教育与推广三结合

美国农业部设推广服务局,宏观管理与领导农业推广工作。州立大学农学院的农业推广中心领导农业示范推广。全国 3 150

个县设有县推广站，负责当地农业推广。荷兰有农业科技管理体制，协调科研推广教育工作，实行政府与地方或农民合办的协作方式（由国家、农协、私有咨询服务系统和农民合作社组织四方面力量组成），国家级研究机构设有20个联络办公室，协调科研教育与地区推广站之间的关系，收集情报和反馈推广中的问题，作为上级制定政策法规的科学依据。

（四）建立大型综合研究中心

集中人力物力，建立多学科协作的现代化实验基地，为开展综合研究，加快农业科技创新创造良好条件。如日本的筑波科学城，意大利农业研究委员会的罗马科学园区，德国布劳恩施威克—费科罗联邦农研中心，法国农业研究院，俄罗斯的新西伯利亚科学城等。日本筑波科学城建立于1968年，其中农林水产省研究机构达13个，占地421hm^2。俄罗斯的新西伯利亚科学城建立于1957年，有30个研究所、2个作物育种站。

（五）高等院校在农业科研中发挥重要作用

一些国家农业院校既搞教学也搞科研。美国有130多所农业大学，63所林学院，27所兽医学院，研究与推广新技术，将科研成果无偿提供给社会使用，近十年来，私营企业开始投资办学，采用合作研究等方式介入公立大学，以获得新产品、新技术的优先开发权，争取盈利。荷兰农业教育归农业部管辖，协助农业知识传播。印度高等农业院校也是国家农业研究体系的重要组成部分，承担大量研究课题，如食物营养、农业气象、收获和保管技术等；地方科研系统主要从事地方性课题，如经济作物、畜牧兽医等方面应用学科研究。

（六）农业科研投入

农业科研属社会公益性活动，以政府投入为主。20世纪90年代中期，据调查16个高收入国家农业科研投资占GDP的比重平均为4.23％（其中政府为2.37％，非政府为1.86％）。1993年经济合作发展组织(发达国家)22国用于农业科研的总投资(包括政府、企业、多元化)仍达到135.94亿美元,平均每个国家6.18亿美元,其私人企业农业科研投资经费在农业科研总投入中的比例已达49.6%。从美国来看,37.4%的私人企业农业科研投资集中于农化产品,30%集中于产后和食品加工,11.5%用于机械,9%用于兽医技术,11.71%用于植物育种技术。美国农业部系统科研经费由国家拨款为主,国家科学基金及其他机构也提供2.6%支持尖端技术研究,还从私人企业及销售产品、技术服务等获得0.4%的资金。印度农业科研经费90%由政府提供,约占农业总投资的0.5%,研究人员的年度科研经费平均为3 000美元。

第二节 主要发达国家农业政策及对中国的启示

一、美国农业政策及对中国的启示

(一)美国农业政策的未来走向

美国农业政策总体上由政府调控转向引入市场机制,主要由市场引导农业生产,未来,美国农业政策的发展趋势将表现在以下几个方面。

(1)更加注重完善农业保险补贴政策。

(2)农业政策逐渐由"黄箱"向"绿箱"政策转变[①]。

(3)更加注重资源和环境的保护。

(二)美国农业政策对中国的启示

1.从法治高度完善中国农业政策支持体系

美国农业政策的演变一向以法律为依托,将各项农业政策制

---

① 冯继康.美国农业补贴政策:历史演变与发展趋势[J].中国农村经济,2007(3):80.

定成法律,为农业政策的实施提供法律保障。美国立法过程对公民公开,公民可以了解到制定法案过程的全部情况,且每部法案都明确制定了对农业补贴支持的详细措施规定,使得农业支持政策具有较高的透明度。美国政府通过立法不断对农业政策做出调整,在某些法律出台后还会继续颁布相关的调整法或者修正案,以不断适应新的经济形势和保障农民利益。除此之外,美国还制定了严格的监管措施,密切监督农业政策的实施,政策执行效率很高。

而我国至今还没有完善的保护农业的法律体系,政府对农业的保护多具有阶段性和临时性,且中国的农业政策多以政府文件的形式颁布,缺少长期性和系统性,连续性不强,形成过程的透明度低。支持农业的法律颁布后,一段时间内很少制定调整法或修正案,因而在法律实施过程中会出现偏差,不能紧跟经济形势的发展,无法准确保障各方利益,且缺少专门的法律和条例,以致无法有效规范农业支持支出。

对此,我国应重视和加强农业支持保护的立法,以公正公开的形式出台农业支持法律,提高立法的透明度。颁布基本《农业法》后,还要及时出台新的修正案和调整法,以及各项专项法,以适应不断变化的社会经济环境,使得各项政策配套实施,将政策力度发挥到最大限度。制定相应的法律后,要保障法律的实施,加强执法力度。

2.依据经济社会发展变化的阶段性特征积极调整中国农业政策

美国自从1933年发布第一个农业法案以来,不断根据国际国内社会经济环境的变化适时调整农业政策,不同阶段采用不同的政策,在农产品出现供过于求时,制定限耕计划,减少耕地面积,促进农产品出口;当世界农产品贸易趋于自由化,同时出现政府财政负担加重的情况时,又适时减少农业补贴,减少政府对农业生产的直接干预,推进农业市场化,取消贸易壁垒,扩大出口;当农民收入下降时,政府及时对农民提供收入补贴,构建农民收入的安全网，保障农民收入和农业生产。

同样，中国政府根据农业发展情况，不同阶段出台不同的政策。1978—1984年推进家庭联产承包责任制，赋予农民生产经营的自主权，将农民从僵化体制中解放出来，实现了中国农村经济社会的大变革，同时政府开始调整农业生产结构，发展农村多种经营。1985—1992年开始农产品流通体制改革，取消了农产品统购统销体制，开始发挥市场在调节农业生产中的基础性作用。1993—1997年开始推进农业产业化经营，并积极促进农产品流通体制市场化。1998年开始提出发展中国特色现代农业，提高农业综合生产能力，并规范农村土地流转制度，开展土地适度规模经营。加入WTO后，政府逐渐减免农业税，并推行对农民的直接补贴、良种补贴和农机购置补贴，加大对农业的支持。

当前，我国农业总体发展形势较好，粮食生产实现了大幅增长，农民收入增长较快，但同时我国农业发展也面临着挑战，如国内重要农产品价格高于国际市场，农业投入如劳动力、农机、农化产品越来越多，农业生产成本上升，资源紧缺、环境污染，这些问题使农业发展受到严重制约。因此，当前农业政策应侧重于推进农业发展方式的转变，加快农业生产结构的调整，提高农产品质量安全水平；完善农产品价格形成机制，使农产品价格向市场均衡价格回归；发展可持续农业，尝试让污染严重的耕地休养生息；此外，还需加强农业科技创新，加大科技投入，依靠科技进步推动农业的发展。

3.适应国际农业规则的发展潮流，有效梳理中国农业政策

美国农业法中曾经使用的补贴手段如直接补贴、反周期补贴等，虽然保障了农民的收入，提高了农产品竞争力，但由于这些政策手段违反了WTO规则，曾遭到反补贴诉讼，例如，巴西对美国的棉花补贴诉讼。为避免贸易摩擦，美国逐渐削减WTO规则中的“黄箱”政策，美国2014年设立了与生产不挂钩的农业保险计划，例如，价格损失保险计划和农业风险保障计划，这些计划规避

了“黄箱”政策的限制。

我国目前针对特定农产品的农业补贴政策大部分属于 WTO 规则中的“黄箱”政策，对农产品价格产生直接干扰，容易被某些 WTO 成员抓住“扭曲农产品贸易”的把柄，使得我国在国际农产品市场中的谈判处于不利地位。当前中国未能完全利用 WTO 规则中的“绿箱”政策规定，例如，我国农业政策体系中，尚未有对农民的直接收入补贴政策、农业保险补贴等，因此政策制定还有很大选择空间，应千方百计应用“绿箱”政策提高农民收入，拓展农业补贴方式，增加农产品的竞争力。政府应健全农业保险制度，扩大保险补贴规模，提高补贴标准；根据农业生产的风险、农产品市场价格和农民收入等情况，研发多种农作物保险产品，以满足不同作物生产者的需求。当然，我国在积极利用“绿箱”政策的同时，也需要充分利用“黄箱”政策，在不违反 WTO 规则的前提下，尽可能多地为农民生产提供支持。

4.“以人为本”定位中国农业政策的未来走向

美国一向重视对农业实施补贴，保障农民收入，例如，制定农产品目标价格，如果市场价格低于目标价格，农场主可将农产品按照目标价格抵押给信贷公司，待市场价格高于目标价格，农场主可出售农产品并偿还贷款；当农业部门的收益降低，许多农民破产时，2002 年美国开始实施直接补贴和反周期补贴，开始为农民构建收入安全网，增加对农民的收入补贴；《2014 年农业法案》加强了农业风险保障补贴，针对农业生产经营的自然风险对农民进行补贴。这些措施都旨在保护农民利益，提高农民的生产积极性，对农业生产具有很大的积极影响。

当前我国财政支农投入逐年加大，2013 年中央财政预算安排的“三农”支出超过 1.3 万亿元，其中粮食直补、良种补贴、农资综合补贴、农机购置补贴四项补贴超过 1 700 亿元，但我国财政中的“三农”投入占整个财政支出的比重偏低，而且与世界某些国家相比，户均水平特别低，例如，2008 年中国“绿箱”和“黄箱”对每户支持额度为536美元,是美国的0.35%[①]。

对此,应加大补贴力度,扩展补贴范围。由于农产品价格通常影响着农业市场的稳定,因此政府可借鉴美国建立农产品目标价格补贴机制,预测和监控农产品价格,当市场价格低于目标价格时,将差价补贴给农民,而市场价格过高时,对低收入的消费者进行补贴,如此可以保障农民的收入和效益,使农民保持生产的积极性。此外,中国政府应借鉴美国经验,发展中国农业保险体系,完善农业保险机制,提高农民应付生产风险的能力,保证农业健康持续发展和农民收入的增长。

5.借鉴美国做法增强中国农业政策的可持续发展理念

美国重视资源环境的保护,早就认识到水土资源流失和环境恶化不仅对农业的发展造成非常不利的影响,还将阻碍整个社会的可持续发展。因此,美国的农业政策一向秉承可持续发展理念,将发展可持续农业作为目标,例如,通过休耕、停耕政策和经济激励手段,加强对耕地和水资源的保护;将资源保护项目和农业保险补贴相结合,通过立法推动生态环境和资源的保护。

长期以来,中国农业发展方式粗放,忽视对农业资源环境的保护,乱砍滥伐现象严重,过度利用水土资源,过量使用农药和化肥,导致农业资源过度消耗和生态环境恶化,制约着我国农业的可持续发展。因此,制定农业政策时应该将农业生产与资源环境保护密切联系起来,转变农业发展方式,实施可持续发展战略,以立法的方式保护水土资源环境,加大政府对环境保护的投入,减少农药与化肥的使用。我国可借鉴美国的保护环境补贴政策,通过环境补贴的方式鼓励农村生态环境的保护,例如,制定退耕还林还草补贴,对保护环境的农民给予奖励,在发展农业生产的同时大力保护资源环境。调整农业产业结构,将结构调整与保护环

① 赵亮.美国参议院2013年农场法案评析[J].华中农业大学学报(社会科学版),2014(3):130-137.

境相结合,积极发展生态农业、绿色农业,使农业可持续发展。

二、日本农业政策及对中国的启示

(一)日本农业政策演变

第二次世界大战以后,日本农业发生了翻来覆去的变化。在日本农业变化的过程中,日本制定实施了哪些农业政策?农业是日本的重要基础产业,但在经济体制上远远不及第二产业和第三产业。在日本的经济腾飞中,农业仅是起到为重化工产业提供服务的作用。随着日本经济实力的强大,外向型大企业的垄断地位日益加强。这使得此后日本农业发展始终服从于以二、三产业为主的大型企业所代表的日本经济利益。从日本加入关贸总协定(GATT),应对 GATT、WTO,以及跨太平洋伙伴关系协定(TPP)都能够充分说明这一点。

1. 第二次世界大战后保护小农土地所有权,有限度开放市场

在日本于第二次世界大战战败后,以美国为主导的联合国占领军推动日本实施了打破军事化、实行民主化的一系列政策。农业方面最主要的政策是农地改革,目的是消除战前"半封建化"的地主制度。国家直接强制购买不在村地主的全部出租地和在村地主中超过保留限度(都到府县平均为 $1hm^2$,北海道地区为 $4hm^2$)的出租地,再卖给在这些土地上耕作的佃农。佃农成为土地的主人,成为自耕农。并规定自耕农农地的持有上限北海道为 $12hm^2$,其他地区为 $3hm^2$。农地改革创设了自耕农体制,促进了农村的平等化和民主化,刺激了农民粮食生产的积极性。以水田农业为主的小规模自耕农成为日本农业的经营主体。由于农地改革公布与实施限于 1946—1947 年,日本政府没有考虑也没有时间进行田块整合,农地改革并未改变战前就存在的零散耕地状况。由于战后日本粮食匮乏,为维护自耕农体制,促进粮食增产

和保障自给,日本将农地改革成果上升为法律层面,于1952年制定了《农地法》。为了阻止地主制度的复活,该法对取得农地所有权和农地利用权做了严格规定。因此,《农地法》也对农户经营规模的扩大起到了制约作用。

同时,第二次世界大战后,美国为了实现通过日本遏制东亚的战略,积极促成日本加入关贸总协定,以推动日本经济复兴。1955年日本加入关贸总协定,使日本重化工业制品得以大量出口至美国等国,1955—1957年,日本经济实现了第一次高速增长。关贸总协定也使日本开始在农业比较劣势下,被动地有限度地允许极少量农产品进入国内市场。

2.以农业基本法为依据,农产品价格支持为支柱政策

随着日本以重化工业为中心的高速经济增长,日本农户与城市家庭间的收入差距不断扩大,农民改善生活和提高收入的呼声逐渐提高;重化工业等产业发展从农业领域吸引了大量农村劳动力;随着日本不断融入关税贸易总协定,日本限制进口农产品品种趋于减少。日益开放的农产品市场,削弱了日本农业的竞争力。

为了稳定战后民主主义框架下的统治体制,使农业配合出口拉动型日本经济增长方式,1961年日本制定了《农业基本法》,力图通过调整农业结构,扩大经营规模,来提高农业效率,增加农民收入;力图顺应农产品贸易自由化趋势,有选择性地促进两类农业部门生产。具体来说,日本政府对于第一类作为国民主食的大米、第二类畜产品和蔬菜采取刺激生产的价格支持政策。与此同时,有选择地降低受贸易自由化冲击而不断衰退的第三类大豆、油菜籽等的价格支持力度。对第三类农产品的支持目的主要是防止价格暴跌和急剧波动。这一政策导致了稻米生产过剩,大豆、玉米等完全依赖国际市场,食品自给率降低。

随着重化学工业的发展,日本战前旧财阀体系中的大企业资本迅速积累,三井、三菱等大企业集团控制了日本财界,并对政府决策影响力越来越大,使得日本政府在政策制定过程中首先注重

这些大企业利益，相对而言农户处于较被动的地位。

3. 乌拉圭回合农业协定压力下，降低关税，进一步开放农产品市场

在政府大力保护和促进大米政策下，1969 年大米开始出现过剩，日本开始实施减少大米生产的调整政策。然而同一时期，日美贸易摩擦逐渐表面化，以日本大企业为首要求扩大出口，以及美国要求进一步增加对日农产品进口的内外压力，进一步促进了日本放开农产品市场。进入 20 世纪 80 年代，日本轿车、钢铁、电子机械对美国大量出口，日美贸易摩擦进一步激化。1986 年迫于乌拉圭谈判压力，日本政府发布了《前川报告》，提出构建国际协调型经济结构，意在迎合美国要求，推进市场开放；同时也发表了进一步开放农产品市场的农业基本方针。

1993 年 12 月乌拉圭回合农业谈判实质性达成了协议。日本下调了牛肉和柑橘等自由进口农产品的关税，取消除大米外所有农产品进口配额。这使一直受到政府重视支持的第二类农业部门，如养牛农户、柑橘农户等受到很大影响。提高大米最低进口量上限，进一步加剧了日本大米过剩，政府越来越难以实施减少大米生产的政策。

4. 颁布《粮食、农业、农村基本法》，保障粮食安全

在面临农业产值下降、农业劳动力数量减少和老龄化、耕地面积减少、食品自给率下降，以及乌拉圭回合农业协议要求等压力下，日本政府深刻、全面考虑未来，1999 年制定和实施了《粮食、农业、农村基本法》。一方面加快解决土地利用型农业经营零散所导致的高成本、低竞争力问题，构想培育一批大规模经营农户，担负相当部分农业生产。另一方面顺应 WTO 体制，减少农产品价格补贴力度，对稻米农户实行了收入补贴政策等。

依据《粮食、农业、农村基本法》，2000 年日本制定了《粮食、农业、农村基本计划》，并每 5 年修订一次。2000 年，对山区半山区

的农业生产者实行直接补贴。日本在2005年的基本计划中提出了两个核心政策:第一是对核心农民(核心农业劳动力)实施稳定经营收入政策;第二是保护农村农业资源和加强农村水利设施等基础建设,旨在提高农业竞争力和农业生产能力。

5.以生产政策和农村区域政策为两轮改革农业政策,应对TPP时代

2009年,日本政权从自民党转入民主党手中。民主党感到随着人口增加和发展中国家经济的发展,世界粮食供求将长期处于紧张状态,而日本农业却面临着劳动力不足、农业生产日益衰退的局面,因此,日本政府将保障粮食安全提升至国家的基本任务。

2010年的基本计划实施了兼顾兼业农户、小农户利益的“户别收入直接补贴”政策、促进农村经济发展的“六次产业化”等政策,促进农业生产和农村经济发展,并将以热量计算的粮食自给率目标定为2020年达到50%。

由于决定日本经济政策的是从贸易和投资自由化中获取巨大利益的大型跨国公司,2010年10月,日本又表明了加入《跨太平洋战略经济伙伴协定》(TPP)的意向。为使农业能够应对TPP,2015年3月日本政府公布了新的《粮食、农业、农村基本计划》,大幅改革农业政策。这主要包括4个方面:加强农地管理组织对农地流转等的管理功能;改革稻米和旱地作物的直接补贴制度,废除一直实施的调节稻米生产政策;发挥农业多功能作用;建立日本型直接补贴制度。同年10月,日本政府基本达成TPP协议,在牛肉和猪肉出口关税方面做了让步,基本保护了大米、小麦、甜味资源作物、牛猪肉、乳制品5类农产品。TPP协议预计将在3年后生效,日本农业也将面临着来自国际市场的新挑战。

(二)日本农业政策调整动因

1.国际贸易体制变化

国际贸易体制变化,首先直接影响日本农业贸易政策,然后

会影响日本农业，也就迫使日本农业政策做出调整。如前所述，自日本加入关贸总协定后，日本政府受到日本大企业集团势力的影响，在乌拉圭农业协议以及 WTO 协议方面，日本在农业政策上频频做出让步。在 TPP 谈判中，在众多农户高涨的反对声中，农业部门也迫不得已加入谈判。

在 TPP 谈判中，美国要求日本增加稻米最低进口量。为了减少加入 TPP 对农业的冲击，日本除将稻米、小麦、牛猪肉、乳制品、砂糖作物 5 种重要农产品列为废除关税对象之外，并专门设立"农林水产业地域活力创造本部"，提出实现未来 10 年农业收入增加 1 倍，以及农产品出口额增加 1 倍的目标。为应对 TPP 可能对农业带来的进一步冲击，2013 年日本在具体农业政策改革方面，积极培育具有较强经营能力的核心农民；废除阻碍农业生产能力提升的补贴政策；发挥农地中间管理组织作用，促进农地集中，提出使核心农民利用日本一半农地；降低核心农户生产成本，提高他们的抗风险能力。

2.国内农业农村发展要求

日本农业农村状况不断恶化。目前日本农村劳动力老龄化的状态是:7 成是 60 岁以上的农业劳动力，只有 1 成是 50 岁以下的劳动力。高龄农民退休潮的来临，使弃耕地增长迅速；水稻生产地区核心农民少，5 至 10 年后，水稻生产能力会大幅下降。粮食自给率低，以热量计只有 39%，60%的粮食消费依赖进口。这种状况要求日本农业政策必须进行改革。

例如，在提高土地利用方面，2013 年日本决定在各县设立短期农地管理组织，负责向农户租用农地，并可改良农地，如扩大农地区块等，然后将农地分租给需要农地的核心农民。

对新进入农业的青年农民给予补贴。在培训阶段(最多两年)，以及初始经营阶段(最多 5 年)，政府提供收入支持。对于培训合格人员或农民给予每年 150 万日元的固定补贴。

对于扩大农场规模的农户，每扩大 0.1hm^2 政府给予 2 万日元的补贴。对于出租土地的农户，政府给予每个家庭最多 70 万日元(7 172 美元)的补贴。

3. 执政党势力扩大的需要

由于长期执政的自民党一直需要农民的大量选票支持，自民党与代表农民利益的农业协同组合关系密切，乐于制定有利于农协以及农民利益的保护政策。农协也从政府那里得到许多经济活动上的特权。如粮食法调整前，农协拥有稻米收购权等。为了获得选票，自民党长期保持了稻米调整政策和高额的稻米补贴政策。这些政策有效保护了稻米农户的经济利益，但是使得稻米生产调整困难，并且付出了大量财政资金。

2009 年 8 月自民党在大选中失败，沦为最大的在野党。民主党开始主掌政权。为了获得更多农户的欢心，民主党新制定了"收入补贴政策"。这一政策与自民党的"农户收入"政策重点有所不同，强调提高"农民的农业收入"。因此，前面提到的"户别收入直接补贴政策"得以登场，2010 年该项补贴经费为 5 000 余亿日元，约占农林水产省 2010 年度总预算的 23%，可见民主党这一新政策的重要程度。

(三)近年日本主要农业政策变化

1. 主要政策工具——市场价格支持

市场价格支持是日本农业政策的基本工具，如对农产品进口实施关税和关税配额限制，对国内农产品生产按照产出等进行补贴等。日本对稻米、小麦、大麦和乳制品等农产品实施关税配额制度，如 2013 年规定进口稻米每千克最高标价为 3 美元，稻米的关税配额为 68.2 万吨(糙米)，每千克超过配额的进口税率为 3.5 美元。日本还对猪肉、牛肉等农产品的进口征收关税，如 2015 年牛肉进口关税为 38.5%。

2. 减少稻米直接补贴额，2018 年停止补贴

作为缓冲期，2014—2017 年，补贴额减半至每 $0.1hm^2$ 7 500 日元。这一政策变化的目的是使稻米生产更加符合国际贸易规则。为了提升粮食自给率，对于水田转种饲料用米、小麦、大豆等战略作物，未来实行生产量与面积结合的补贴方式，每 $0.1hm^2$ 补贴约 5.5 万～10.5 万日元。2014 年还停止了稻米价格变动给予的补贴政策。这种补贴在制度设计方面不要求农民负担部分经费，可以足额补偿标准生产成本与标准销售收入之间的差额。执行起来也伴有道德风险。2018 年后，政府计划取消对稻米生产的行政指导，不再分配稻米生产数量目标，由生产者根据政府制定的稻米等粮食作物供需展望报告，确定生产计划。

3. 旱地作物的直接补贴

为弥补与国外生产条件的差距，对核心农民给予补贴。不论规模大小，是水田还是旱田，都具备接受补贴的资格。

4. 实行发挥农业多功能作用的日本式的直接补贴政策

这一政策在原有对丘陵、山地及环境友善农业给予直接补贴的基础上，扩大了补贴的范围。新增加了保护农地的直接补贴，扩大了改善农业资源的补贴预算。政策于 2015 年起实施，5 年后考察政策效果，并改进政策。

(四)日本农业政策发展趋向及对中国农业发展的启示

1. 未来日本农业政策发展趋向

目前，日本农业依然迫切需要解决三方面的问题：第一，农业生产持续衰退；第二，农民高龄化(1926—1935 年出生)，出现退休潮以及弃耕地增加；第三，TPP 协议使得农业日益面临贸易自由化带来的冲击。日本农业政策必须为解决这些问题提供出路。

鉴于日本农业目前存在的各种问题以及来自国际农产品贸易谈判的压力，未来日本农业政策的着力点有四个：一是促进土地流转和维护，扩大农业生产规模；二是放宽公司使用农地的条件限制；三是改革现已缺乏效率和丧失原有功能的组织机构，如农业协同组合等；四是配合生产结构调整，改革提高农户收入的补贴制度，如借鉴美国经验、实行收入保险制度等。

日本农业政策需要从原来的保护原则，逐渐转向积极面对市场，提高自身实力的产业发展基本原理上，借鉴欧美国家农业政策经验，逐步实施增强日本农业体制的改革。

2.对中国农业发展的启示

与世界农业发达国家相比，我国农业的比较优势日益降低。我国应吸取日本农业政策的经验教训，第一，充分全面发挥农业支持政策工具的作用，促进农业可持续发展。第二，通过土地流转，培育新型农业经营主体等方式，适当扩大农业经营规模，提高农业生产率。第三，积极通过多种方式培养青年农民，遏制农民老龄化。

第三节　主要发展中国家农业政策及对中国的启示

一、巴西农业政策

20世纪50—80年代，巴西实行向工业和服务业倾斜的"进口替代"工业化战略，这是以忽视和牺牲农业为代价的。随着"进口替代"工业化推进战略显露出诸多问题，巴西政府对政策做了调整，开始重视农业发展。为了促进农业发展以及补偿农业在工业化过程中的牺牲，巴西出台了农业低息信贷、最低保护价等一系列支持政策。全面的政策保障措施为巴西农民发展农业生产提供了资本等重要生产要素，免除了自然风险和市场波动带来的后顾之忧，在使巴西成为农业强国的过程中发挥了重要作用。

（一）巴西农业投入和补贴

1.农业政策体系

巴西农业政策的基本目标是促进农业发展和提高农民收入。随着经济社会的发展，农业政策目标呈现出多元化的特点，如增加就业、降低区域发展不均衡性、促进经济环境可持续发展等。巴西农业支持政策历经多年，且根据实际情况发展不断调整，目前已形成了一个比较完善的体系，包括农业投入政策、农业金融政策、农业保险政策、价格支持政策等。各类政策之间并非相互孤立、截然不同，而是有交叉和配合，协同度较高。巴西现金形式的农业直接补贴不多，但通过解决农业信贷、农业保险等难题为农业发展提供了巨大的支持。在普适性政策基础上，巴西对家庭农场和中小农户给予了特殊照顾，通过出台“家庭农业发展计划”等针对性政策，使其在信贷、保险等领域享受更优惠的待遇。

2.巴西的农业投入和补贴

在20世纪70年代初期，巴西与许多其他国家一样受到粮食危机的影响，国内食品价格高涨，但以当时较少的技术储备难以继续扩大传统农区的生产，于是政府决定开发中西部贫瘠的热带草原，通过技术创新提高其土地生产率和劳动生产率。在此背景下，巴西于1973年建立了巴西农业科学院，并予以大力支持。在1974年至1982年间，巴西农业科学院经费预算增长了10倍，由7.8万美元增长到91.6万美元。此后，除1997年和2002年因宏观经济原因而暂时降低外，巴西农业科学院经费预算均呈增长态势。此外，巴西对农业科技投资予以法制化，以保证投入的延续性。巴西在2001年12月19日颁布的第10.332号法令第一条第一款明确规定，国家每年要将当年税收总额的17.5%用于农牧科技项目。

3. 土地整理与开发

巴西政府早在1970年就制定了全国一体化的农业开发计划，主要是扩大经济地区边界，开发利用地广人稀地区的可耕地，并实施了一系列鼓励政策。对农民、企业到内陆的中西部开发后备耕地资源实行优惠税收政策。对来自东南部的公司在中西部或者北部地区购买土地、开展农牧业生产予以减免公司所得税待遇，对亚马逊地区的土地开发活动特别是畜牧业生产提供税收补贴等。

4. 农村基础设施建设

20世纪80年代，巴西政府认识到基础设施薄弱是制约巴西农业发展的重要瓶颈，开始加速改善农业基础设施。1980年，巴西政府制定了国家灌溉计划，积极发展水利工程，经过数十年的努力，全国新建灌区近1 000个，新增灌溉面积1 000万公顷。同时，巴西政府还鼓励农场主与农民自行修建灌溉系统，并为其提供50%的建设资金支持。2007年，政府制定了“农村基础设施建设增长加速计划”，旨在通过吸引更多的私人投资和提高公共部门在基础设施建设上的投资，修复、铺砌、维护和建设高速公路，延伸铁路网，加强重要港口的运输能力。政府直接投资是巴西农业基础设施建设的主要方式。如州际公路到各个农场之间公共道路完全由政府出资。此外，巴西政府以财政补贴、低息贷款等优惠措施来吸引民间资本建设农业基础设施。如联邦政府为私人修建乡间公路提供低息贷款，甚至为农场内部的道路建设提供一定的政府支持。针对北方地区农业基础设施尤为薄弱的现实，巴西实施了“北方农产品出口长廊建设计划”和“北部地区灌溉计划”。

5. 资助农民采用先进机械设备

为提高农业机械化水平，巴西国家开发银行专门设立了一项特别资助项目——“拖拉机和农业机械现代化计划”，这一计划向农民提供低利率的贷款供其购买农业机械。该计划贷款总金额为8亿雷亚尔,对年毛收入不到15万雷亚尔的农户,年贷款利息9.75%(在巴西个人贷款月利息高达9%的情况下,对农民购买农机提供的利息非常优惠),可对购买农机货款100%贷款;对年毛收入超过15万雷亚尔的农户,年贷款利息12.75%,可对购买农机货款的80%贷款。巴西这一发放低息贷款的计划取得了非常显著的效果,既提高了农民的购买力和积极性,也极大地促进了生产的机械化和高效化。

6.积极利用外资

为吸引外国投资,巴西对农业及相关领域实行开放政策,并向外国投资者提供土地、税收、信贷等多种优惠政策。1971年,巴西政府颁发法令,允许在巴西的外国居民以及被批准在巴西营业的外国法人和外资占大股的合资企业在不影响巴西国家安全的情况下购买土地。在巴西从事农业的外国居民或企业也可享受农业信贷、农业保险、最低保障价格等支持政策。巴西丰富的农业资源及开放的外资政策吸引了大量外资。20世纪70年代以来,外资迅速进入巴西农业生产资料、农作物种植、农产品加工、出口等众多环节。目前,巴西农业机械、化肥、农药、种子等生产要素的生产和供应,粮食作物、经济作物等农产品的大规模生产种植,谷物加工、油脂、奶酪、饮料、烟草制品加工,咖啡、可可、香蕉、甘蔗等经济作物的出口等领域均有外资成分,部分产业如化肥、农机、经济作物出口等被大型跨国企业所垄断。孟山都、路易达孚、ADM等大型跨国公司在巴西农业领域拥有较强的控制力。

除了吸引企业投资,巴西还通过政府间的合作为农业开发提供资金,比较突出的是与日本政府签署协议联合开发稀树草原地区。双方签署了《日本—巴西稀树草原开发合作计划》(PRODECER),于1978年正式开始实施,至2001年底结束。该计划规定,日本政府通过海外协力机构(Japan International Cooperation Agency)和私有银行,从两个方面连续三期向巴西稀树草原农业开发项目提供援助：一是为土壤改良、水利建设和电气化等扩大农业生产的子项目提供融资支持；二是开展日巴农业技术与环境监测合作研究，向第二、三期项目的625名外来农户（主要是日本人）提供农业技术援助。巴方出资51%、日方出资49%成立CAMPO农业促进集团公司作为该计划执行协调机构，通过农村合作社挑选农户开展种植，将经济合作与技术合作有机结合。该计划共在巴西稀树草原地区投资12.5亿美元，开发土地约36万公顷，实施农业示范项目21个。该计划的实施极大地挖掘了巴西稀树草原地区的农业生产潜力，带动辐射物流运输、畜禽饲养、农产品加工与贸易、农业机械设备等相关行业的发展，目前该地区已成为巴西重要的农牧业生产基地。

（二）巴西的农业保险政策

巴西的农业保险政策起步于1938年，然而一直到20世纪末期仍未被广泛推广，直到2003年、2004年巴西出现两次重大的自然灾害，干旱带来了大规模农作物减产，政府救急支出迅速增加，农业保险才逐渐被重视。此后，巴西政府一直加强农业保险的推广使用与投入。目前，巴西政府建立了完善的农业保险制度，为全国农业生产者提供农业、林业和畜牧业等各种保险业务。

1.农业经济活动保障计划

农业经济活动保障计划（葡萄牙语简称为PROAGRO）主要针对获得农业信贷的农户，以防其农牧业收入受自然灾害或疾病影响而无法偿还贷款。申请加入该计划的农户需要缴纳保费，费率因申请者生产规模、灌溉情况、生产者区位等情况的不同而有所差异。生产者所借的农业信贷涵盖了保费，在得到银行提供的农业信贷后向中央银行缴纳保费。联邦政府扮演了保险公司的角色，对农民遭受的损失进行补偿。在农业遭受灾害后，中央银行将通过各级银行向投保者提供最多相当于信贷全额的赔偿金。

农业企业和家庭农场均可申请该计划，但投保作物需要通过农业部组织的气候风险评估才能获批。气候风险评估是一种农业风险管理工具，它针对各地区的土壤类型提出了不同作物的最佳播种时机，目的是尽量降低气候风险。该计划由巴西央行管理，参加农业贷款体系的银行和金融机构作为代理。这些代理机构负责分析保险申请书，决定批准与否，此外还负责保费的确定和收取。该保险计划的资金来源于联邦政府的拨款及农民缴纳的保费。

2. 农业保险保费补贴计划

农业保险保费补贴计划（葡萄牙语简称为 PSR）由 2003 年 12 月 19 日的 10823 号法律和 2004 年 6 月 30 日的第 5121 号政令推出，目的是通过提供农业保险保费补贴、降低保险费成本来鼓励农民参加农业保险。种植业保险主要是预防火灾、风灾、雹灾、旱涝灾等主要气象灾害，覆盖从种到收的全过程。根据作物保险部际联席委员会于 2012 年 11 月 19 日发布的第 26 号决定，对农作物的保费补贴占保费的比重一般为 40%～70%，具体补贴比例因作物类别及所处的气候风险的差异而有所不同。每个农场每季所获保费补贴的上限为 96 000 万雷亚尔。畜产品、水产品和林产品的保费补贴率为 30%，每个农场所获保费补贴上限为 32 000 雷亚尔[①]。

农业保险保费补贴计划自 2005 年开始运行以来，发展十分迅速。在 2005 年，达成的投保保单仅 849 个，覆盖了 6.8 万公顷。至 2012 年，投保保单数增至 4.35 万个，覆盖面积增至 520 万公顷。同期，该计划下获批预算由 2005 年的 1 000 万雷亚尔增至 3.29 亿雷亚尔；实际使用的资金由 200 万雷亚尔增至 3.18 亿雷亚尔。

3. 作物保障计划

作物保障计划（Garantia Safra）是专门向“家庭农业支持计

---

① 唐珂.巴西农业[M].北京：中国农业出版社，2016.

划"范围内位于半干旱地区的小农提供的。该计划由国家农业发展部主管,具体事务由管理委员会负责,该管理委员会由家庭农民及联邦、州、市三级政府的代表组成。对于旱涝灾害导致棉花、大米、豆类、木薯、玉米收成损失高达50%以上的地区,参加该计划的农户每年可获得至少7万雷亚尔的补偿。联邦政府通过该计划提供的补助增长迅速,由2004/2005作物年度的700万美元快速增至2005/2006作物年度的1 610万美元。

4.农业经济活动保障补贴计划

农业经济活动保障补贴计划(PROAGRO Mais)成立于2004年,也是专门面向"家庭农业支持计划"范围内的小农户,主要为自然灾害导致的收入损失提供保障,保障范围覆盖了小农户100%的农业信贷及65%的预期收入。2014年,该计划向小农户提供的支持高达32亿雷亚尔,保费补贴比例为40%~100%。

(三)巴西的农业价格政策

1.最低价格保障政策

巴西农业价格政策中最主要的是最低价格保障政策。最低价格保障政策始于1966年,政策目标主要有两个,一是为农民提供最低收入保障,二是促进农业发展,确保国内供给。该政策的实施包括两个阶段:第一个阶段,由政府确定最低保护价,通常以总统命令的形式提出,并经国家货币理事会批准;第二个阶段,当市场价格低于最低保护价时,政府对市场进行干预,以确保农民销售的农产品至少获得最低保护价。在2011/2012年度至2012/2013年度的夏季,巴西最低价格保障政策覆盖了稻谷、玉米、大豆、棉花、木薯、大蒜、咖啡等36种产品。

该政策的执行主体是巴西国家食物供应公司。在1996年前,最低价格保障政策主要通过两种途径实施:一是联邦政府收储计划(葡萄牙语简称AGF),即当市场价格低于最低保护价时政府进行收储；二是联邦政府贷款计划（简称 EGF），即当市场价格较低时政府向农民提供资金，使得农民能够将产品存储起来，以此度过价格低迷期。从 1997 年开始，政府开始采取一些干预性更小、更具市场导向的最低价格保障政策工具，如购销商差价补贴（简称 PEP）和农产品销售期权合约（简称 COVPA）。购销商差价补贴的运作原理为：购销商以最低保护价收购农民的产品，政府向购销商支付最低保护价与市场价格之间的差额。农产品销售期权合约是给予农民或合作社在未来某一时期以此前约定的价格向政府销售农产品的权利。

2.农产品运输补贴政策

2002 年，政府出台了农产品运输补贴政策（简称 VEP）。该项政策主要通过公开竞价的方式向饲料企业以及畜禽企业等下游消费企业提供，以鼓励其购买指定地区的政府库存。下游企业以政府规定的最低保护价购买指定地区的政府库存并将其运输至供给短缺的地区消费，作为激励措施，政府向企业支付大体相当于最低保护价与市场价格差额的补贴。通过上述措施，政府向企业提供可以覆盖交通成本的补贴，使得库存产品对下游企业更具吸引力，从而达到了消化库存、增加短缺地区供给的目的。

3.私人销售权合约风险补贴

2004 年出台的私人销售期权合约风险补贴（简称 PROP）与由政府实施的销售期权合约运作机理相同，不同的仅仅是私人机构取代了政府收储机构的职能。在这种政策下，若期权到期时市场价格低于期权合约价格，农民将产品卖给私人机构，政府向私人机构支付风险补贴。这种政策除了降低农民面临的价格风险之外，还起到了将实际收储主体由政府向私人机构转移的功能。

4.生产者平衡补贴

2005 年，巴西政府出台了对生产者的平衡补贴（简称 PEP-

RO)。这是一种差价补贴，政府向出售者(生产者或合作社)支付最低保护价和成交价格之间的差额。用这种方式，政府既向农民提供了最低保护价保障，也免于收购产品的负担，从而使产品自行由产地流向消费中心。

5.食物采购计划

巴西政府在2003年出台的食物采购计划也在某种程度上发挥了价格支持政策的作用。该计划是巴西“零饥饿”计划的组成部分。它的运行方式为：为鼓励家庭农业的发展，政府以高于最低保证价的“参考价格”从家庭农场直接采购农产品，并将采购的产品分配给存在粮食安全风险的目标群体和脆弱家庭。2006年，该计划将对每个农场主的采购上限由2 500雷亚尔提高至3 000雷亚尔。受此影响，该计划下的政府采购占政府收购总量的比重由2005/2006年度的2%增至2006/2007年度的11%。在2003年至2009年间，该计划下农产品采购额累计27亿雷亚尔，76.4万个小型家庭农场从中受益。此外，每年约750万人免费获得该计划下提供的食物。

(四)巴西的农业及农村金融政策

1.巴西国家农业信贷体系的形成及发展

1965年第4829号法令确立了巴西“国家农业信贷体系”，旨在鼓励农业生产者或农业合作社加大在农业领域的投资，为农牧业产品的生产和销售提供支持，实现生产工业化，支持中、小农业生产者的农业生产，鼓励资本形成以及鼓励引入合理的生产方法以提高生产效率、改善农业人口生活质量和合理保护土壤。巴西国家货币委员会负责制定农业信贷有关法规，巴西央行负责政策的控制和执行。“国家农业信贷体系”由公共银行、合作社以及私有商业银行组成。

总体来看，巴西农业信贷政策的发展经历了三个阶段。

(1)20 世纪 70 年代。在这一时期,政府资金是农业信贷最主要的资金来源,占农业信贷资金的比例在 85%左右。巴西政府通过大规模为农业生产者提供农业信贷对农牧业活动进行大力干预,如鼓励采纳农业新技术及购买现代化农业设备,鼓励土地开发,鼓励提高粮食生产。从 1969 年到 1981 年,农业信贷数量由 310 亿雷亚尔增至 1 540 亿雷亚尔。这期间农业信贷政策的实施在为生产成本提供融资,鼓励资本形成,提高农业现代化水平,加强中小农业生产者在经济中的作用,促进农业贸易和仓储的发展等方面起到了积极作用。但因国际形势变化,70 年代中期巴西对外账户不平衡、通胀压力大导致政府无法提供足够资金和低利率信贷以继续执行之前的政策。农业信贷体系在 70 年代末遭遇了瓶颈,外债高企和通货膨胀导致了巴西政府对农业政策的调整,巴西国库对农业提供的融资被削减。

(2)1980 年至 1995 年。巴西通胀加剧和政府财政危机等困难阻碍了政府继续成为农业信贷的主要提供者,同时其他融资来源未能补充国库资金对农业信贷支持的降低。在这一时期,农业信贷数量由 1 540 亿雷亚尔降至 260 亿雷亚尔。农业信贷额从 20 世纪 70 年代末占农业 GDP 的 85%减至 90 年代初占农业 GDP 的 29%。

(3)1996 年以来。随着巴西宏观经济状况的变化,如对通货膨胀的控制、对外开放度的提高以及改革的推进,农业信贷政策也相应调整,如鼓励私营机构加大在该领域的投资力度,拓展农业信贷融资渠道,对家庭农业发展制定专门的支持政策等。政府通过巴西社会经济发展银行投资解决融资问题,更有重点、有针对性地关注家庭农业发展。1997 年政府实施了"家庭农业支持计划",旨在确保小农户的基本收入、增加农村就业机会。在此背景下,该时期农业信贷数量迅速增长,由 1996 年的 230 亿雷亚尔增至 2012 年的 1 140 亿雷亚尔。

2.巴西国家农业信贷资金

在农业信贷政策发展的过程中,巴西政府经历了从单纯的资金提供者到政策制定者和推动者的角色转变，同时还注重因势利导适时引入私营机构，使其逐渐成为提供信贷资金的重要来源。2012 年，国库资金仅占巴西农业信贷资金来源的 5%，银行强制性农业专用资金占 34%，农村储蓄占 32%，巴西社会经济发展银行占 10%，宪政资金占 9%，其他资金占 10%。

农业信贷的资金来源包括国库预算资金、为农业贷款提供资金来源的银行存款、宪政基金、巴西社会经济发展银行、巴西咖啡基金、劳工保障基金等。根据巴西法律规定，"国家农业信贷体系"的银行，无论其性质是国有还是私有，都必须将其存款的一定比例投向农业部门，或者将该部分资金以零利率提供给巴西央行。强制用于农业贷款部分占银行存款的比例由巴西国家货币委员会规定，一般为 25%，在特殊情况下进行灵活调整。在 2008 年 11 月，为应对信贷危机，巴西国家货币委员会将该比例提高至 30%，并于 2012 年 7 月进一步提高至 34%。对于农村存款，《巴西农业信贷指南》也规定了其用于农业贷款的比例。根据规定，从 2011 年 7 月开始，公共银行及合作社必须将其吸收的 68%的农村存款用于农业贷款。

3. 巴西农业信贷用途

巴西农业信贷的用途分为三种：一是覆盖生产成本的信贷，用于支付农业生产阶段的各项费用，如购买生产资料等；二是投资信贷，主要用于添置固定资产，对购买土地不予贷款；三是销售信贷，主要帮助生产者解决销售资金周转。农场主与农民在农业生产及销售加工的全过程均可获得贷款的支持。农业贷款利率大幅低于市场利率，专门针对中小农户的特别农业贷款，贷款利率则更为优惠，甚至是无息的。例如，巴西市场一般贷款实际利率为 25%，农业贷款利率最高为 12%，对中小农户的利率分别为 9%和 6%左右。

农业贷款是巴西农业生产过程中资金周转的主要依靠，一般可覆盖生产资金的 60%～100%。为了确定合理的贷款额，巴西政府根据公顷作物生产成本设立了成本基数，作为计算贷款限额的依据。根据上年的生产值，对中小农户，一般贷款上限为总成本的90%，大农户为80%。对政府没有规定成本基数的作物，农户自行制定详细生产成本预算，报银行申请贷款，对中小农户和大农户贷款上限分别为预算的80%和60%。

大、中、小农户的划分以上年产值为准，基线由政府明令划定。为促进提高生产率，还有两项特殊规定：最近3季收成平均生产率高于政府规定的最高生产率基线的农户，可以按自行制定的预算申请贷款，不受成本基数限制；种植大米、黑豆、玉米（巴西人主食）和大豆（主要出口产品）的农户，制定技术规划，保证生产率高于前3季平均值20%，可以得到相当于成本100%的贷款。

二、古巴可持续农业激励措施

（一）土壤养护措施

在可持续农业和可持续发展的激励措施方面存在很多争论，反映出古巴自1993年起执行的土地政策的基本战略方针是基于古巴应对资源匮乏和解决国家环境问题的需要而确立的。

环境问题中突出的是土壤问题。据资料显示，2009年古巴45%的土壤有机质遭到破坏，70%的土壤受到天气的影响严重，例如，山区的长时间暴雨、有些地方遭受旱灾或是不合理的农牧业生产活动等。土壤养护方案的实施惠及全国350万公顷土地，面积占全国农业面积的一半以上。

（二）森林和生态多样性保护措施

古巴确定了发展植树造林和保护森林的法律、方案和资金，旨在扩大森林面积，改善林业生产者生活，代替进口，增加林产品出口，保护土壤、水资源和天然林。

根据古巴科技与环境部（2009）相关文件，古巴为保护生物多

样性而削减财政的经济机制可视为激励措施,有如下几条:

(1)矿山的开采权使用费及其规范。

(2)哈瓦那海湾的使用税及其基金。

(3)林业税及其基金。

(4)对从国外引进的有利于环保的技术给予关税优惠以及适当的社会性的激励。

该文件提及了家庭菜园的特殊情况,主要实施以下两种激励措施:

(1)促进产品和种子的交易会和美食博览会发展,农民可参与并出售其农场的直接产品或加工品从而得到经济激励,以增加他们的收入。

(2)承认多样性保护和当地品种的发展,形式是口头许可和农业部品种登记办公室签发的显著基因型品种保护证书。

事实上,古巴科学技术环境部的策略是制定各种激励措施,鼓励生产者采取具有生物多样性效益的生产。

(三)经认证的有机农业激励措施

古巴有机认证农业发展较为缓慢。一方面,在两个环境法的基础上制定的激励措施反映了国家对发展生态农业的支持;另一方面,在第182号标准和质量法中农业部明确了对有机产品给予区别性的补助。据报道,古巴有机农业生产者的产品比传统农业生产者的产品价格更高(高出20%~40%)。

另外,关于古巴有机生产的严格标准还存在着争论。最近,古巴国家标准办公室代表古巴面对国际社会和地区组织,为学术界和公众讨论提出了关于有机产品生产、认证、标签和商业化销售的方向性建议。

(四)无认证有机农业的激励措施

引人关注的是如下一系列鼓励发展生态农业的提议、项目和方案。

1. 古巴试点项目“生态农业灯塔”

由联合国发展计划署(UNDP)的可持续农业网络和扩建项目(SANE)、促进与发展中国家合作人道基金会(HIVOS,荷兰)、“世界有面包”机构(德国)和国际组织乐施会(Oxfam)支援。

2. “流行水稻”运动

一开始是由主张在小面积、边缘化或是相对缺水的土地上种植水稻的人们非正式发起的。后来这一运动逐渐发展到政府加入并提供咨询和资源上的支持,后被重新命名为“非专门化水稻”运动。

3. 全国都市、城郊和郊区农业项目

该项目因法律禁止使用化肥和农药而建立起来,最主要的目的是在现有的以前是非生产性的地区,通过有机生产和合理利用当地资源直接向消费者提供不同种类的、新鲜健康的食品。

4. 当地农牧业创新项目

该项目的前身是植物改良参与项目,由国家农业科学研究所(INCA)和哈瓦那农业大学科学教学园区共同创立。项目支持和鼓励生产者之间关于品种改良、多功能性、品种交换以及保护性操作的交流。

5. 全国小农协会的“农民对农民的生态农业运动”

该运动促进能力建设和生态农业分阶段实现,目标不仅是替代使用投入品,也是为了实现农场向可持续发展转型。

伴随着这些项目和活动方案的是一系列的激励措施,包括对生产者的资源和财政支持,例如,给予相关的认可和奖励。另外,古巴有机农业生产者享受了与其他所有农牧业生产者相同的激励措施,例如,进入市场的保障、免费教育医疗的基础服务和食品补贴。

（五）古巴可持续农业激励措施的发展方向

专家把对自然资源和环保性农业活动的激励措施确定为以下几个方向①。

（1）反对对生物多样性不可持续利用行为的激励措施。

（2）许多学者强调指出，古巴的养护措施并不是立足于市场，而是国家预算。根据古巴科技与环境部的有关资料，此方面的真正障碍是商业/市场营销，因而缺少经济性和其他多样化的激励。经济性激励措施不明确，市场选择只能通过都市农业扩大。学者们一致认为，市场和经济性激励措施应更具明确性和辐射力。

（3）古巴企业家缺乏使用环境政策手段的意识和能力，例如，设立经济鼓励和奖金等。

（4）提倡对有机生产的区别性标价，其市场和经济效益应该更大，以补偿生态农业生产活动。

（5）加西亚·阿基拉在其研究中指出，合作生产基本单位的生态农业活动不仅是一种经济替代方式，也是生态的需要，并将超越其他生产成为一种机遇和趋势。

（6）福内斯和蒙索托认为，将农业生产体系由大规模转化为小规模需要投资建设与之相适应的基础设施，即建设房屋、改善交通、制定发展农业的激励措施以及为购买投入品提供贷款、保证产品价格等（以什么成本进行生产）。这些投资会增加土地产出率、提高农村生活水平，给社会经济带来积极的影响。

（7）里奥斯·拉布拉塔等指出，古巴需要促进生态农业的做法，但不一定是以降低产量为代价的。也就是说，一方面生态农业的做法可能产生更高的回报，另一方面对生态农业的激励措施不应建立在对增加产量的绝对化需求之上。

巴斯克斯·莫雷诺谈到不同推广体系向古巴农民提供技术的情况时指出，人们往往没有考虑到农民自身的贡献，这既包括他们

---

① 陈美玲.古巴农业革命[M].北京:社会科学文献出版社,2013.

对新技术的适应和改善,也包括与技术人员共同进行的创新。

总之,可以在文献综述中看到如下研究成果。

(1)激励措施成为人类总体活动特别是农业的重要组成部分。

(2)激励措施成为人们在学科内和跨学科进行思考、学习和研究讨论的对象。

(3)研究最主要的建议是,区别对待激励机制,结合考虑生产者的观点,并遵循激励多样性、社会公平和可持续发展的方向。

(4)古巴对农民的激励措施成为 20 世纪 90 年代土地政策的一个关键支撑点。自那时起,古巴更加关注对农牧业生产者在物质、商业和货币方面进行激励的必要性。

所有迹象表明,古巴改革进程可能逐渐得到同中国改革相同的结果。但是,中国改革所提供的经验和教训也可能促使古巴保持或者探索其他不同的道路。

第四节　开放条件下中国农业政策选择

一、农业对外直接投资支持政策演变和政策体系

农业对外合作包括农业对外直接投资、农产品贸易、农业科技交流等方面,不同方面政策差异较大。其中,农业对外直接投资是农业对外合作的主要内容之一,也是当前中国农业对外合作的重点。因此,本部分主要关注农业对外直接投资的政策演变和支持政策体系。

纵观中国发展历史,包括农业在内的对外直接投资政策经历了多次的转变历程。在 21 世纪以前,由于中国正处在工业化前期,资本、管理、技术等较为缺乏,长期以来实行的都是鼓励“引进来”的管理政策,对“走出去”严格审批、严格监督和限制。进入 21 世纪以后,随着中国经济发展水平的提高,相互的对外合作开始

成为社会需求和共识。在这种情况下,国家对对外直接投资开始放松,对外直接投资政策由严格审批、严格监督和限制,逐步向简化审批、规范管理、放松限制和支持发展转变。

(一)建立支持政策体系

2000 年以后,中国对包括农业在内的对外直接投资开始了政策支持。刚开始从财政、金融等政策做起,慢慢地延伸到信息服务等多个方面。

1.政府专项资金支持

财政资金支持是促进农业对外合作的主要手段。2012 年 6 月,财政部和商务部出台《关于做好 2012 年对外经济技术合作专项资金申报工作的通知》(财企〔2012〕141 号),继续对中国企业从事境外投资、对外承包工程和对外劳务合作等对外经济技术合作业务予以支持。其中,将"境外农、林、渔和矿业合作"作为对外经济技术合作的"四大内容之一",重点给予直接补助和贴息贷款。

直接补助项目包括:

(1)前期费用(法律技术及商务咨询费、勘测调查费、项目可行性研究报告和安全评估报告编制费、购买规范性文件和标书等资料费、规范性文件和标书等资料翻译费)。支持标准不超过项目中方投资额或合同额 15%的前期费用。

(2)资源运回保险费用。对中国企业开展境外资源开发将其所获权益产量以内的农业(包括大豆、玉米、小麦、天然橡胶、棕榈油、棉花、木薯),林业(原木、锯材、板材),渔业等合作产品运回国内,对从境外起运地至国内口岸间的运保费,按企业实际支付费用的一定比例给予补助。

(3)对外合作人员人身意外伤害保险。对在境外开展对外经济技术合作业务的企业为其在外工作的中方人员,向保险机构投保的人身意外伤害保险费用的一定比例予以补助。

(4)境外突发事件处置费用。相关处置费用包括企业赴境外处理突发事件工作人员的护照、签证、国际旅费和临时出国费用。

(5)外派劳务人员的适应性培训费用。对开展对外劳务人员适应性培训的企业，根据实际培训并派出人数，给予一定数额的补助。

(6)企业投保海外投资保险的保险费。

贴息贷款是指对中国企业从事境外投资，境外农、林、渔合作，用于项目经营的一年以上(含一年)的贷款给予贴息。

根据这一文件精神，对外合作企业可通过直接补助和贴息贷款的方式获得最高3 000万元的财政专项资金支持。

2.产业投资基金支持

国家开发银行自1998年以来，与其他国内外机构合资设立了四只产业投资基金，即中瑞合作基金、中国—东盟中小企业投资基金、中国比利时直接股权投资基金和中非发展基金有限公司，以股权和准股权投资等方式支持中国企业包括农业方面的对外合作。

3.信贷融资支持

(1)优惠贷款。

三大政策性银行中，中国进出口银行对境外农业投资提供境外投资专项贷款和援外优惠贷款，国家开发银行根据国家总体战略对农业进行投融资政策倾斜，支持包括农业国际合作等多个现代农业发展领域。2003年5月，国家发改委、进出口银行等颁布《关于对国家鼓励的境外投资重点项目给予信贷支持的通知》(发改外资〔2003〕226号)，明确提出“国家发改委和中国进出口银行共同建立境外投资信贷支持机制”。根据国家境外投资发展规划，中国进出口银行在每年的出口信贷计划中，专门安排一定规模的信贷资金(以下称境外投资专项贷款)用于支持国家鼓励的境外投资重点项目。境外投资专项贷款享受中国进出口银行出口信贷优惠利率。

境外投资专项贷款主要用于支持下列境外投资重点项目：

①能弥补国内资源相对不足的境外资源开发类项目。

②能带动国内技术、产品、设备等出口和劳务输出的境外生产型项目和基础设施项目。

③能利用国际先进技术、管理经验和专业人才的境外研发中心项目。

④能提高企业国际竞争力、加快开拓国际市场的境外企业收购和兼并项目。

(2)境外投资保险和担保。

中国信用保险有限公司承办境外投资保险、担保。2005年8月,商务部和中国出口信用保险公司做出《关于实行出口信用保险专项优惠措施支持个体私营等非公有制企业开拓国际市场的通知》(以下简称《通知》),支持非公有制企业对外合作。此外,中国出口信用保险公司为中国境外投资企业承包对外投资战争、罢工、政治等险种。《通知》提出商务部、中国信保共同为非公有制企业提供出口贸易风险管理培训,帮助非公有制企业建立健全出口贸易风险管理机制,规避贸易风险,实现稳健经营。根据这一要求,中国出口信用保险公司对大型非公有制出口企业提供个性化便利服务,并根据企业需求为企业量身定做出口信用保险服务方案。对中小型非公有制出口企业简化投保程序,提供便捷服务。中国信保短期出口信用保险业务的"中小企业综合保险"在试用期向中小型非公有制企业全面开放,同时为非公有制企业"走出去"提供全方位的出口信用管理优惠服务,包括短期出口信用保险、中长期出口信用保险、海外投资保险、国内贸易信用保险、海外商账追收等产品组合服务。

4.税收优惠支持

税收优惠是相对独立的支持政策。现有的税收优惠表现在两个方面:一是对出口和对外投资企业的税收优惠支持;二是对特定农业项目(如替代种植)、特定区域(如东盟、边境地区)和农产品的个别税收支持,主要通过对税收体系中具体税别(增值税、关税、所得税及相关税收协定)的调整来实现。云南省国家税务局《关于境外罂粟替代种植农产品增值税有关问题的公告》(云南省国家税务局公告 2012 年第 2 号)中对于替代种植的税收优惠如下。

(1)替代种植企业报关进口后直接销售的,属农业生产者销售自产农产品免征增值税,可开具农产品销售发票。

(2)替代种植企业报关进口用于连续生产加工,加工后销售的产品仍然属于《财政部—国家税务总局关于印发〈农业产品征税范围注释〉的通知》(财税字〔1995〕52 号)所列农业产品范围的,属于农业生产者销售自产农产品免征增值税,可开具农产品销售发票。

(3)替代种植企业报关进口后用于连续加工生产,加工后销售的产品不属于《财政部—国家税务总局关于印发〈农业产品征税范围注释〉的通知》(财税字〔1995〕52 号)所列农业产品范围的,按增值税适用税率征收增值税。

(4)替代种植企业报关进口后销售的农产品享受免征增值税的,应将《云南省境外罂粟替代种植企业证书》《云南省境外罂粟替代种植返销国内产品进口批准证》、免征进口关税和进口环节增值税凭证以及相关部门核定的罂粟替代种植的农产品数量、品种等相关资料(复印件)报主管税务机关备案。

(二)信息服务与相关保障的政策支持

1. 产业信息服务

农业对外合作信息现阶段主要涉及对外直接投资的企业信息、投资国市场环境信息、市场投资机会信息、国别产业导向信息、风险和预警信息等。

中国现有农业领域的信息服务主要集中于商务部、驻外使领馆。驻外使领馆主要从东道国宏观环境、我国境外投资指引政策等方面提出意见和建议。商务部发布《国别贸易投资环境报告》农产品分册,外交部、发改委等发布《对外投资国别产业导向目录》,商务部、国家统计局、国家外汇管理局发布《对外直接投资统计》,协同驻外使领馆建立国别投资经营障碍报告制度、对外投资合作境外安全风险预警和信息通报制度。以上公共信息服务主要以国别为基础,针对投资国环境信息、投资引导以及风险提示。

2.人力资本保障和技术推动

在农业对外合作的过程中,人力资源和技术具有特殊的重要性,尤其是适应投资国的农业技术和技术人员。在分工方面,商务部门组织对外合作企业的对外投资政策培训;农业部门在技术交流合作项目中,主要承担派遣农业专家和技术人员,培训当地农业管理官员及技术人员等工作。

此外,各地方政府也陆续出台了相关文件,支持农业对外合作是其中的重要内容。例如,2011 年 7 月 5 日,安徽出台了《安徽省人民政府办公厅关于加快实施农业对外合作战略的意见》,要求省政府有关部门和单位加强协调配合,为农业对外合作服务。明确每年省财政支持对外合作的资金中,专门用于支持农业对外合作的比例不低于 20%。广西于 2011 年 5 月 19 日发出《广西壮族自治区人民政府关于加快实施对外合作战略的意见》,其中把"农业开发合作"作为重点工作。浙江省建立了支持对外合作企业前期调研专项资金,对企业开展境外投资发生的前期费用给予一定的资助,并且建立各类农业对外投资奖励和补助,对在境外投资开展生产加工、资源开发和经济贸易合作区(工业园)建设的农业企业,根据一定的条件进行不同额度的奖励。浙江省宁波市、绍兴市、台州市等对率先对外合作的农业龙头企业、合作社等,在龙头企业专项贷款贴息等方面给予重点扶持。

二、对农业国际合作相关主管部门的建议

(一)理顺现有领导和协调机制

在商务部和农业农村部牵头成立的由 10 个部门组成的农业

“走出去”工作部际协调领导小组和由14个部门组成的境外农业资源开发部际工作机制的基础上，由农业农村部牵头、相关部门密切配合，统一协调解决农业在“走出去”“请进来”过程中存在的有关体制机制方面的问题。农业农村部作为牵头部门，应设置专职化部际工作小组，协调、服务和督促各项重要行动部署。其他相关机构作为参与部门，应加强协调配合，构架一个更加有效的统筹协调和推动机制。

（二）抓紧编制相关战略规划

坚持立足国内保障基本供给、有效利用国际资源与国际市场的原则，根据中国农业发展方向、农产品供需前景、农产品进出口形势，从全球视野的战略高度对境外农业投资、引进农业外资、国际农业合作进行整体考虑，从国家层面研究制定中国农业“走出去”总体规划与中国农业“引进来”战略规划。一方面，明确中国海外农业投资的主要区域、重点领域、主导产品、合作方式及其支持政策，引导相关主体参与全球农业资源开发与农产品市场建设。就当前而言，投资区域可由侧重关注非洲、东南亚等土地治理相对薄弱的发展中国家向兼顾欧洲、大洋洲等土地制度相对完善的发达国家市场转移；投资领域可由侧重关注种植环节向农产品收购、仓储、加工、物流等产前、产后环节转移，打造产、供、销、储、运、加一体化的农产品产业链；投资产品可由重视关注粮食向国内需求潜力大、靠国内生产难以满足、对国家食物安全和经济安全运行都有重要意义的农产品转变；投资方式可由独资向合资、参股、订单农业等本地化经营模式转变；投资主体可由国有企业主导、民营企业一窝蜂向培育并支持具有一定海外农业投资经验的大型跨国企业转变（可优先考虑国家级农业产业化龙头企业和农垦企业）；投资重点可由对发展中国家实施农业援助转向以境外农业投资和国际农业合作为主。另一方面，全面改善投资环境，实施外资准入和安全管理制度，确定中国农业引进外资的优先行业、重点领域、合作方式及其管控政策，尤其是有助于引进国外先进生产技术的相关支持性政策，引导并规范外商农业投资行为。

（三）统筹农产品贸易与农业国际投资的关系

以保障农产品有效供给和提高农业国际竞争力为目标，以提高统筹利用国际国内两个市场、两种资源的能力为途径，统筹协调农产品贸易与农业国际投资的关系，促进全球范围内农业资源的优化配置。就农产品贸易而言，应进一步扩大劳动密集型、高附加值农产品的出口，在坚持立足国内生产保障国家粮食安全、加强国内农业产业支持和保护的基础上，有选择地适度进口国外农产品，缓解我国农业资源环境压力，调剂农产品结构性失衡压力，促进国内农业发展转方式、调结构；就农业国际投资而言，应在稳定发展农产品国际贸易的基础上，进一步加快农业"走出去"步伐，积极参与农业综合开发与全球供应链建设，多渠道增加全球农产品有效供给，提升国际农产品市场的话语权与定价权。

（四）优化农业"走出去"与"请进来"平台

我国"南南合作"经验丰富，2014 年李克强总理在联合国粮食及农业组织总部宣布未来五年中国政府将向其捐赠 5 000 万美元，用于开展农业"南南合作"。同时，我国正在推动共建"丝绸之路经济带""21 世纪海上丝绸之路"，发起建立金砖银行、亚洲基础设施投资银行、丝路基金等金融平台，加快推进中澳自由贸易区、中韩自由贸易区、中非合作论坛、中国—东盟自由贸易区等多双边合作平台，正在形成全方位的对外开放大格局。以此为基础或支撑，积极与相关国家进行沟通与协商，加快推动签订有关政府间协议，包括投资保护协定、避免双重征税协定、司法协助协定、经济合作协定、贸易与投资促进协定等法律文件，利用对外援助和经贸谈判，协调解决我国农业"走出去"与"请进来"面临的现实问题，促进贸易、投资和人员往来便利化，创造有利于农业国际合作的政治经济环境，以合作促进开放，以开放扩大合作。此外，中国有大量的境外基础设施建设与工业开发项目，可以推动工业类境外援建项目与农业投资开发有机结合，充分利用对外援建工业示范园区、道路、电力等基础设施的机会，统筹布局我国境外农业产业园区，提高我国农业投资地区的物流、能源供给和交通水平，推动“工农携手走出去”。

（五）加大农业“走出去”政策支持力度

商务部、农业部等相关部委及其下属机构应密切跟踪东道国政策和法律变化，大力加强海外农业投资信息收集、评估与分享工作，定期制定并发布《海外农业投资指南》等指导文件，强化海外农业投资服务、培训与风险预警，增强企业对国际政治经济形势、所在国政局变化与政治走向等方面的把握和了解，减少单个企业的信息收集成本与投资风险。尽快建立海外农业的发展基金，对企业海外市场开拓实施补贴、贴息和紧急援助，同时，逐步建立绩效导向的包括贷款、税收、保险、补贴、进口配额等方面的海外农业投资支持体系，鼓励企业采取公平、包容和共赢的投资模式，鼓励企业向产业链两端拓展，鼓励企业不断开拓发展市场，不断拓展中国农业发展空间，强化境外重点区域的空间布局，增强我国在国际大宗农产品产业链条中的话语权。加大中国跨国农业经营企业的支持力度，鼓励其打造产、供、销、储、运、加一体化的农产品产业链。研究出台其他扶持政策与支持措施，切实解决农业“走出去”中存在的农产品返销难、话语权不足等各种问题。

（六）实施外资准入和安全管理制度

健全符合国际规则的外商经营农业生产资料和农产品的准入制度，将农业基础设施建设、农业生态环境建设以及国内生产优势明显、国际市场需求旺盛的相关产品和产业列为鼓励外商投资的领域，严格查处通过不断增资扩股改变股权比例等变相进入外资禁入或者限制进入的行业的行为。研究制定外资并购国内涉农企业的安全审查制度,全面评估外资进入对我国农业产业、农民就业与农产品市场的影响,建立适合我国国情的反垄断实施细则,根据评估结果启动相关救济措施。建立大型涉农企业强制性经营信息报告制度,强化大型企业在带动农民创收、保障农产品稳定供给方面的社会责任,提高农业利用外资水平与利用效果。

(七)加强合作与行业自律

对于农业"走出去",重在组建或依托中国农业对外投资行业协会、海外农业企业行业协会、中国农业国际交流协会等相关协会。一方面,加强行业协会在政府间协调、境外事务协调、信息咨询、相关培训、企业境外良好经营行为规范等方面的作用,提高企业境外良好投资意识,降低政府直接推动的负面影响,避免企业之间的恶性竞争,为企业"走出去"保驾护航;另一方面,以协会为中介、以企业为主体、以市场为导向,推动国企、民企间的联合和资源共享,促进农产品上下游各环节相关企业的相互合作,形成"抱团式"的农业"走出去"模式,提高境外经营能力与渠道掌控水平。对于农业"引进来",可以依托国内相关行业的学会、协会,发挥其信息收集、市场监测、影响评估、舆论监督等方面的作用,引导并规范外资行为。

第五章 “一带一路”倡议下中国农业对外合作战略

我国政府对农业生产非常重视，中央陆续提出了一些惠农政策，国家对“三农”的总投入在不断上升。尤其是“一带一路”倡议提出以来，中国的农产品真正迎来了“走出去”的机遇，在此背景下，发展农业迎来大好时机。

第一节 “一带一路”倡议的由来及对农业的意义

一、古代陆上丝绸之路

中国是东方古国，中国的劳动人民很早就发现桑蚕能够吐丝，用蚕丝织成的丝织品是做衣服的上好材料。中国人不仅制造出了美丽的丝绸，还将我国的丝绸运到遥远的欧洲，从此打通了一条“丝绸之路”。

目前，一般认为丝绸之路是两汉时期中国古人开发的，是一条以洛阳、长安为起点，连接东西方文明的通道，这条道路不仅带来了中西方文明的交流，还促进了中国和亚欧大陆经济的繁荣发展。

二、古代海上丝绸之路

海上丝绸之路的雏形在秦汉时期便已存在，目前已知有关中外海路交流的最早史载来自《汉书·地理志》,当时中国就与南海诸国接触,而有遗迹实物出土表明中外交流可能早于汉代。

在唐代以前,中国对外贸易的通道主要是陆上丝绸之路,至宋朝北方战争不断,国家的重心转至南方,渐渐地海上丝绸之路成为中国对外贸易的主干道。在唐代,我国东南沿海有一条叫作"广州通海夷道"的海上航路,这便是我国海上丝绸之路的最早叫法。在宋元时期,其是范围覆盖大半个地球的人类历史活动和东西方文化经济交流的重要载体。海上通道在隋唐时运送的主要大宗货物仍是丝绸,所以后世把这条连接东西方的海道叫作海上丝绸之路。到了宋元时期,瓷器出口逐渐成为主要货物,因此又称"海上陶瓷之路"。同时由于输出商品有很大一部分是香料,因此也称"海上香料之路"。海上丝绸之路是约定俗成的统称。

三、新时期丝路战略

新时期,我们肩负着更伟大的使命。中国作为亚洲最大的发展中国家,有责任担负起促进全球长期稳定发展的任务。

在全球经济低迷的当下,中国国家主席习近平深感历史给予的使命,于 2013 年 9 月 7 日在哈萨克斯坦纳扎尔巴耶夫大学发表了著名的演讲,习主席表示:为了使各国经济联系更加紧密、相互合作更加深入、发展空间更加广阔,我们可以用创新的合作模式,共同建设"丝绸之路经济带",以点带面,从线到片,逐步形成区域大合作。

在此演讲后不到一个月,习近平主席在印度尼西亚国会发表演讲时表示:中国愿同东盟国家加强海上合作,使用好中国政府设立的中国—东盟海上合作基金,发展好海洋合作伙伴关系,共同建设"21 世纪海上丝绸之路"。

丝绸之路经济带:建设运行的初始阶段,将主要涉及中国西北地区和中亚各国,未来将会逐步涵盖和辐射中东欧、西欧以及西亚、北非地区。

21世纪海上丝绸之路：目前合作的主体是东南亚国家，今后可延伸至印度洋、中东、非洲和地中海地区。

四、“一带一路”对农业的意义

对于人类而言，生存是基础。“一带一路”倡议的提出对沿线国家而言是至关重要的，抓住这样一次改善地区发展的良好机会，能够将构建人类命运共同体推向新的高度。

(1)从地区范围来看，“一带一路”沿线国家大多数是农业大国，其中有四个国家的农业增加值居于世界前列。据统计表明，中国农业增加值2016年达9 585亿美元，居世界第1位，印度为3 530亿美元，居世界第2位，印度尼西亚为1 254亿美元，居世界第4位，俄罗斯为547亿美元，居世界第8位。此外，巴基斯坦等南亚国家农业增加值也均超过500亿美元，居世界前列，如图5-1所示[①]。

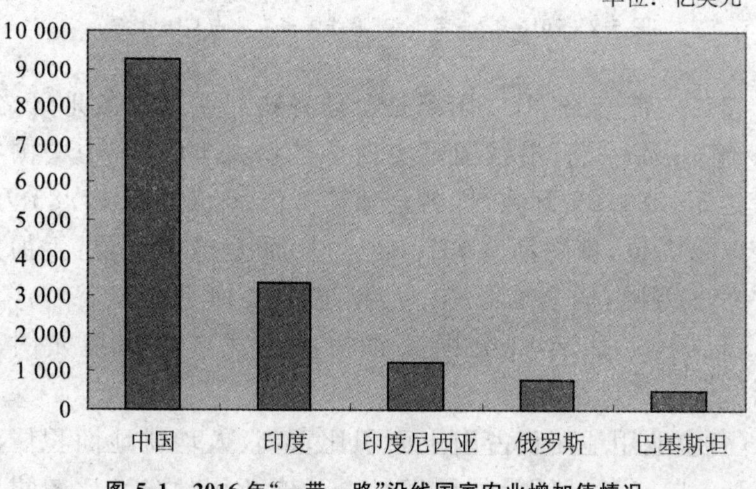

图5-1 2016年“一带一路”沿线国家农业增加值情况

① 李富佳，董锁成，等.“一带一路”农业战略格局及对策[J].“一带一路”生态风险与地缘战略，2016，31(6)：679－686.

(2)不难发现,"一带一路"沿线国家的农业经济比重整体高于全球的平均水平。"一带一路"国家的农业增值空间大、前景广阔,特别是东南亚国家和中亚国家,其农业占 GDP 的比重超过 20%。可见,农业在"一带一路"沿线国家的国民经济体系中具有重要地位,如图 5-2 所示。

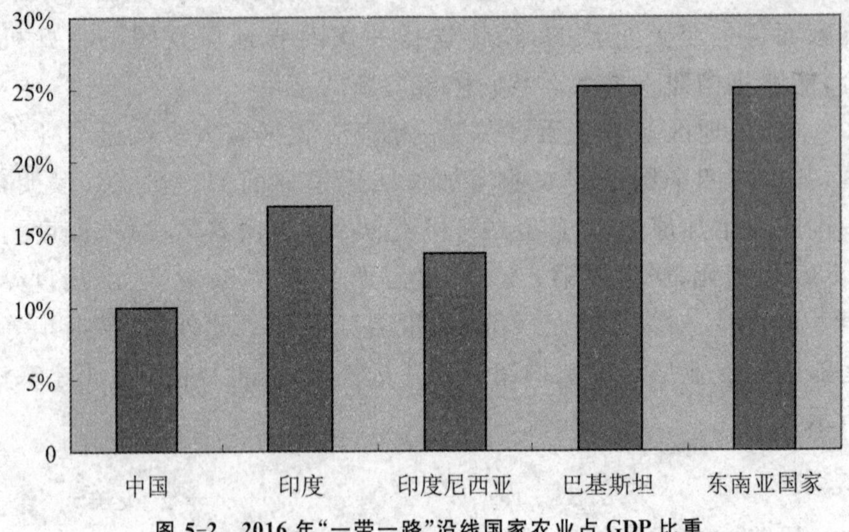

图 5-2　2016 年"一带一路"沿线国家农业占 GDP 比重

(3)"一带一路"沿线国家是全球谷物产量最高的地区之一。2013 年"一带一路"沿线国家实现了谷物大丰收,其中中国谷物产量达 55 284.06 万吨,排名全球第 1 位;印度 29 397.85 万吨,居全球第 3 位,俄罗斯 9 037.04 万吨,居全球第 5 位;孟加拉国 5 424.92 万吨,居全球第 10 位,据统计 2014 年全球谷物产量超过 25 亿吨,2014 年部分国家谷物占全球产量比重如图 5-3 所示①。

(4)农业用地面积占国土面积比重高、人均耕地面积居于世界前列。"一带一路"沿线国家是全球农业用地分布比较集中的地区,农业用地占全国面积比重普遍较高,如图 5-4 所示。

① 2014 年全球谷物产量及产区格局分析. 中国产业网,http://www.chyxx.com/industry/201512/1374887.html.

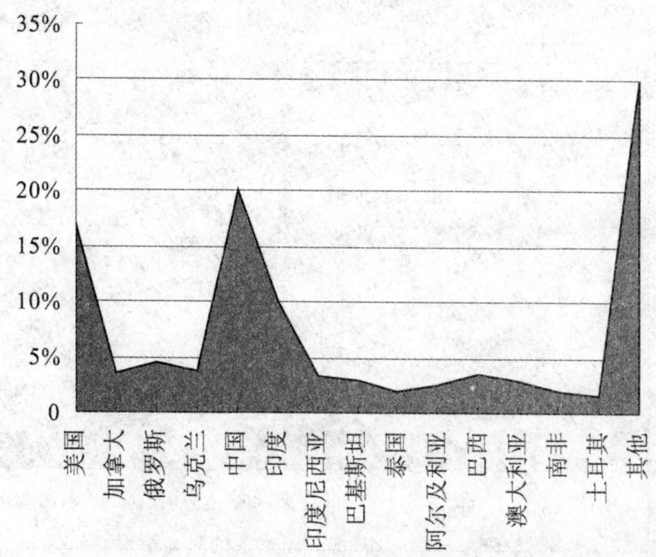

图 5-3 2014 年部分国家谷物产量占比

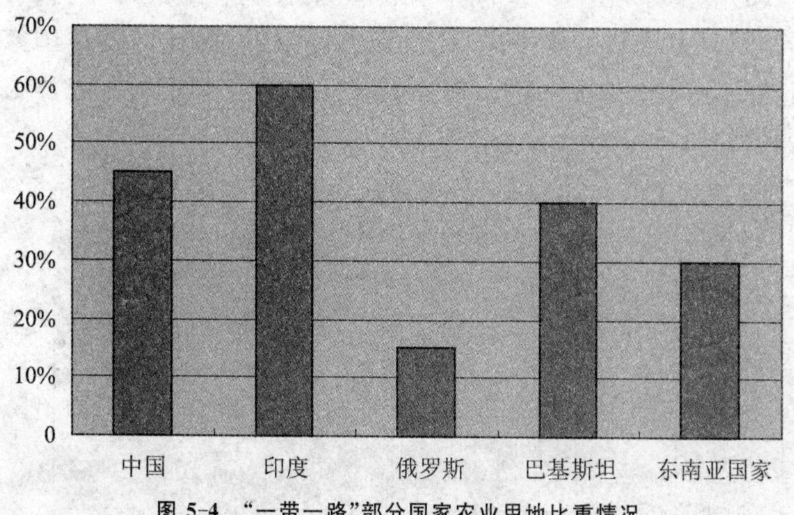

图 5-4 “一带一路”部分国家农业用地比重情况

从人均耕地面积来看，“一带一路”沿线分布着大量地广人稀的国家，从总体上看几乎“一带一路”沿线所有国家人均耕地面积水平均高于中国。特别是中亚、俄罗斯、中东欧等地区人均占有较高的耕地面积，具备巨大的农业开发潜力，如图 5-5 所示。

单位：公顷
2.5
2.0
1.5
1.0
0.5
0
中国
印度
俄罗斯
巴基斯坦
东南亚国家

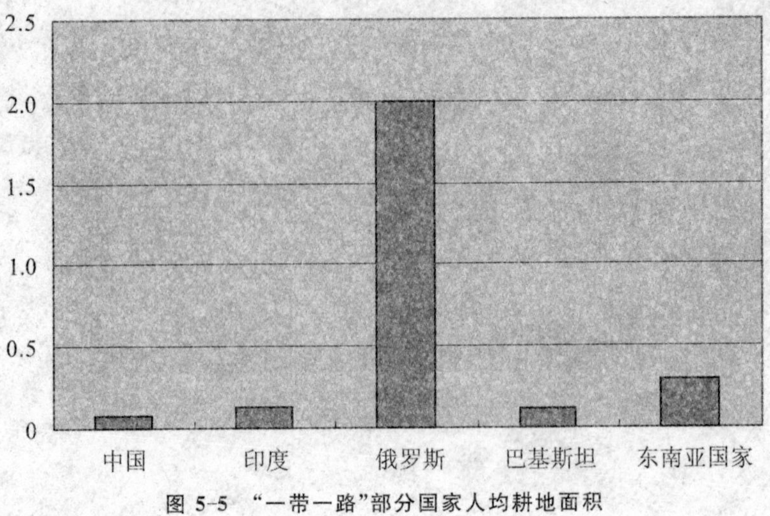

图 5-5 “一带一路”部分国家人均耕地面积

(5)总的来说，“一带一路”沿线国家农业总量大，但是人口基数大，同时由于科技水平滞后、投资力度不够，因此同发达国家相比还处于劣势。2016 年“一带一路”部分国家农业从业人员人均增加值如图 5-6 所示。

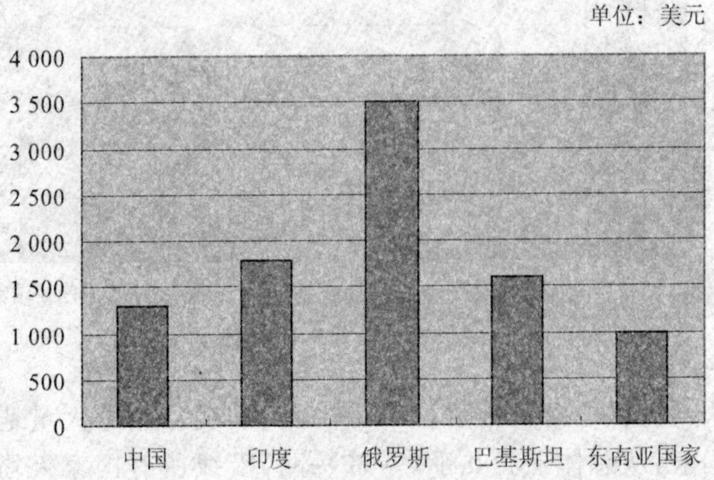

单位：美元
4 000
3 500
3 000
2 500
2 000
1 500
1 000
500
0
中国
印度
俄罗斯
巴基斯坦
东南亚国家

图 5-6 2016 年“一带一路”部分国家农业从业人员人均增加值

而从单位面积耕地产出情况来看，“一带一路”沿线国家还处于低级水平。就谷物产量而言，“一带一路”沿线国家的产量远低于欧盟、美国等发达国家的平均水平，而蒙古国、哈萨克斯坦、土库曼斯坦等国家，其单位面积农产品产量仅是中国的 1/4。2016 年“一带一路”部分国家谷物单位面积耕地产量如图 5-7 所示[①]。

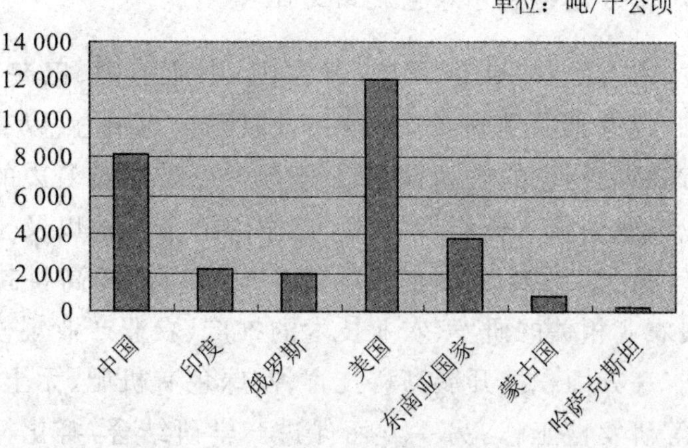

图 5-7 2016 年“一带一路”部分国家谷物单位面积耕地产量

五、“一带一路”下的中国农业布局

（一）鼓励企业海外土地开发

中国人口众多，对农产品的需求量极大。综合分析发现，中国对大豆、棉花、玉米、小麦、水稻等大宗农产品的进口逐年增加。我国土地面积大，但是人口众多，人均耕地面积明显不足，依靠国内土地的自产，很难满足国内的需求，一味地进口又难以保证粮食的安全。对比发现，像俄罗斯、蒙古国、中亚地区，土地资源丰富，人口稀少，技术装备落后。因此，通过和这些国家的合作，能够保障两国人民的粮食需求，还会增加相互信任。一方面，可通

① 李富佳，董锁成，等．“一带一路”农业战略格局及对策[J]．中国科学院院刊，2016，31(6)：680．

过土地入股、土地租赁、种植养殖协议等多元模式，建立国家与国家、企业与企业的战略合作，通过“土地进口”战略，实现海外农业开发。另一方面，积极鼓励我国企业并购海外农产品公司、农庄及农产品加工企业，实现海外投资的价值。

（二）努力建设海外绿色农业园区

集中所有优势，在俄罗斯、蒙古国、中亚五国、巴基斯坦、泰国、缅甸、马来西亚等国家，建设一批以科技为中心、以有机无污染的农产品为特色的农业园区。努力实现双边或多边的战略合作，形成以中国投入资金和技术，合作国给予土地以及土地相关政策的支持，共同实现农业的现代化发展。依托高科技农业园区，开展农业相关的研发、农业技术的推广、农业产业规模化经营等业务。一方面积极开展高科技育种、绿色有机肥、无土栽培、基因技术等研发性工作；另一方面促进产学研结合，孵化符合当地农业发展需求的经济实体。发挥好农业科技园的带头作用，努力实现中国同“一带一路”国家的共同发展。

（三）加强与“一带一路”国家的农产品加工合作

蒙古国、中亚等国以出口初级农产品为主，其在技术和资金方面的劣势造成了在农产品加工领域的弱势地位。因此，这些国家在农产品深加工、医药保健品等领域有着巨大的发展空间。由于我国在改革开放以来，在农产品加工领域、生物医药领域积累了相当多的经验，因此加强农产品加工领域的合作是潜力无穷的。

（四）推进“一带一路”国家农业金融合作

“一带一路”国家普遍是较为落后的国家，在农业融资、投入方面存在较大的困难，各国虽然农业资源丰富，但利用效率低下，近年来各国都颁布了相应的惠农政策。我国成立的亚投行以及国内的金融机构等都可以引导资金进入沿线国家农业领域，通过贷款、资金援助等金融输出,换取相应的农业企业股份、土地开发权等,共同参与沿线国家的农业发展。

(五)成立“一带一路”国家绿色农业国际合作发展联盟

依靠“一带一路”沿线国家丰富的农业资源、良好的农业生态环境,借助亚洲开发银行、国家开发银行等金融机构和国际平台的融资支持,重点针对农业设施、装备、技术、材料以及研发落后、资金不足等实际发展困境,提出并建立“‘一带一路’国家绿色农业国际合作发展联盟”,通过搭建互联互通的信息、科技、人才合作平台网络,全面加强中国与“一带一路”沿线国家在农业科技研发、农业生态保护与治理、有机农产品培育、农机装备购买与租赁、农产品精深加工、生物医药等多领域的广泛、深入合作,以点带面,实现各国农业绿色化发展和可持续发展。

第二节 “一带一路”倡议下的中国农业发展蓝图

一、中国农业新的使命

一直以来,发达资本主义国家占据着多重优势,依靠先进的科技、优越的政策,逐步形成了对中国和欠发达国家的不利局面,导致农业发展通道不畅、上升空间狭窄、地区影响力较小的艰难状态。“一带一路”倡议是一个良好的开端,为我国农业发展奠定了坚实的基础。因此,我们需要扬长避短,突破我国农业发展的瓶颈,紧紧抓住“一带一路”倡议契机实现跨地域的发展。

(一)突破发展瓶颈,实现农业的转型升级

我国经过改革开放 30 多年的发展,农业生产水平和现代化种植技术稳步提升。数据表明,2016 年我国农业科技进步贡献率

已经超过56%,机械化水平超过了60%,主要农作物良种覆盖率超过96%。中国国土面积大,但是适用耕种的土地只有7%,要靠这7%的土地养活占世界22%的人口,其压力是巨大的。从化肥使用量上看,我国的化肥施用量约为世界平均水平的2.5倍,可见我国为农业生产投入的资金是巨大的。而大量施肥导致了水污染加剧、耕地质量连年下降、地下水资源超采到了危急关头,以及我国西北地区的粗放式生产、小农式经营、产业链条切割式发展模式难以为继等"软约束"。中国农业需强化产业融合发展,加强新型经营主体培育,加大与沿线国家的深度合作。

(二)引领地区农业迈上高速发展

世界上的新兴经济体国家对"西方为主"的全球不平等分配,尤其是农产品的不平等贸易越来越反感。欧美等西方国家想通过跨太平洋伙伴关系协议(TPP)、跨大西洋贸易与投资伙伴协议(TIPP),将自己国内的金融风险转嫁到别国和意欲构建利己主义的新经济及农产品贸易格局引起了其他国家的强烈反对。在此背景下,中国提出"一带一路"倡议,有助于实现地区和平、稳定、平等地发展,也是中国作为大国的责任所在。

(三)打造新型农业文明,深化"一带一路"倡议

传统大国与新兴大国之间的竞争日趋白热化,在硬实力方面两者不分上下,因此软实力成为了各国角力的要点,几乎决定着大国竞争的成败。中国的农业文化传承千年,农业文明是中华文化极为重要的组成部分,中国为全球农业发展和人类历史的进步做出了不朽的贡献。全球工业化过程对农业生产造成了不利的影响,贸易全球化过程造成了农产品的不平等,现代科技致使粮食高产过程中全球饥民不降反升,温饱问题在有些地区不仅没有消除,反而有愈演愈烈的趋势。在此关键时刻,世界各国应和中国一道努力推进"一带一路"建设,共同推进人类的进步。

（四）努力实现“中国农业国际化”

所谓农业国际化，就是要实现农民国际化、战略国际化及路径国际化。我国在农业方面尤其是农业生产、农业资料、农业技术以及农产品国际化方面取得了很大的进展，我国对外的农业投资实现快速增长，据统计 2016 年我国农业对外直接投资存量超过 98.30 亿美元。然而，我国的农业品牌建设还处于较低水平。中国要想成长为真正的大国，还需要不断地努力拼搏。“一带一路”作为中国贡献给世界人民的共同品牌，将会为中国农业国际化营造良好的氛围，这是实现中国农业品牌建设的最佳机遇。

二、“一带一路”倡议下，中国农业发展新趋势

“一带一路”是目前世界上最大的合作与发展平台，是中国农业和世界农业共同进步的重要平台。当下，我国农业正在完成由“生产导向”向“消费导向”的转变，由“规模扩张”向“提质增效”的转变，由“要素驱动”向“创新驱动”的转变。必须清楚的是，中国农业在我国现代化发展中还处于较为落后的状态，我国应及时做好调整，“扬长避短”是我国农业发展的重点，社会步入高速化时代，营养健康的理念逐渐进入中国老百姓的视野，现代农业应抓住这样的机会，极力发展营养健康的农产品。

（一）农业生产经营新模式，加速战略新兴产业生成

互利网技术为农业的发展提供了便利的信息平台，在此形势下，农业的组织形式、商业模式和盈利模式发生了翻天覆地的变化。需要尽快调整农业经营模式，尽早实现生产智能化、经营网络化、管理智慧化、服务精准化的农业生产经营新模式。

（二）食品安全和健康新理念，构成农业发展新动力

深化“一带一路”倡议，多重目标、多重任务、多重挑战、多元

化发展的农业格局将促进"一带一路"沿线国家快速实现农业现代化和农业信息化,实现区域内农业经济的互补,加速缩短各国的消费差距。当人均国民生产总值达到一万美元后,人们对食品的安全和营养健康的追求日趋明显,我国在美食文化方面可谓是博大精深,应从食品安全和营养健康角度出发,打造更具特色的"舌尖上的中国"。

(三)农业驱动功能明显,国际博弈与合作走势趋强

"一带一路"农业合作最大的问题是农产品的安全和健康,农业合作更是各国"命运共同体"的最佳契合点。处于"一带一路"倡议区域的哈萨克斯坦与俄罗斯是粮食出口大国,这为我国粮食进口多元化提供了便利条件;同时沿线国家对我国的农机、科学种植、海水养殖技术需求较大。随着沿线国家对农业资源、技术、产品、品牌和市场整合的加速,农业必将成为我国对外投资、产业转移、市场开发、国际资源利用、技术文化输出、国际合作与对外交往等的重要领域,各国的比较优势和农业发展能力也将更好地发挥,使各国真正做到扬长避短。

三、"一带一路"倡议下,中国现代农业发展新路径

自古以来,中华民族就是以农业为根本的国家,农业缔造了历史悠久的中国文化。当下,我国农业的发展还处于欠发达水平,有些地区甚至刚刚摆脱原始的农耕状态,农业作为我国强国建设中的突出短板,农业国际化战略实施任重而道远。我们应以"一带一路"倡议为契机,以科学技术为导向,加速中国农业科学设计发展之路,在关键领域占有一席之地,强化中国的国际战略地位和引领作用,主动帮助落后的沿线国家,实现沿线国家互联互通,主动承接历史赋予中国农业的新使命。

(一)聚力现代农业,引领农业发展

政府应发挥带头作用,着力促进以骨干企业为代表、中小企

业为支撑的农业发展模式。鼓励和支持农业企业投资、并购、参股国外农庄或农产品加工公司，为尽早进入国际市场做好准备；以专利、标准、技术和装备的创新集成，将拥有比较优势的农业企业迅速转化为市场占领、经营能力强大和生产盈利优势，不断提升核心竞争力，做大做强现代农业，全面拓展农业发展空间。现代农业以信息技术为指导，建立食品的安全保障体系和质量标准，努力构建从田头到餐桌的安全建设和文化建设，努力构建中国式的饮食文化，大力发扬中国文化的魅力，系统打造食品质量标准与安全控制的中国版，全面体现新一轮世界农业发展中的“中国风情”。

（二）打造“农业＋”品牌，构建经济发展新驱动

“互联网＋”浪潮席卷农业，一、二、三产业加速融合，“农业＋”应运而生。现代农业生产管理运营的精准化和集约化加速，庞大在线消费迅即由互联网延伸至农业产业全链条，形成农业产业新模式、新业态，孕育农业战略新兴产业，农业劳动生产率显著提升。中国农业品牌建设是“一带一路”倡议实施的重要载体，是中国农业国际化的有效工具，是我国“供给侧”改革的第一方阵。“十三五”期间是农业品牌建设的重大机遇期，应加快探索农业品牌建设新模式、研究品牌建设新路径，加强农业品牌基地建设，完善农业品牌培育体系，建立和完善品牌农业的产业链、价值链、供给链，培植核心优势凝聚下的支柱产业链，加速世界农业发展新驱动，为农业品牌培育和国际市场开拓创造良好的环境。

（三）重铸农业发展平台，共建繁荣新秩序

当前，世界农业发展格局发生着深刻变化，发展中国家和欠发达国家期盼我国农业发挥重大国际作用的呼声鹊起，发达国家也“频送秋波”；新常态下的我国农业也进入了全面攻坚发展的关键期。“时至不迎，必受其殃。”“一带一路”倡议情势下的中国农业，面对着千年一遇的机遇与强大的挑战，应加速新平台建设，凝

聚世界新兴力量,构建世界农业发展新格局,重塑世界农业发展新秩序;构建分工合理、发展均衡的世界农业新形态,引领世界农业文明永续发展。"预则立,不预则废",建议:一是在中央"一带一路"领导小组办公室增设农业国际合作战略局,主导建立统一的大农业战略规划、国际农业方略实施;二是亚投行增加农业基础设施专项,深化与农业资源丰富国家的合作,大力发展现代农业;三是农业农村部成立"一带一路"农业国际发展联盟,发起"一带一路"农业发展协同基金;四是供销总社成立"一带一路"国际供销协同联盟,发起"一带一路"国际农资协同基金;五是以我国为主导,建设全球性农业交流中心和国际性农资农机交易中心及全球性农业人才中心。以上国际机构的构建,将全面强化我国在各种国际农业计划、议程、规则、市场开放与准入及其双边与多边合作、谈判、农业全链条生产标准体系安排方面的地位与能力。

第三节　中国与"一带"沿线国家的农业国际合作战略

一、中国与中亚各国的农业合作

中亚位于亚欧大陆的核心地带,自古就是"丝绸之路"的必经之地。在中亚五国中,哈萨克斯坦、吉尔吉斯斯坦与塔吉克斯坦三国与我国新疆接壤,其他两国土库曼斯坦、乌兹别克斯坦与我国也较为邻近。自 2001 年上海合作组织成立以来,双边和多边经贸合作不断展开。本书的中亚国家包括哈萨克斯坦、吉尔吉斯斯坦、塔吉克斯坦、土库曼斯坦以及乌兹别克斯坦。目前,哈萨克斯坦、吉尔吉斯斯坦、塔吉克斯坦、乌兹别克斯坦是上海合作组织的成员国。2013 年习近平主席访问哈萨克斯坦时,提出了共建"丝绸之路经济带"的构想,得到"丝绸之路"沿线国家的广泛响应与支持。2015 年，哈萨克斯坦、吉尔吉斯斯坦、乌兹别克斯坦、塔吉克斯坦四国均签署了《亚洲基础设施投资银行协定》，成为亚洲基础设施投资银行（简称亚投行）的创始成员国。

中亚地区农业较为发达，农业增加值在国内生产总值（GDP）中占比较大，一些农业科技达到了世界先进水平，部分农产品在世界农产品市场上占有重要地位。中亚各国基本都是传统的农业大国，跟中国在很多方面存在相似性与互补性。中亚拥有丰富的土地和光热资源，在旱作农业、棉花种植等方面拥有很大优势，农业发展潜力巨大。中国与中亚开展农业合作具备历史传统和地缘文化优势，前景十分广阔。

中国农业与中亚农业的相互合作是我国“一带一路”倡议的重要布局，这一点得到了国内外农业专家和农民的广泛认可。这里我们从农业投资、农产品贸易、农业科技合作等几个方面，就中国与中亚各国的农业合作做了相关的分析和研究，提出了中国与中亚农业合作的思路和建议。

（一）中国与中亚农产品贸易现状与基础

1. 中亚五国农业发展情况

中亚地处亚欧大陆的中心地带，是沟通亚欧之间交通的必经之路，北与俄罗斯接壤，东与中国接壤，南与伊朗、阿富汗接壤。中亚属于北温带大陆气候，光热资源丰富，大部分为平原，西部为内陆盆地，北部则是西西伯利亚平原的延续，中部为哈萨克丘陵和低高原，仅东南部边缘有小面积山地盘踞。中亚五国国土面积合计 400 万平方千米，其中耕地面积 3 241 万公顷，人口 6 758 万人，具有较好的农地、水资源、劳动力等传统农业生产要素，农业以种植业和畜牧业为主。

如表 5-1 所示，2014 年，中亚五国国内生产总值为 3 394.16 亿美元，其中，哈萨克斯坦 GDP 最高，达到 2 122 亿美元，乌兹别克斯坦为 626.40 亿美元，土库曼斯坦为 479.30 亿美元，塔吉克斯坦为 92.42 亿美元，吉尔吉斯斯坦最低，仅为 74.04 亿美元。哈萨克斯坦和土库曼斯坦为中高等收入国家，其余国家属于中低等收入国家。从农业增加值来看，2014 年，中亚五国农业增加值为 334.56 亿美元。其中，乌兹别克斯坦农业增加值最高，为 119.02 亿美元，哈萨克斯坦次之，为 106.1 亿美元，土库曼斯坦为 71.9 亿美元，塔吉克斯坦为 24.95 亿美元，吉尔吉斯斯坦最低，仅为 12.59 亿美元。从农业在国民经济中的比重来看，2014 年，中亚五国农业约为 10%，农业比重最大的国家是塔吉克斯坦，农业增加值占 GDP 的比重为 27%，乌兹别克斯坦次之，占 19%，吉尔吉斯斯坦占 17%，土库曼斯坦占 15%，哈萨克斯坦最低，仅占 5%。

表 5-1　2014 年中亚五国农业经济情况

类别	哈萨克斯坦	乌兹别克斯坦	吉尔吉斯斯坦	土库曼斯坦	塔吉克斯坦
GDP/亿美元	2 122.00	626.40	74.04	479.30	92.42
人口/万人	1 729.00	3 074.00	583.00	531.00	841.00
农业增加值/亿美元	106.10	119.02	12.59	71.90	24.95
农业增加值占 GDP 比重/%	5.00	19.00	17.00	15.00	27.00

中亚五国农业主要是种植业和畜牧业，种植业以粮食（小麦、玉米和水稻）、油料和棉花这三类土地密集型产品为主，其他较重要的作物是甜菜及蔬菜瓜果，中亚五国普遍重视粮食生产，强调粮食自给。目前，哈萨克斯坦能够大规模出口谷物，乌兹别克斯坦和土库曼斯坦粮食基本自给，吉尔吉斯斯坦粮食自给率约为 90%，塔吉克斯坦一直是缺粮的贫困国家，被联合国列为被救援国家。中亚五国是世界重要的棉花产区之一。塔吉克斯坦的棉花产业与铝产业并列为国内两大支柱产业。棉花也是吉尔吉斯斯坦和土库曼斯坦的主要农产品和出口商品。中亚五国拥有大规模的草场和牧场，草地面积为 2.5 亿公顷，约占土地面积的 66%，畜牧业以牛马羊养殖为主，主要的畜产品有鸡蛋、肉类、牛奶、羊毛和蚕丝等。土库曼斯坦的羊毛及其地毯制造业和蚕茧产量

较高，在国际市场上占有重要地位。其中，羊毛和蚕丝是土库曼斯坦、乌兹别克斯坦、哈萨克斯坦和吉尔吉斯斯坦的主要出口商品。

中亚各国居民食品消费结构中，以谷物产品为主，占消费总量的45%，其次是肉蛋奶鱼类产品，约占30%，对果蔬类产品的消耗比较少。另外，居民对畜牧加工品需求较大，但中亚五国农产品加工业发展严重滞后，区域内加工能力不足，主要依赖进口。

2.中国与中亚五国农产品贸易情况

中亚五国的农产品进出口规模仅占世界总量的0.5%，农产品出口种类比较单一，在国际上具有比较优势的农产品是纺织纤维(棉花、羊毛、蚕丝)。长期以来，中国与中亚农产品贸易规模较小，以边境小额贸易为主，但是近年来，农产品贸易增长速度较快，如表5-2所示。2005年中国与中亚农产品贸易额为4.77亿美元，2009年农产品贸易额达到历史最高点13.79亿美元，2014年中国与中亚五国农产品贸易额已经超过13.49亿美元，占中国农产品总贸易额的0.7%，比2005年增长182%，年均增长11%。中亚五国中，中国与乌兹别克斯坦的农产品贸易额最大，2014年为6.53亿美元，占到五国农产品贸易额的48%；排在第2位的是哈萨克斯坦，2014年贸易额为4.3亿美元，占32%；中国与吉尔吉斯斯坦、塔吉克斯坦和土库曼斯坦农产品贸易额较少，约占贸易总量的20%。

2014年中国与中亚五国农产品贸易结构中(表5-3)，中国整体上处于贸易逆差，进口总额为8.0亿美元，出口总额为5.46亿美元。其中，中国与哈萨克斯坦、吉尔吉斯斯坦、塔吉克斯坦处于农产品贸易顺差状态，尤其是吉尔吉斯斯坦，2014年中国从其进口总额为0.21亿美元，出口总额为1.88亿美元。农产品贸易逆差最大的是乌兹别克斯坦，2014年中国从其进口5.72亿美元，出口仅为0.81亿美元。从农产品贸易种类看，棉麻丝和畜产品是中国从中亚五国进口最多的产品，约为90%，主要来自乌兹别克斯坦和吉尔吉斯斯坦，中国出口到中亚五国的主要产品有茶叶、药材、水果、畜产品、粮食制品、糖料及糖、棉麻丝、饼粕、坚果、蔬菜等，主要出口市场是哈萨克斯坦和吉尔吉斯斯坦。

表 5-2 2010—2014 年中国与中亚五国农产品贸易金额

单位：亿美元

国家	年份				
	2010	2011	2012	2013	2014
哈萨克斯坦	1.56	2.08	2.81	3.29	4.30
吉尔吉斯斯坦	1.07	1.36	1.46	1.51	2.09
塔吉克斯坦	0.16	0.15	0.28	0.22	0.28
土库曼斯坦	0.33	0.37	0.34	0.35	0.31
乌兹别克斯坦	2.3	5.92	7.91	4.32	6.53
合计	5.42	9.88	12.80	9.69	13.51

表 5-3 2014 年中国与中亚五国农产品进出口金额

单位：亿美元

国家	哈萨克斯坦	吉尔吉斯斯坦	塔吉克斯坦	土库曼斯坦	乌兹别克斯坦
进口额	1.83	0.21	0.07	0.20	5.72
出口额	2.47	1.88	0.20	0.10	0.81

（二）中国新疆与中亚五国农业合作提升策略

1. 增强双方文化认同感，消除中亚五国对中国的潜在顾虑

首先，中国应发挥大国作用，积极主动加强同中亚五国的交流、协商，力争在现有合作模式的基础上，构建一个更为稳定、长期的对话平台，通过建立一个农业经济合作发展长效机制来协商、处理相关事宜，为双方开展深层次合作铸就体制保障。

其次，新疆地区同中亚五国存在千丝万缕的联系，在民族、习俗、文化、饮食、语言、信仰等方面拥有诸多共同点，具有强烈的文化认同感。为此，应加强同中亚五国在人文领域的联系，通过加

强人文交流，增强人文认同感，消除中亚五国对中国的潜在顾虑。

2.加强中亚信息高速公路的建设，确保信息质量与安全

当前，亚欧陆地光缆系统（TAE）已初步建成，该系统横贯乌兹别克斯坦、哈萨克斯坦，以及中国新疆地区，但是碍于网络分段，TAE各流经国只负责管理本国网络，且网络传输规格没有统一规定，系统很难实现统一管理和调度，致使系统效率低下，没有发挥应有的效果。此外，该系统为非闭合环线系统，一旦任何一个地方中断，整个系统都将受到影响，安全性无法得到保障。基于以上原因，双方应致力于加强信息高速公路安全建设，重点修建喀什至塔吉克斯坦以及哈萨克斯坦的两条网络线路，使通信网络形成一个环网，充分保障信息通信的安全与质量，并在此基础上加强各国的国际语音业务合作。

3.尽早签订关税减免协议，提防非关税措施影响

中亚五国只有吉尔吉斯斯坦加入世界贸易组织（WTO），其余四国仍为高关税国家。当前，哈萨克斯坦、俄罗斯、白俄罗斯已成立关税联盟，联盟内部施行零关税，乌兹别克斯坦、哈萨克斯坦、吉尔吉斯斯坦也签署了自由贸易协定，协议区内免征进口关税。而中国尚未与中亚五国签署任何关税减免协议，为此，中国政府应积极同中亚五国进行协商交流，尽早签署关税减免协议，消除关税给双方贸易带来的不良影响。

此外，基于国际贸易发展趋势分析，各国关税措施已大幅减少，但关税措施已转向绿色贸易措施、国内补贴、动植物检疫等非关税措施，以消除国外农产品为本国农产品带来的冲击。目前，中亚五国对农产品进口施行欧洲标准，检疫检验标准非常苛刻。中国应提高自身农产品质量，以规避潜在贸易纠纷。

4.向中亚五国提供经济援助，共同构建自由贸易区

除哈萨克斯坦以外，中亚其余四国经济发展相对滞后。中国

可以利用帮助中亚国家发展国民经济的契机，加强与中亚五国的合作。可以通过特定项目援助、专项贷款、基础设施建设等帮助中亚五国克服经济困难，这样既能促进双方友好关系发展，为双方农业领域合作打下坚实基础，又能维护中国边境安全。中国—东盟合作模式已取得巨大成功，中国同中亚五国的合作亦可借鉴中国—东盟合作模式，在各个领域开展广泛深层次合作，通过双方的共同努力，构建中国—中亚自由贸易区。

5.加强政府服务职能，为双方合作创设良好环境

中国政府应积极做好市场引导与宣传工作，并为中国企业"走出去"创设良好的环境氛围。首先，将中亚地区作为新疆企业"走出去"战略的首选地，为实施"走出去"战略提供充分的法律和政策保障，为新疆同中亚五国开展农业合作创设便利通关环境、法制环境和投资环境，通过政策优惠鼓励新疆有实力的企业积极开拓中亚市场。其次，加强政府服务信息建设，针对国际贸易形势、特点，帮助国内企业收集、分析中亚五国人口、政治、经济、文化、信仰、饮食的市场需求和商品产销渠道，及时掌握最新市场供求信息和行情动态，并对市场预期做出正确预测，做到科学、详尽地了解中亚市场，并编制投资指南，为国内企业提供市场依据。最后，政府部门应定期组织开展会议活动，通过会议帮助跨国公司了解新疆与中亚经济合作区，借助国际会议契机，拓展和深化双方的农业合作。

二、中国与俄罗斯的农业合作

(一)研究区域概况

中国新疆和俄罗斯西西伯利亚(以下简称新—西区域)位于亚洲中部，贯通南北亚和两大洋——印度洋和北冰洋，连接东西亚和欧亚。两地同属北温带大陆性气候。以阿尔泰山为界，边界

线长 54 千米。新—西区域是一个面积达 265 万多平方千米、人口约 3 181 万的环境资源相似的区域单元。人口密度约每平方千米 12 人，绿洲、平原人口密度大，山区人口稀少。该区域内拥有三座人口超百万的大城市——乌鲁木齐(205 万人)、新西伯利亚(140 万人)和鄂木斯克(114 万人)。

两条亚欧大陆桥横贯新—西区域腹地。该区域中心城市乌鲁木齐和新西伯利亚分别处于两条亚欧大陆桥的中枢位置，两市之间有直通航线。

新—西区域为自然资源富集大区，除能源、黑色和有色金属、煤炭等矿产资源外，土地资源也非常丰富。新疆和西西伯利亚两地还同为各自国家的农业生产大区。但在可耕地面积、劳动人口、农产品结构和产量等方面，两地又存在着差异，互补性强，具有较大的合作潜力。

（二）新—西区域农业互补性

中国新疆和俄罗斯西西伯利亚由于在地理位置、社会经济状况等方面的差异，在农业领域具有较强的互补性，从而为新疆和西西伯利亚在该领域的合作创造了条件。当前，双方的互补性主要表现在以下几个方面。

1. 土地资源的互补

(1)新疆土地资源概况。

新疆是中国面积最大的省级行政区，其面积为 166.4 万平方千米，占中国总面积的 1/6。土地资源比较丰富，其农用地面积为 6 307.6 万公顷，被称为“中国土地最大后备库”。但土地资源构成并不均衡，耕地仅为 364 万公顷，占总量的 5.8%；人均耕地面积更是不断下降，近年来，虽趋于稳定，但也仅维持在人均 0.18 公顷左右的水平上。尽管可以通过开发宜农荒地或部分可改良的荒漠来扩大耕地面积，但从全国角度来看，随着人口的不断增加，上述措施并不能从根本上解决包括新疆在内的中国人多地少、粮食生产增长面临极限的问题。

(2)西西伯利亚土地资源概况。

西西伯利亚各地区土地资源都较丰富,除阿尔泰共和国外,其他五个联邦主体均拥有大量的耕地。其中,阿尔泰边疆区耕地面积超过700万公顷,人均耕地面积高达2.8公顷;新西伯利亚州耕地面积占其总面积的21%,达373万公顷,人均耕地面积1.4公顷。即使整个西伯利亚和远东地区,人均耕地面积也有0.94公顷,远远高于0.18公顷。因此,与西西伯利亚乃至俄罗斯长期开展农业合作,将是减轻中国由于耕地面积少、人口不断增加而产生的粮食压力的有效途径。

2.人力资源的互补

(1)新疆劳动力资源概况。

新疆总人口2 050万人。其中,农业人口1 161万人,约占全部人口的57%;人口年自然增长率为10.9‰。农业人口比重过大,人口增长过快,土地人口承载力过大,剩余劳动力过多等已成为制约新疆经济社会发展、人民生活水平提高的重要因素之一①。

(2)西西伯利亚劳动力资源概况。

2016年,西西伯利亚六个联邦主体的人口约为1 120万人,仅为新疆的一半多,但人口构成与新疆相反,城市人口占多数,人口城市化率超过62%,新西伯利亚州和克麦罗沃州更是高达75.2%和85%。在人口增长方面,除阿尔泰共和国外,其余各地区人口全部为负增长,年自然增长率为−5.7‰。其中,克麦罗沃州为−7.9‰。这与西伯利亚乃至整个俄罗斯的人口状况相同。西伯利亚人口问题一直非常尖锐,自20世纪90年代以来更有不断恶化的趋势。1991年苏联解体后,由于较高的死亡率、较低的出生率和人口的净迁出等原因,西西伯利亚已减少了大约400万人。与此同时,大量的农村青壮年适龄劳动人口不断流入城市,造成农村人口持续下降。人口减少,劳动力短缺,特别是农村劳

① 吴淼,杨兆萍,张小云.中国新疆与俄罗斯西西伯利亚农业合作刍议[J].俄罗斯中亚东欧市场,2009,39:43.

动力的短缺已成为西西伯利亚乃至俄罗斯最突出的社会和经济问题之一。解决西西伯利亚乃至全俄罗斯的人口问题，除了提高人口出生率和降低死亡率等措施外，适度引进和吸收国外移民和劳动力是最为有效的途径。

3.农产品互补

(1)新疆农产品生产状况。

自改革开放以来，中国新疆农业综合生产能力逐年提高，农业生产连年丰收，已形成了棉花、粮食、甜菜、林果以及畜牧等优势产业。主要农产品有棉花、啤酒花、番茄、红花、枸杞、葡萄、甜西瓜、梨和苹果等。其中，啤酒花产量占全国产量的70%，枸杞和红花分别占50%和60%以上。新疆已成为中国最大的商品棉、啤酒花和番茄酱生产基地，中国重要的畜牧和甜菜糖基地。

(2)西西伯利亚农产品生产状况。

西西伯利亚是俄联邦农业较发达的地区之一，其中尤以阿尔泰边疆区、鄂木斯克州和新西伯利亚州最为突出。

2016年，西西伯利亚六个联邦主体的农业产值已经超过1 399亿卢布，占西伯利亚联邦区的64%和全俄的9.4%。其中，阿尔泰边疆区为419.5亿卢布，占全国第七位；鄂木斯克州为355亿卢布，占全国第十位。粮食产量占联邦区的77%。牲畜存栏数占联邦区的56.4%，其中阿尔泰边疆区的羊存栏数17.2万头，为全俄第一位；牛86.5万头，占全国第三位；猪47万头，占全国第八位。鄂木斯克州猪的存栏数为50万头，占全国第六位。肉产量占联邦区产量的63.8%。阿尔泰边疆区的牛奶产量为131.8万吨，居全俄第三位。甜菜则全部来自阿尔泰边疆区，它是乌拉尔以东唯一种植甜菜的地区。蔬菜产量130.4万吨，其中，新西伯利亚州为40.9万吨，居全国第七位。水果产量较低，为19.8万吨，联邦区的产量也仅为25.1万吨。

(3)对比分析。

从以上数据分析可知，新疆的农业产值高于西西伯利亚，且由于纬度和气候等原因,新疆的农作物种类也比俄方多。例如,水稻、甜菜、啤酒花以及部分水果和棉花等作物在西西伯利亚或完全没有种植或种植面积很小。从图 5-8 可知,除粮食和牛奶产量低于西西伯利亚外,新疆在牲畜存栏数以及肉类和果蔬等方面的产量都大大高于西西伯利亚。与此同时,俄罗斯对这些农产品的需求却较大:20 世纪 90 年代,俄罗斯年人均糖消费量为 38 千克,人均肉消耗量达到 75 千克,之后逐年下降。近几年,随着经济形势好转,2016 年俄罗斯人均肉消耗量已超过 62.9 千克;人均水果消费 100 多千克;人均蔬菜消费也呈逐年递增的态势,2016 年达 120 多千克。蔬菜中,甘蓝是俄罗斯人消费量最大的品种,人均年消费 22 千克,其次是西红柿,人均年消费 14.2 千克。这些农产品存在着较大的需求缺口。俄罗斯是世界最大的原糖进口国,年进口约 420 万吨。肉类和果蔬也都需要大量进口,以满足居民日益增长的消费需求。这些农产品在俄罗斯不仅需求量大,而且价格高,大多数产品的平均价格都要比中国国内高一倍多。例如,在阿尔泰边疆区首府巴尔瑙尔最大的连锁超市"玛丽亚一拉",中国苹果最低价每公斤约 15 元人民币,冬季中国大白菜每公斤 30 元人民币,是国内价格的数倍之多。这就为包括新疆在内的中国农业产品提供了广阔的市场前景。

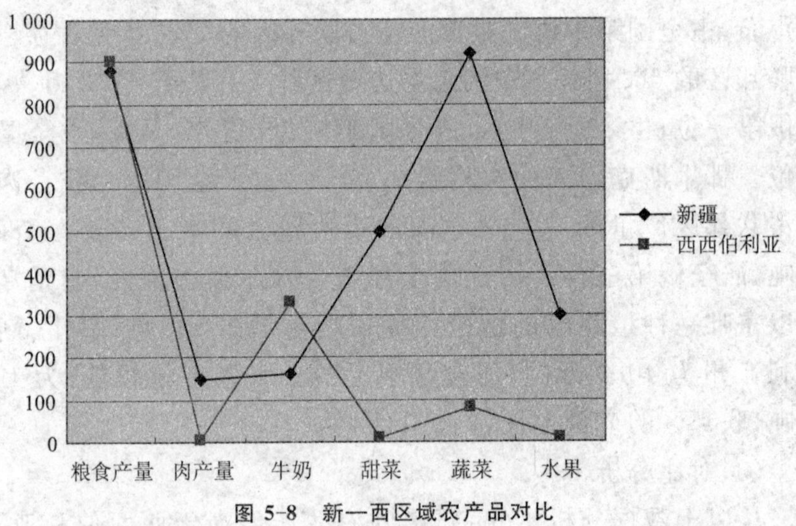

图 5-8 新一西区域农产品对比

西西伯利亚一向是俄罗斯著名的“粮仓”。近几年,粮食产量不断上升。西西伯利亚最主要的粮食产地是阿尔泰边疆区。该边疆区出产的几种特殊的硬质小麦是生产意大利通心粉和加工优质面包粉的最佳原料。俄罗斯的牛奶和乳制品消费量较高,年人均消费为235千克,而阿尔泰边疆区则是俄罗斯重要的牛奶和乳制品产区,其乳制品以品种多、质量好而著称。主要乳制品有奶酪、黄油、酸奶、酸奶油、奶渣和奶粉等,其中奶酪的品种就多达上百种。相比较而言,新疆乃至中国的乳制品品种较为单一,主要为奶粉和酸奶。包括俄罗斯在内的许多国家的乳制品种类在中国从未生产过。此外,中国的人均牛奶消费量仅约10千克,远低于俄罗斯;作为中国畜牧业基地之一的新疆,年产奶量只有西西伯利亚的一半。未来,随着中国经济的发展,人均牛奶和乳制品的消费量也会增加,中国将成为俄罗斯乳制品潜在的庞大市场。

4.其他农业领域合作

上述三个方面除存在较强的互补性外,新—西区域在中小型农机具和农业科技方面也具有较大的合作潜力。由于西西伯利亚的耕地多为平原,适于机械化操作,而且俄罗斯人在农业生产中也惯于依赖机械设备,中国新疆及其他省区的中小型收割机、拖拉机等具有较大的质量和价格优势,可以以代销、合作生产等方式打入俄罗斯市场。此外,新疆的农业科技力量相对而言要落后于西西伯利亚。西伯利亚最大的农业科技中心——俄罗斯农业科学院西伯利亚分院就在新西伯利亚市。该院是西伯利亚的农业科学中心,是由30个研究所、2个国家育种站、13个研究所级实验站以及数十个试验生产型部门组成的大型农业科研综合体,拥有科研人员1 576名,其中包括13名俄罗斯农业科学院院士、11名农科院通信院士和252名博士。其研究范围包括育种、植物栽培、土壤改良、畜牧、兽医、农业机械、农产品贮存和加工以及农村经济与社会问题等方面。该院自成立以来,取得了大量科研成果,为俄罗斯农业发展做出了突出贡献。例如,其培育的春小麦"新西伯利亚"67 号、101 号和 89 号,平均每公顷产量可达 4～5 吨;西伯利亚黑杂奶牛,个体年产奶量达 5 吨等。截至 2016 年,该院已获得了 2 093 项动植物品种、兽医药领域的专利和原创证明。因此,双方在农作物种子培育、贮存以及农畜业产品加工等多领域具有非常广阔的合作前景。

第四节　中国与"一路"沿线国家的农业国际合作战略

一、我国与东南亚国家的战略合作

统筹利用两个市场、两种资源是建立开放型经济体系的必然选择。站在历史新阶段,我国领导人提出要开创高水平对外开放新局面,构建"一带一路"新格局。稳定周边是建立多元平衡对外开放合作的战略基础,东南亚地区是"一带一路"重要的合作区域,农业合作是重中之重的战略合作领域,在全球经济一体化加快的形势下,进一步巩固和发展与东南亚地区的农业合作,既有重要的现实意义,也有深远的战略意义。

(一)我国与东南亚农业合作开发的现状与基础

1. 东南亚农业的全球战略地位突出

东南亚农业资源禀赋优越,主要农产品在全球市场占据重要战略地位。东南亚稻谷产量占全球总量近 30%,大米出口贸易占全球出口的 50%以上。分国家来看,越南、泰国、缅甸是东南亚地区水稻重要生产国,2016 年,这三个国家水稻总产量达到 5 800 万吨,占东盟稻谷产量的 50%以上,成了以泰国和越南为核心的粮食出口贸易格局,2016 年,两国出口稻谷占东南亚出口总量的比重达到97.3%，占据绝对主导地位，其中，泰国出口占58.4%，越南出口占38.9%。东南亚地区天然橡胶种植面积占全球总量的90%，其中，泰国、印度尼西亚、马来西亚天然橡胶产量占全球比重长期维持在70%以上，2016年，三国天然橡胶产量达到840万吨，占全球总产量的69%。东南亚地区棕榈油产量占全球总量的86%以上，其中主要集中在马来西亚、印度尼西亚两国，棕榈油产量占东南亚的95%以上，马来西亚为目前世界上棕榈油最大的生产和出口国，占世界总量的50%左右。东南亚地区木薯产量占全球总量的1/4左右，其中，泰国和印度尼西亚木薯种植面积占东南亚比重达75%左右，泰国是世界上最大的木薯产品出口国，出口量占世界总量的60%以上。此外，东南亚也是全球重要的甘蔗种植基地和经济林木生产基地。2016年东南亚各国农业发展基本情况如表5-4所示①。

表5-4 2016年东南亚各国农业发展基本情况

国家	2016年人均GDP(美元)	农用地面积(万公顷)	2016年森林面积(万公顷)	木薯产量(万吨)	粮食产量(万吨)	天然橡胶产量(万吨)
印度尼西亚	3 570	5 360	9 374	2 392	6 904	328
越南	2 185	1 027.2	1 394	975	4 366	97
缅甸	1 275	1 244	3 208	625	3 300	—
泰国	5 907	1 979	1 898	2 250	3 780	438
菲律宾	2 951	1 195	771	222	1 803	—
柬埔寨	1 269	630	9 966	761	929	12
老挝	2 353	234	15 672	106	348	—
马来西亚	9 502	787	2 036	41	275	194
文莱	26 900	2.8	—	—	0.12	—
新加坡	53 000	—	—	—	—	—

① 唐冲，陈伟忠，申玉铭.加强东南亚农业合作开发的战略重点与布局研究[J].中国农业资源与区别，2015，36(2)：85－93.

2.我国与东南亚农业合作基础牢固

我国与东南亚农业合作基础牢固,近年来呈现良好的合作开发势头。我国与东南亚农业合作地缘优势突出,文化渊源特殊,合作基础良好,政府间签署了一系列农业合作协议或谅解备忘录,建立了较为完善的合作及沟通机制,目前,已与9个东盟国家(仅文莱除外)签署了21个双边农业或渔业合作协议或谅解备忘录,建立了13个双边农业或渔业合作联委会。近年来,我国与东南亚农业合作投资增长较快,充分利用在柬埔寨、泰国、越南、印度尼西亚等国家开设的5个境外经贸合作区,农业合作投资持续增加,2012年我国对东南亚农业直接投资达到43亿元以上,与2009年前各年度直接投资相比,有大幅增长,占我国农业对外直接投资总流量比重达到23.9%。从存量看,对东南亚农业直接投资存量占我国农业对外直接投资总存量的20.76%。对东南亚农业投资主要分布在老挝、印度尼西亚、越南、柬埔寨、缅甸、泰国、菲律宾等国。截至2017年,我国在东南亚的农业投资企业已超过200多家,其中老挝87家,印度尼西亚33家,越南29家,柬埔寨24家。从双方贸易来看,东盟是我国农产品第二大出口市场和第三大农产品进口来源地,我国也连续三年成为东盟的第一大贸易伙伴。2016年,我国与东盟农产品贸易额超过270亿美元,比2002年的38.1亿美元增加了231.9亿美元,双方贸易日趋重要。2016年中国对主要经济体农业直接投资情况如表5-5所示。

表5-5　2016年中国对主要经济体农业直接投资情况

单位:万美元,%

经济体	流量	占全国农业对外总投资比重	占本经济体对外总投资比重	存量	占全国农业对外总投资比重	占本经济体对外总投资比重
欧盟	14 905	18.68	2.0	35 737	10.46	1.8
美国	1 368	1.7	0.8	4 799	1.4	0.5
澳大利亚	1 954	2.4	0.6	4 709	1.4	0.4

续表

经济体	流量	占全国农业对外总投资比重	占本经济体对外总投资比重	存量	占全国农业对外总投资比重	占本经济体对外总投资比重
东南亚	19 072	23.9	3.2	70 936	20.76	3.3
俄罗斯	14 747	18.5	20.6	88 394	25.87	23.5
非洲	—	—	—	—	5.8	1.2

3.继续深化我国与东南亚合作意义重大

继续深化我国与东南亚的合作开发有利于提升我国的农业资源国际配置能力。目前,我国已成为世界农产品贸易的重要市场,2016 年中国农产品进口金额合计达 1 100 亿美元,占全球农业进口总额的 9.5%,是同期印度农业进口额的 7.4 倍。其中,中国大豆、皮棉、棉绒、羊毛等农产品进口量占世界总进口量的比重均在 40%以上。并且,在粮食、天然橡胶、棕榈油等战略性农产品领域市场需求仍呈现不断上涨态势,根据近十年国内主要农产品市场消费变动趋势外推预测,到 2020 年,我国天然橡胶消费量约 320 万吨,供需缺口维持在 80%左右;棕榈油消费量将达 1 322 万吨,原料基本依赖于进口;食糖的消费量将达 2 100 万吨,供需缺口不断加大;粮食、木材等产品供需态势日趋紧张。随着国内农业资源约束日益趋紧,充分利用两个市场、两种资源,加快对战略性农产品的国际合作开发是我国现代农业发展的必然选择。充分发挥我国与东南亚地区在农业资源与技术等领域互补性强和合作空间大的优势,开展互利合作,提升农业合作开发的规模、层次和效益,有效释放巨大的生产潜能,有利于加快中国—东盟经济一体化进程,也有利于提高我国对水稻等粮食作物及天然橡胶等稀缺性战略资源的配置能力和产品价格的话语权。我国主要进口农产品贸易量占全球贸易量的比重如表 5-6 所示。

表 5-6　我国主要进口农产品贸易量占全球贸易量的比重

单位:万吨,%

农产品	1992 年			2011 年		
	我国进口量	全球进口总量	占全球比重	我国进口量	全球进口总量	占全球比重
大豆	12	2 992	0.4	5 245	9 081	57.8
大豆油	22	395	5.6	114	1 020	11.2
棕榈油	58	772	7.5	591	3 659	16.2
皮棉	28	570	4.9	336	786	42.7
棉绒	1	21	4.8	14	21	66.7
天然橡胶	2	36	5.6	27	97	27.8
干胶	23	373	6.2	183	718	25.5
羊毛	16	131	12.2	32	79	40.5

(二)东南亚农业合作开发的战略布局与关键环节

根据上述对东南亚农业合作的基础与条件分析,立足全球合作发展整体格局,以粮食和战略性稀缺资源开发为两大重点领域,着重建立产业合作开发试验区等平台,发挥平台载体作用,把握加工、仓储物流等关键环节,全面部署合作开发,不断拓展我国海外粮源和贸易调配空间,提高天然橡胶等稀缺资源储备能力,提升我国全球稻谷贸易的话语权。

1.东南亚各国工业资源的综合对比

从农业资源整体优势、粮食资源与潜力、经济发展水平、农业开发政策、政局稳定性以及与我国政治经贸外交关系六大方面,系统梳理除文莱、新加坡以外的东南亚各国农业合作开发条件,采用区域比较与层次分析相结合的方法,对东南亚农业开发潜在国家及地区进行综合评价。评价结果显示,缅甸、柬埔寨和老挝等国家后备资源丰富,粮食资源潜力优越,与我国经贸关系密切,尽管经济水平和基础设施水平较滞后，但综合比较合作条件较好，可以列为我国东南亚农业合作开发优先介入的国家，关于这一点我们做了综合的评价，如表 5-7 所示。

表 5-7 东南亚主要国家农业合作开发条件综合评价

国家	农业优势	粮食状况与潜力	经济状况	农业政策	政局
印度尼西亚	橡胶、棕榈油产量高	粮食部分进口，潜力有限	工业化中期，经济较发达	鼓励外商投资并有优惠政策	政局稳定
越南	木薯、橡胶、甘蔗产量高	出口量日趋增大，有一定的潜力	工业化初级阶段，经济较落后	鼓励外商投资并有优惠政策	与我国南海有分歧
缅甸	土地资源开发潜力较大	有很好的谷物种植优势，但配套产业落后	工业化初期，经济落后	鼓励外商投资并有一定优惠政策	政局稳定
泰国	甘蔗、木薯等产量高	全球重要的稻谷种植、加工与贸易中心	工业化中期，经济较发达	鼓励外商投资农业，优惠较大	政局稳定
菲律宾	后备资源开发潜力有限	粮食仍需进口，且后备资源有限	工业化中期，经济较发达	鼓励外商投资农业，优惠有限	与我国南海有分歧
柬埔寨	农业资源规模中等，具有较大开发潜力	粮食资源潜力较大	工业化初期，经济相当落后	鼓励外商投资并有优惠政策	政局稳定
老挝	农业资源规模较小，但仍具较大开发潜力	粮食资源潜力较大，配套产业和下游产业滞后	工业化初期，经济落后	鼓励外商投资并有优惠政策	政局稳定
马来西亚	棕榈油、天然橡胶产量大	粮食仍需依赖外部进口，后备资源开发有限	工业化中期，经济较发达	鼓励外商投资并有大的优惠政策	政局稳定

2. 构建“三线、两区”的合作开发战略格局

“三线”：重点围绕东南亚内部重大交通干道、港口和贸易通

道的布局现状和未来发展潜力，着力打造三大交通与农业合作开发物流通道。

一是缅甸曼德勒—泰国曼谷—新加坡—马来西亚等交通与农业合作开发通道，主要通过泛亚铁路、昆明—曼谷公路、澜沧江—湄公河航道、马来西亚与新加坡和泰国的海上航运等国际运输路线组成的综合运输通道。

二是越南河内—越南荣市—泰国万象—泰国曼谷—柬埔寨金边等交通与农业合作开发通道，主要通过泛亚铁路、澜沧江—湄公河航道、北部湾、泰国湾、孟加拉湾等沿岸国家的海上航线等国际运输路线组成的综合运输通道。

三是马来西亚—印度尼西亚—菲律宾—越老柬三角区等交通与农业合作开发通道，主要通过沿岸国家的海上航线、泛亚铁路等国际运输路线组成的综合运输通道。

"两区"：从强化对原料来源和贸易定价两大环节的掌控能力出发，结合东南亚各国经济发展阶段和农业生产水平，契合各国农业发展的需求，按照东南亚区域农业一体化发展和专业化分工的需求，着力打造战略农产品原料供应优势区、战略农产品加工贸易优势区两大功能区域。

一是战略农产品原料供应优势区，以强化粮食、天然橡胶、油棕、林木、甘蔗、木薯等原料基地与仓储建设开发为主要合作领域，强化该区域对各类战略农产品原料的直接掌控能力，范围主要包括柬埔寨、缅甸、老挝和越南四个国家。这四个国家农业资源禀赋优越，但农业生产条件和经济发展阶段相对滞后，对原料基地建设需求较为迫切，应发挥我国企业的资金、技术等优势，开展种植及种子、机械等相关领域，以及产后仓储物流领域的合作。

二是战略农产品加工贸易优势区，以强化粮食、天然橡胶、油棕、木薯、糖料等战略农产品的加工、港口仓储以及贸易为主要合作领域，强化该区域对港口仓储、加工贸易的直接掌控能力，范围主要包括马来西亚、印度尼西亚、泰国、菲律宾、文莱、新加坡六个国家，重点以马来西亚、印度尼西亚、泰国和菲律宾四国为主，这些地区农业资源禀赋优越，经济发展水平相对较高，农业生产条件相对完善，对原料基地建设需求一般，对农业产业链延伸和转型升级需求迫切，应发挥我国市场需求巨大的优势，以市场、资金、技术等方式开展仓储物流、港口码头以及出口贸易等方面的合作，着力合作推进在贸易领域的现货、期货等市场体系的平台与机制建设，切实提升对稻谷、天然橡胶、棕榈油等主要战略农产品的定价权。

二、我国与西亚国家的农业合作

（一）西亚农业发展概况

西亚气候干旱少雨，水资源短缺是影响西亚农业发展的重要因素。随着人口的增长，人们对水的需求越来越大，而水资源的盐碱化和污染威胁着水资源的供应，目前，水资源短缺成为影响经济发展和人们生活的主要问题。西亚地形以高原为主，绝大部分地区属亚热带大陆性沙漠气候，以干旱和半干旱气候为主，但西亚也拥有广袤的森林和肥沃的山谷，包括草原、牧场、山脉。西亚很多高原地区冬夏温差大、雨量少，水源大都来自高山降水。底格里斯河和幼发拉底河是西亚的两大主要河流，为两河流域的农业提供灌溉用水，其中位于两河流域之间的美索不达米亚平原，灌溉便利、河渠纵横、土地肥沃，农业发达。

西亚经济发展迅速但国家间差异较大。土耳其是西亚经济规模最大的国家，沙特阿拉伯和伊朗次之。石油是西亚的支柱产业，世界50%以上的石油资源和40%左右的天然气都集中在西亚。西亚农业以灌溉农业和畜牧业为主。利用河水进行人工灌溉成为两河文明诞生的关键和发展农牧业生产的命脉，西亚的主要农产品有谷物、蔬菜、肉类（以牛羊肉为主，猪肉较少）、皮革、羊毛、亚麻以及角制品等，谷物有小麦、大麦、小米等。西亚不同国家间农业发展差异较大，土耳其、以色列等国家农业发达，在节水灌溉、奶牛养殖等方面的技术居世界前列,而沙特阿拉伯、叙利亚等国家粮食严重依赖进口。由于特殊的气候条件,西亚的一些经济作物独具优势,蔬菜、水果、干果、棉花等农产品品质好、产量高。如叙利亚是重要的棉花生产国和出口国,土耳其是无花果干和葡萄的主要生产国,约旦是椰枣的重要生产国,伊朗是开心果的最大生产国。

(二)中国和西亚农业合作

自 2004 年开始,中国—阿拉伯国家合作论坛定期举办,论坛现有 22 个成员国,几乎涉及西亚所有国家,为中国和西亚农业合作提供了良好的对话交流平台。每两年举办一次的中国—阿拉伯国家博览会,是中国和西亚农业合作的一个重要形式和平台。2015 年 9 月 10 日,以"弘扬丝路精神,深化中阿合作"为主题的"2015 中国—阿拉伯国家博览会"在宁夏国际会堂隆重开幕,加深了中国和阿拉伯国家共建"一带一路"、发扬"丝路精神"的共识。目前,土耳其、以色列、伊朗、约旦等几乎所有的西亚国家都已签署了亚洲基础设施投资银行(AIIB)的章程,加入了 AIIB。"一带一路"倡议下中国和西亚的合作机制逐步建立,农业合作也正在启动。2016 年 9 月,中国农业部部长韩长赋访问伊朗,双方达成关于农业合作的许多共识,深化两国农业投资与贸易合作,让更多的中国企业参与伊朗的农业建设与发展。近些年,双边贸易增长十分迅速。

1.农产品贸易合作

西亚盛产棉花、蔬菜、水果、干果等农产品。贸易合作是中国和西亚农业合作的重要内容,国内对于中国和西亚农产品贸易合作的研究颇多。

谷秋锋、杨兴礼、郭巧梅利用显示比较优势指数和贸易互补性指数分析了中国和伊朗的贸易情况,研究认为中国和伊朗农产品贸易呈较强的贸易互补性,两国间具有比较优势的农产品较多,但缺乏很强比较优势的农产品,其中,中国谷物类农产品出口伊朗有较强的比较优势,而在蔬菜、水果、坚果等农作物产品方面的比较优势较弱。

2.农业科技合作

西亚在节水灌溉、畜牧养殖、经济作物种植等方面技术先进,中国可围绕这些领域与西亚开展多方面的农业科技合作。

2005年5月18日,巴勒斯坦与中国签署经济贸易技术合作协议,以推动两国在贸易、工业、技术交流、农业、畜牧业等领域开展合作项目。

中国和土耳其早在1990年就签订了科学技术合作协议,其中就涉及农业科技领域。2014年(第二届)东欧植保高峰论坛暨首届土耳其国际农化展览会期间,中国农药工业协会与土耳其农药协会签署了战略合作协议,未来两国将开展更加紧密的深入合作,为中国—土耳其农化企业间贸易的健康发展提供有力支持。

伊朗和中国开展了多项合作,包括良种化、农业生产技术、农业产业化等项目。2006年7月,中国和伊朗双方达成协议,投资1.3亿元在伊朗马赞达兰省萨里市建设“中国农机城”,主要用以销售中国的农业机械产品。2014年5月,中国和伊朗签订双边农业合作备忘录,双方将加强在蔬菜、水果等农产品以及农业机械化和种植新技术等领域的合作。

3.农业投资合作

农业投资是中国和西亚农业合作的一个重要方面。不仅中国企业和个人在西亚进行农业生产投资,而且中国政府利用外交政策直接对西亚国家进行农业投资。2016年,中国向伊朗渔业领域投资30亿美元,包括在格什姆岛和该国南部的阿巴斯港[①]。

一些西亚国家也对中国农业进行投资。以色列自1982年开

① 梁丹辉,吴圣,李婷婷.中国和西亚农业合作现状及未来展望[J].AO农业展望,2017,6:75—79.

始对中国投资，投资主要集中在制造业和农业。2013 年，福建省农业科学院和以色列方面正式签约建设智能大棚，首次从以色列引进和展示成套现代农业技术。2014 年，中国农业部和以色列农业部签署合作纪要，两国将进一步加大农业科技合作，交流发展经验，扩展合作领域，鼓励人员往来，扩大项目合作。2015 年 6 月 28 日，以色列利夫纳特、瑞沃勒斯等农业巨头与中国金正大集团签署战略合作协议，将以色列高端农业产品、技术和商业模式引入中国，是迄今为止两国在农业领域最深入的一次合作。其中，水溶性肥料项目在山东省临沭县正式投产，该项目总投资 22.6 亿元，可生产水溶性肥料 30 万吨。

4. 农业人才合作

人才交流往来是中国和西亚农业合作的一个重要形式。中国和以色列、土耳其、伊朗等国家间的人才交流频繁，中国每年都有很多农业人员赴西亚国家进行农业考察。以色列自 20 世纪 80 年代以来长期和中国农业大学进行学术访问交流合作，中国和以色列的合作涉及教育交流、友好城市关系、农业合作、科技合作等领域。1993 年 10 月成立的中国—以色列国际农业培训中心是由中国原农业部和以色列外交部联合创办的国际合作机构，是中国从以色列引进先进农业技术的窗口和桥梁，也是两国农业科学家进行科技领域交流与合作的基地。除培训工作外，中心还定期举办各种形式的学术研讨会，邀请中国、以色列两国农业科学家、农业技术推广的专员和农业科研与生产的管理工作者进行学术交流，以扩大两国农业领域方面的合作。此外，中国农业科学院与土耳其在科研交往、会议交流、人才培养等方面均存在交流与合作。

第六章 “一带一路”倡议下农业资源利用效率的优化与保障

提高农业资源利用效率依赖于农业生产技术进步和管理方法革新。因为技术进步的渐进性以及现有技术应用效果取决于组织管理的优化程度，所以，为显著提高农业资源利用效率，在积极采用适宜技术的同时，应高度重视对现有农业资源利用管理活动的优化改良，向管理要效率。

第一节 农业资源利用效率评价理论

一、人工开放系统原理

（一）农业生产系统是人工开放系统

在自然界，有许多自然生态系统都是没有人类参与的自然系统，如森林生态系统、草原生态系统、海洋生态系统、荒漠生态系统等，它们的存在是长期自然竞争与选择的结果。在自然生态系统里，其主要组成者为自然环境、植物、动物和微生物。在四者之间，保持有能量和物质的流动与循环（图 6-1）。

在人类社会里，人使一些自然生态系统转化为人工农作系统。它不仅包含了自然环境与自然生物，而且包含了人工环境与人工生物；它不仅包含了涉及生物与周围物质性环境的生态系统，也包含了与生物相关的非物质性经济社会与软环境的经济系

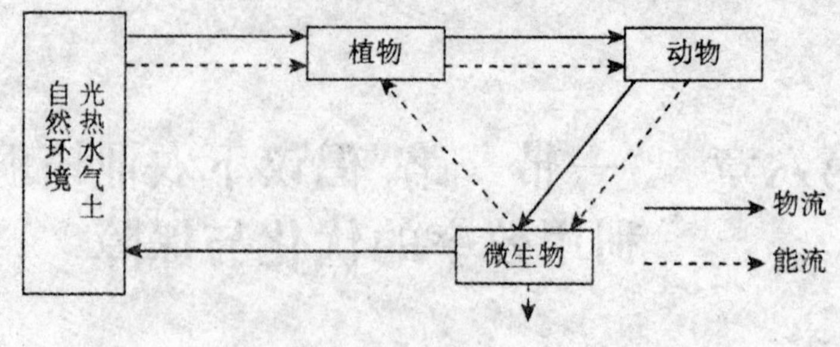

图 6-1 自然生态系统

统以及技术系统(图 6-2)。人工农作系统的组成与自然生态系统相比增加了人的要素和人工环境、软环境三个部分。并且,由于人参与了农作系统,系统各要素之间不仅存在物质和能量的流动,而且包含了货币流的流动。

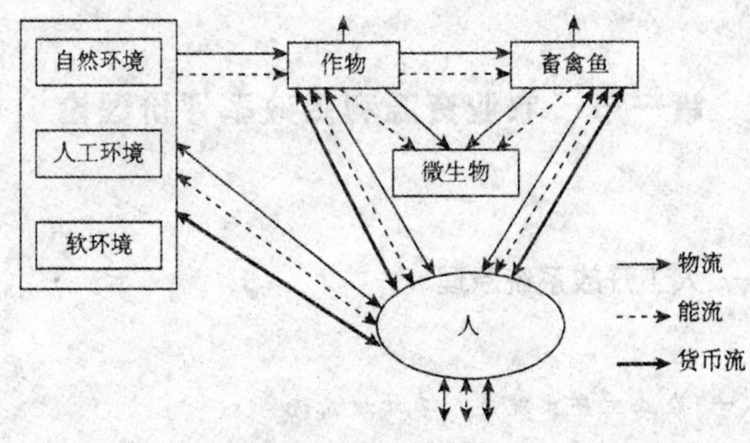

图 6-2 人工农作系统

人工系统最大的特点是,人是这种人工系统的组成者与调控者,人控制管理着粮食生产系统的目的与目标、结构与功能、投入与产出。当然,任何地区的人工农作系统必须是在自然生态系统基础上的运行与提高,不能违反自然规律蛮干。另外,既然是人工系统,那么必须尊重人类经济社会发展的规律,不能持唯自然生态论而盲目地反对人工的干预与投入。

通常来说,纯粹的自然系统经过长时间的进化会达到一种平衡状态,这时将会出现稳定的"顶级群落"状态。自然系统内的各种组成部分会在较长的时间内保持稳定，各组成物质之间的物质和能量流动也会保持一个相对的平衡，物质流动会逐渐呈现出闭合状态。人工农作系统与其不同，随着经济、社会的发展和技术的进步，人工农作系统的组成要素中的人会不断地发生变化，人工系统所存在的人工环境和软环境也会不断地演进，农作系统将会逐渐地由闭合走向开放，由低级走向高级，由低效走向高效，由原始生态农作制走向现代集约持续农作制。

粮食生产系统作为农作系统的主要组成部分，同样属于一个开放的人工农作系统。这也就为人类恰当干预粮食生产系统，并促使其向良性、可持续和高效利用的方向转化提供了坚实的理论基础。

（二）人工生态系统原理

人工生态系统是指以人类活动为中心，按照人类意愿建立起来，并受人类活动强烈干预的生态系统，它是由自然环境（包括生物和非生物因素）、社会环境（包括政治、经济、法律等）和人类活动（包括生活和生产活动）三部分组成的网络结构，如城市、农田、水库、人工林、果园等。

人工生态系统一般在自然生态系统的基础上改进建立而成，是原有自然生态系统的提高与发展；人工生态系统与自然生态系统之间既有区别也有联系。相对而言，自然生态系统的生境多样且稳定，系统自我修复能力强，但是需要的时间较长。人工生态系统正好相反，生境较为单一，系统的自我修复能力弱但人控能力强，人控修复能力远远超过自然修复能力。

一般认为自然生态系统要比人工生态系统更为和谐，因为人工生态系统破坏了环境。但也有许多学者认为，随着人类控制环境能力的加强，人类正在不断改善农田条件，例如，平整土地、修筑梯田、绿化大地、提高肥力、提高生产能力。经济与农业的发达，不是对环境破坏得越来越厉害，而是改善得越来越好；发展中国家农田环境较差，今后也将随着经济社会的发展而改变。

与纯自然生态系统相比，粮食生产系统经过人类的改善，其生产力比相应的自然生态系统有了很大的提高。相关的研究表明，中国耕地的净初级生产力为 9.7t/hm^2，草原为 0.7t/hm^2，林地为 0.3t/hm^2；耕地与草原、林地之比为 1∶0.07∶0.03。若以现实生产力(人类可以现实利用的生产力)计，耕地与草原、林地之比为 1∶0.05∶0.2①。这说明人工生态系统的生产力要远远强于自然生态系统。

当然，由于人类在改造自然生态系统中一些不合理的资源利用行为，造成了一些较为严重的环境问题和资源低效利用的问题，导致了人工生态系统的发展不可持续。随着社会、经济、技术的不断发展和进步，这些问题都需要一步步被解决。

(三)开放系统原理

von bertalanffy 提供了开放型系统概念的历史背景。一个开放系统具有一个或者一个以上流入和流出的系统。例如，生物圈具有太阳能和宇宙物质流进和随着某些气态分子流出的往外的红外辐射。一个密闭的水族池也伴随着光的射入和热的释出，在能量方面是开放的。因而，封闭的水族馆中的物质是封闭的，对能量却是开放的。

封闭系统可以理解为一个完全孤立没有任何流入流出的系统。在客观世界上，一个完全孤立的封闭系统是极其罕见和暂时的。图 6-3 所示意的是一个水流的开放系统。在这个系统里，有水从水源流入，然后有水的储存，最后又有储存的水流出；在将储存的水流出的时候，会产生消失的能。图 6-3 是一个开放系统的示意图。

图 6-4 所示为一个封闭的系统。在这个系统之中，首先水分子从液态通过蒸发作用扩散为气态，变成水汽；然后，水汽也会通过凝聚作用再变回液态，这个过程发生在一个装水的密闭的瓶

① 刘巽浩.农作学[M].北京：中国农业大学出版社，2005.

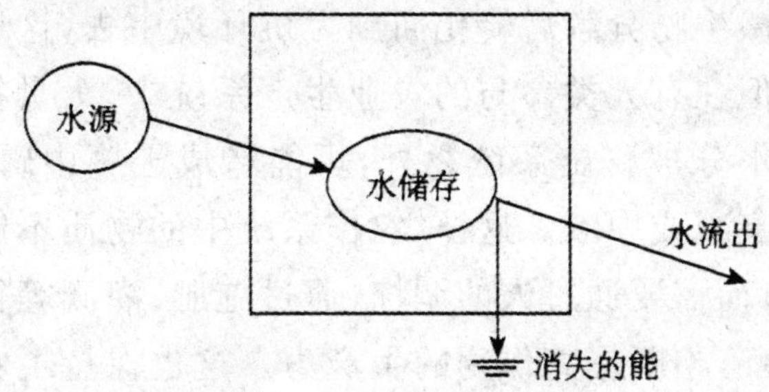

图 6-3 一个开放系统的示意

内。但即使是这个相对的封闭系统，虽然与外界没有物质的交换，但却存在着能量的交换。在液态水蒸发为水蒸汽的过程中需要吸收能量，在水蒸汽凝聚为液态水的过程中则需要释放能量。从这个角度讲，图 6-4 所示的封闭系统也只能被看作一个相对封闭的系统，而并非完全封闭。

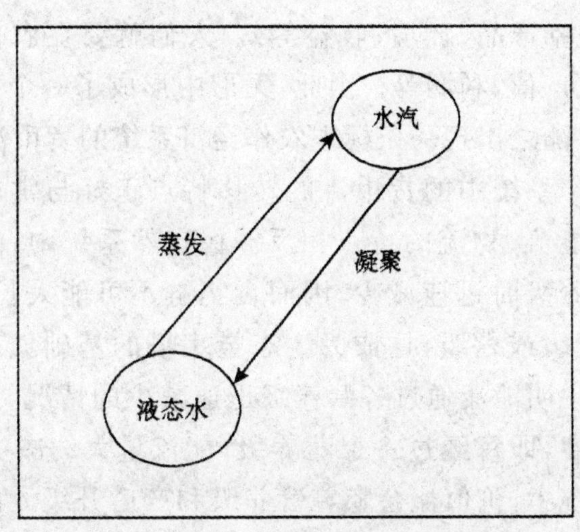

图 6-4 一个封闭系统的示意

具体到农业生产来说，农业生产系统也是一个非闭合的、开放的系统。在这个系统内部，不仅具有能量流动的非封闭性，连物质流动也是非封闭的。例如，就农业生产中的养分来说，纯自然生态系统中的碳、氮、氧等各种微量元素从大气、水域或土壤中，通过植物吸收进入植物链，然后转移给草食动物、肉食动物，动物死后被微生物分解后转化回到无机环境中去，这个过程是相对封闭的。但在有人类参与的农业生产系统中，大量氮、磷、钾等营养元素及水分被移出系统之外，可能造成土壤中磷、钾等沉淀元素循环的衰减或中断。这样，农作系统中的物质不能依靠完全的自我循环，而需要通过人的调控，通过施肥、灌溉等行为维持或扩大物质循环，不断提高作物的生产力。这也保持了农业生产系统极大的开放性。

（四）农业生产系统中的价值增值原理

农业生产是自然再生产与经济再生产过程的复合，农业生产系统既是一种生态系统，又是一种经济系统。农业生产系统中作物的播种、管理、收获、出售等都是在人的干预下进行的。为此，就需要有土地、资金、劳力、技术的投入，就要有合乎人类要求目标的产出(包括产品、环境、收益等)。人们就要在农作经营过程中计算成本、产值、利润等。因此，无形中形成了一个投入产出的经济系统，并随之出现一条标志农作经济系统的货币流。

农业生产系统中的货币流的转移特点正好与常规的自然生态系统中的能流、物流的特点相反。在自然系统中，能量在逐个通过各个营养级时迅速减少，因而食物链不可能太长，营养级至多是四级、五级或六级，这成为生态金字塔的基础。有的生态学家曾形象地说明能流通过各营养级迅速减少的情况，提出所谓的十分之一规律，即每经过一个营养级，能流量大约减少 90%。在农业生产系统中，价值流会随着营养级和产后升级元的提高而提高，形成增值，这也就是农业生产系统中的增值规律(图 6-5)。当然，这个价值增值规律并不是农业生产过程中独有的，价值的增值规律可以说是现代市场经济的基本经济规律。

如图 6-5 所示，随着产品级别的提高，货币价值会越来越大。当然，这和农业生产过程中人的劳动投入有关，因为劳动创造了价值。不过，这种增值也不是无条件的、绝对的，要遵守经济学的一些基本的规律，如供需理论、边际效益理论等。正是农业生产过程中的价值增值，才使得农户有从事农业生产的动力；但也正是价值增值规律，有时使得农户过于追求农业生产的经济产出，不注重环境效益，使得人类对农业自然生态系统的改造产生了一些负面的影响。不过，随着经济社会的发展和人们对这一问题认识的逐渐加深，这个问题会逐渐得到改善。

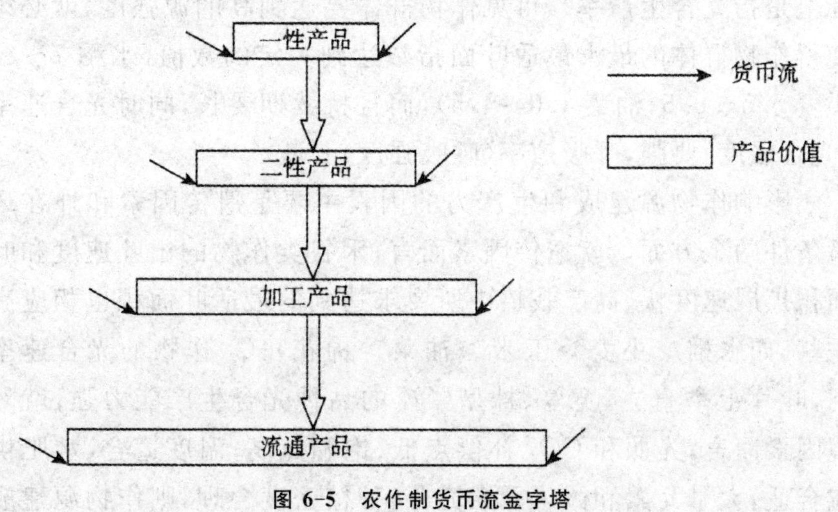

图 6-5 农作制货币流金字塔

二、作物产量形成的“源、库、流”理论

（一）作物的源

作物产量是通过叶片的光合作用形成的。1928 年，Mason 和 Masken 通过碳水化合物在棉株内分配方式的研究，提出了作物产量源库理论（source-sink theory）来描述作物产量的形成。之后，人们常以源库的观点来探索作物高产的途径。

源（source）是指作物生产和输出光合同化产物的器官或组织；它包括作物的功能叶、绿色的茎和果皮等其他非叶器官（绿色部分）。禾谷类作物开花前光合作用生产的物质主要供给穗、小穗和小花等产品器官形成的需要，并在茎、叶、叶鞘中有一定量的储备供开花后所需。开花后的光合产物直接供给产品器官。源的同化产物有就近输送的特性。

源的主要度量单位是源强(源器官同化物形成和输出的能力),即源的大小与源活力的乘积。如果源的大小主要考虑叶源的话,源强就是叶面积持续期(即光合面积×光合时间=光合势),源活力就是净同化率(光合速率-呼吸速率=净同化率,实际上是指光合生产率),可见作物群体要达到高的源强度,就必须使得作物群体的最大最适叶面指数达到一定的数值(水稻 7~8,小麦 5.5~6.5,油菜 4.0~4.5),而且持续期要长,同时光合速率(光合强度)要强,呼吸速率(呼吸强度)要低。

影响作物源建成和生产力的因素主要是遗传因素和外在环境条件两个方面。就遗传因素而言,禾谷类作物的出叶速度和叶面积扩展速度快,高产栽培中所要求达到的最适叶面积也相应高一些(如水稻>小麦>玉米>油菜>棉花);C_4 作物的光合速率高,叶片上举直立、宽厚、株型紧凑的品种光合生产能力强;就环境因素而言,光照和 CO_2 补偿点低、饱和点高;温度适合,水肥供应合适,大量元素和微量元素充分,种植密度合理,则作物源建成较快,源的生产能力就强。

国内外的许多研究者在如何通过作物库来提高产量方面进行了广泛的研究。1969 年,武田等从源的角度总结分析了作物增产的三个历史阶段及其技术体系:第一阶段,采用常规育种和杂种优势来扩大群体的叶面积;第二阶段,改进植株形态结构,扩大群体叶面积;第三阶段,提高叶面积的光能利用率。1971 年,Moss 等提出高光效育种的原理,也是通过提高叶面积的光能利用率来提高作物产量的。马均等认为亚种间重穗型杂交稻株型松散适宜,叶片长宽比适度,叶角偏小,特别是在稀插条件下,剑叶、倒二叶、倒三叶长度配置良好,抽穗后叶片功能期长,衰减迟缓,群体光合势、净同化率高,为高产打下了基础。

(二)作物的库

作物库(sink)是指作物消耗或贮藏同化产物的组织、器官或部位，如作物的根、茎、幼叶、花、果实以及发育的种子等。即产品器官的容积和接纳营养物质的能力，库的潜力存在于库的构建中。库包括代谢库和贮藏库（也叫经济库）两个方面，代谢库是指大部分输入的同化产物被用来生长作物组织细胞的构建和呼吸消耗，如生长中的根尖和幼叶等，贮藏库是指大部分输入的同化产物被用来贮藏的组织和器官，如作物的种子、果实、块根、块茎等。禾谷类作物籽粒的储积能力取决于灌浆持续期和灌浆速度。

库的量度单位为库强度，是指库器官的接纳和转化同化产物的能力。它是库大小（库容量）和库活力的乘积。库活力是指库的代谢活性、吸收同化产物的能力，就是库器官的相对生长速率。

作物的库对作物产量影响的研究主要集中在作物的库容强度和建库能力两个方面。在库容强度方面，王余龙等发现，籽粒灌浆有效含水量与灌浆速率呈指数关系，相关系数达 0.01 显著水平；籽粒灌浆有效含水量与籽粒呼吸呈线性正相关，相关系数均达 0.01 显著水平。所以，籽粒灌浆期有效含水量可作为水稻籽粒受容（库）活性的指标。梁建生等提出用胚乳细胞数或每个胚乳细胞内的淀粉体数和催化糖分转化的酶活性高低及生理活性大小，来代表库的大小和活性的高低。在建库能力方面，徐正进等认为超高产品种的高产是以穗数的大幅度降低来换取穗粒数的更大幅度提高和千粒重的大幅度提高，高生物产量是其高产的主要原因。程在全等则认为，超高产水籼稻在有效穗数、穗粒数、千粒重和干物质积累总量等方面均要有优势。张旭等通过对比认为，高产稻应有穗数高、穗粒多和谷/秆比大的特征。总之，水稻要想高产，必须在抽穗前建造足够大的库容，抽穗后尽可能提高籽粒充实度。

（三）作物的流

作物的流（transmit）是指作物源器官形成的同化产物向库器官的转移过程；流的强度取决于作物植株体内输导系统的发育状况及其转运速率。流的通道是叶、鞘、茎中的维管系统，其中穗颈维管束可看作源通往库的总通道,同化产物运输的途径是韧皮部,韧皮部薄壁细胞是运输同化产物的主要组织。同化物的运输受多种因素的制约。韧皮部输导组织的发达程度,是影响同化物运输的重要因素。

流的强度可用光合同化产物的运输速度来衡量。光合同化产物的运输速度可用放射性同位素示踪法直接测定,一般小麦为39～87cm/h,玉米为50～200cm/h,大豆为50～120cm/h,甜菜为50～135cm/h,C_4 作物比 C_3 作物快。例如,在小麦研究上,流的大小可用群体穗颈维管束总数、平均束通量和有效输导时间三者的乘积表达。束通量[m/(束·d)]与维管束状态、库拉力、源推力及环境因素有关,而有效输导时间(d)受遗传特性和环境因素的影响较大。

伊文思调查了22个系统小麦的花柄筛管断面面积,发现其最大数值相差10倍左右,这些数值与其最大转运能力有直接关系。由此推断,当维管束的通道能力达到饱和时,是可以限制籽粒生长速度的;也就是说,除源和库之外,流有时也是限制产量的因素。古世禄等认为影响谷子结实的因素主要是源和流,指出流与穗的接受能力、胚的生长力、颖花数目及维管束发育有关,同时他发现穗数增多会影响维管束的发育,从而限制光合产物的运转能力。庄宝华等认为亚优2号在结实较正常的前提下,成熟期茎鞘干重超过抽穗期的水平则属少见;并认为这在经济学上是物质转化效率不高的一种表现,在栽培生理上则又是实现高产潜力的一个内在依据和有效途径。邓启云则通过对供试材料各节间及枝梗维管束的切片观察,初步阐明亚种间杂交水稻维管性状特征及其与籽粒充实度之间的关系,为亚种间杂交水稻的选育与栽培提供理论依据。徐正进等则认为无论亚种间还是不同亚种的类型间,穗颈大维管束数均存在显著差异,而亚种内类型间的差异则未达到显著水平;穗颈小维管束亚种间差异不显著,但亚种内类型间有一定差异;第2节间与穗颈大维管束数之比和穗颈大小维管束数之比的变异趋势与穗颈大维管束数相似,而且较后者更为稳定，可作为籼粳亚种分类的两个参考解剖指标。

（四）源库流与作物产量形成的相互关系

作物源库流的形成和功能的发挥受遗传和环境因素的制约，三者之间的关系受作物品种、生态条件和栽培技术的影响而不断发生变化。作物收获高，就要创建源库流特征协调，在作物生长发育过程中平衡好群体的源库流关系。

在产量水平较低时，源不足是限制产量的主导因素。同时，单位面积穗数少、库容小也是造成低产的原因。增产的途径是增源与扩库同步进行，重点放在增加叶面积和增加单位面积的穗数上。当叶面积达到一定水平，继续增穗会使叶面积超出适宜范围，此时，增源的重点应及时转向提高光合速率或适当延长光合时间两方面，扩库的重点则应由增穗转向增加穗粒数和粒重。

三、农业生产中能量转化与流动理论

（一）能量转化与守恒定律

能量是生态系统的动力，是一切生命活动的基础，农业生产与资源利用系统也不例外。在生态系统中，能量流动开始于太阳辐射能的固定，结束于生物体的完全分解，能量流动的过程被称为“能流”。生态系统中能量主要有两种存在状态，即动能(kinetic energy)和势能(potential energy)。动能是生物及其环境之间以传导和对流的形式互相传递的一种能量，包括热和辐射。势能又称潜能，是蕴藏在有机分子键上的能量，它代表着一种做功的能力和做功的可能性。在生态系统中，潜能是通过食物链的关系在生产者、消费者、分解者等有机体之间进行流动和传递的。

下面以森林生态系统为例，来说明生态系统中各种要素间的相互作用。植物通过光合作用将二氧化碳（来自大气）、水（来自土壤）等无机物转变为有机物，并放出氧气，同时太阳能转变成化

学能潜藏在有机物分子的化学键内，这一变化反映生态系统中非生物（非生命物质）和生物（生命物质）之间的联系。再如，草食动物以植物为食物，肉食动物以草食动物为食物，这两例反映生态系统中生物之间（植物和动物，动物和动物）的联系。

在生态系统中，各种生物之间最基本的联系就是食物或营养联系。一种生物以另一种生物为食，而它又被第三种生物取食，第三种生物又被第四种生物取食……彼此形成一个食与被食的关系，这种生物之间以食物为联系建立起来的链锁关系，被称为"食物链"。食物链是物质流动的渠道，也是能量流动的渠道，物质是能量的载体。在光合作用过程中，太阳能转化为化学能储存在有机物中，再通过食物链，依次传递给草食动物和肉食动物。不过生态系统中，能量流动的方向是单向的、非循环的。因为在生态系统中的每一步变化，总会有部分能量转化为热传递给环境，这些热成为无用的能量，不能再被利用。生态系统需要太阳不断提供能量才能保持正常发展，整个地球也是如此。

然而，在生态系统中，物质的流动是可循环的。在生态系统中，绿色植物通过光合作用将简单的无机物转变为复杂的有机物，于是物质就开始进入食物链。当草食动物采食植物时，植物体内的营养物就向草食动物体内迁移。同样，当肉食动物捕食草食动物时，营养物就又迁移到肉食动物体内。动物的排泄物，还有动植物死亡后的尸体、残体，都会被微生物分解，并将有机物又转化为无机物，重返环境。这些被释放回环境的物质再一次被植物吸收利用，重新进入食物链，参加生态系统的再循环。以上过程即是生态系统中的物质循环。物质循环周而复始地进行，营养物质不会枯竭。参加循环物质的形态可以变化，是无机物或有机物，是机体或粪便；但物质总量是不变的。或者更确切地说，参加循环的化学元素种类和量原则上是没有变化的。

环境要素之间的联系除有赖于物质和能量的流动，还常常依赖于信息传递。生物的觅食、求偶、储粮和迁徙都有赖于信息传递。例如，蜜蜂通过花的颜色可以判断花蜜的有无，因而花的颜色就向蜜蜂传递了花蜜有无的信息;雄孔雀在发情期间的迷人开屏,是给雌孔雀的信息。人类社会的联系,信息也是十分重要。

从上面对生态系统的介绍中,可以了解任何一个完整的生态系统都是由生产者、消费者、分解者和无机环境四个部分组成的。绿色植物就是生产者,它们把无机环境中的无机物制备成有机物,是系统中最积极的因素。各类动物是消费者,它们直接或间接以植物为食。微生物(细菌、真菌)是分解者,使动物粪便和动植物的尸体、残体内的有机物分解成无机物,重返无机环境。

具体到农业生产系统来说,农业生产系统的能量由太阳辐射能和人工辅助能构成,其中太阳能是作物生长的原始驱动力,人工辅助能虽不直接转化为生物化学潜能,但可以促进辐射能的转化,对系统中光合产物的形成、物质循环起着很大的辅助作用。在太阳能之中,对作物光合作用有效的能量只占太阳总辐射的43%左右,而经反射、散射和非活性吸收后达到作物体内的可供光合作用所利用的能量下降为34.4%,转换为化学能的约为8.7%,加上产量形成的积累过程的生理损失,最终使实际产出物所储存的化学能不及太阳能的1%。依照上述原理,在理论上农业资源利用效率可以无限逼近而永远达不到100%,减少关键环节的能量损失是资源利用效率提高的重要途径,农业生产需对系统不断进行各种能量投入才能维持系统持续稳定的产出。

(二)能量的加速散逸原理

1.农业生态系统中能量的产生

农业基本上是一个利用光合作用的系统,农作物的产量最终取决于光合作用系统的规模和效率;所有其他的作物管理都是从这一实践出发的。所以,要理解能量在农业生产过程中的流动与转化,首先要理解光合作用对于能量的获得、储存和释放的过程。

地球上所有的生物能最初都来自太阳的核聚变反应，以氢放出的辐射能，融合成氦，并提供推动力，使二氧化碳和水形成碳水化合物（如葡萄糖）。这个二氧化碳和水合成碳氢键的过程是一种需能（吸能）反应，其中当太阳能（辐射能）固定碳原子化学键时，太阳的高级能变为有机分子的中级能，而这一中级能又以热的形式消散为低级能，最终则变为无效的熵（分子的无序性）。因此，光合作用是一个截获辐射能和朝着高熵方向逆转的紧密结合的综合系统。

对植物干物质的分析表明，二氧化碳和水对于形成最终产量的贡献惊人，90％～95％的干物质重量是由这两种物质合成而来。光合作用可以用下列方程表示：

$$6CO_2 + 12H_2O^* \xrightarrow[\text{光}]{\text{叶绿素}} C_6H_{12}O_6 + 6O_2^* + 6H_2O$$

（＊指观察到过程中氧的释放都是来自水）

2. 自然生态系统能量流动的特点

生态系统中能量的流动主要有三个特点：热力学定律；能量的单向流动；能量的不断递减。

生态系统中能量的流动都会遵循热力学的第一和第二定律：自然界能量可以由一种形式转化为另一种形式，在转化过程中按照严格的当量比例进行，能量既不能被消灭，也不能被凭空创造；生态系统的能量从一种形式转化为另一种形式时，总有一部分能量转化为不能利用的热量而耗散。根据热力学第二定律可以知道，任何能量的转换过程，其效率都不可能达到100％。

因为能量在转换过程中，常常伴随着热能的散失，因此可以说，没有任何能量能够100％地自动转变为另一种能量。在生态系统中，当太阳辐射能到达地球表面时，只有极小部分能量被绿色植物吸收并转化为化学潜能，大部分光能转变为热能离开生态系统进入太空。而当进入生态系统中的能量在生产者、消费者和分解者之间进行流动和传递时，一部分能量同样转变为热而被消散，剩下的能量才用于做功，并合成新的生物组织作为潜能贮存下来。

能量以光能的状态进入生态系统后，就不能再以光的形式存在，而是以热的形式不断地散逸于环境中(图 6-6)。就总的能流途径而言，能量只是一次性流经生态系统，是不可逆的。不过，生态系统中除了能量的流动外，还有物质的流动，这个过程是可逆的。

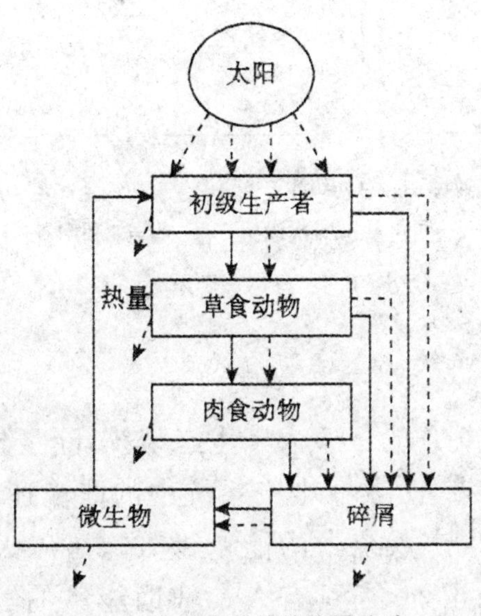

图 6-6 生态系统的能量流动

(虚线表示能流；实线表示物流)

从太阳辐射能到被生产者固定，再经草食动物到肉食动物再到大型肉食动物，能量是逐步递减的。通过图 6-7 可以看出，输入的太阳辐射能量为 12 552kJ/(m^2 · d)[3 000kcal/(m^2 · d)]，可能被植物吸收的只是可见光部分的有效辐射能，为 6 276kJ/(m^2 · d)[1 500kcal/(m^2 · d)]，被植物吸收转化以后只剩下 62.76kJ/(m^2 · d)[15kcal/(m^2 · d)]，有效辐射光能利用率为 1%，当植物被草食动物摄食后留在动物体内的能量只有 6.276kJ/(m^2 · d)[1.5kcal/(m^2 · d)]，其效率为 10∶1(即十比一定律)。随着营养级的再提高，能量散逸越来越多，留在系统内生物体中的能量就越来越少。

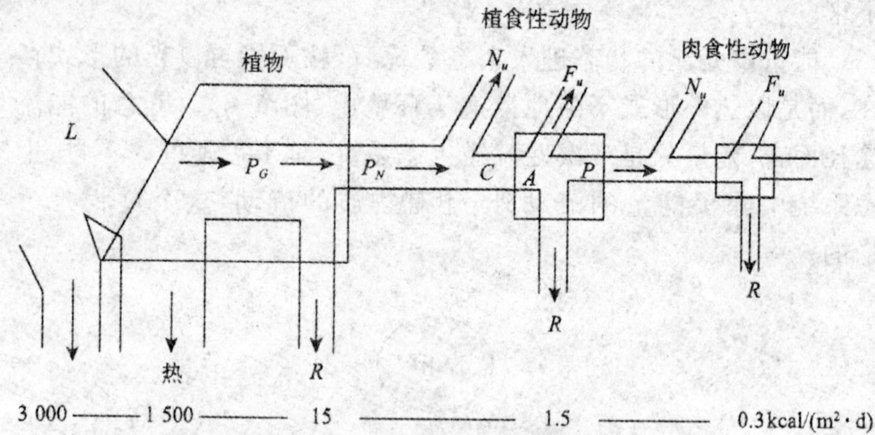

L=太阳总辐射；P_G=总初级生产量；P_N=净初级生产量；R=呼吸量；C=消耗量；A=同化量；P=次级生产量；N_u=未利用量；F_u=粪尿量

图 6-7 自然生态系统能流

3. 农业生产系统能量流动的特点

农业生产系统作为一个人工生态系统，除了具有一般自然生态系统能流的特点外，农业生产系统中的能流还具有双通道性。也就是说，农业生产系统中的能量投入除了以太阳为中心的自然能的输入和输出外，还具有人工辅助能量的输入和输出。这些人工辅助能量主要指化肥的施用、农药的喷洒、电力的投入、农业机械的使用等。双通道的能量输入与输出比单通道的能量输入与输出更加复杂，系统的运转效率可能加速变坏也可能加速变好。

正因为农业生产系统能流的双通道性，农业生产系统的能流不像自然生态系统那样完全处于自发状态。由于农业生产系统中人工能量的投入和人为干预，农业生产系统中的能量流动具有一定的可控性。人们可以根据自己的需求，对农业生产系统进行一定的干预，从而不断提高系统生产力来满足人类社会的需求。例如，在自然条件下，由于环境因素配合得不一定协调（可能光、热、水条件都很好，但土壤肥力不好），能流的效率会比较低；人类可以通过施用化肥，促使环境因素配合得更为协调，提高生态效率。世界粮食总产量由 1964 年的 4×10^8t 增加到 20 世纪末的 20×10^8t，就是人类控制能流的结果。

农业生产系统要增加产出，需要加大人工辅助能量的投入。热力学第二定律的一个著名的表达就是“在真实过程中熵永远是增加的”，至少在地球上是如此(关于宇宙，则是一个争论未定的问题)。上述关于熵的变化的论述涉及所讨论的系统，也包括环境。熵也许会在一个系统中减少，然而在作为过程的一部分的环境中却增加得更多。这意味着，要想改变农业生产系统熵增加的趋势，必须增加人工能量的投入以减少熵值。当然这会增加周围环境的熵值。从这一点讲，提倡不投入化肥、农药等石油能的“有机农业”“生态农业”“适应农业”等尽管可以不增加周围环境的熵值，但却不能减少农业生产系统熵值增加的趋势，从而也难以提高农业生产力。

(三)能值理论

1. 能值分析的主要步骤

能值的分析手段和步骤主要包括能量系统模型图和能值综合图的绘制、各种能值分析表的制定、能物流量计算、能值计算评价、能值转换率和各种评价能值指标的计算分析、系统模拟等。具体来说，能值分析可以分为七个基本步骤(图 6-8)。

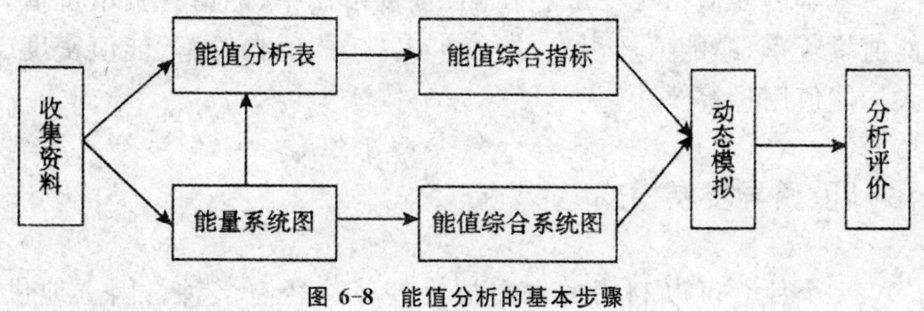

图 6-8 能值分析的基本步骤

第一步，收集基本资料，如平均降雨量、平均径流量等环境资源，土地利用情况，人口、资源等经济活动指标。第二步，绘制能量系统图，利用各种能量语言符号将系统主要能流标注，形成包括系统主要组分及其相互关系的系统图解。例如，Odum HT 曾绘制了波多黎各地区森林生态系统的能量系统图，很好地解释了森林生态系统内能量的组分及其流向（图 6-9）①。第三步，主要是编制各种能值分析表，计算系统的主要能量流、物质流和经济流，并根据其相应的能值转换率计算各自的能值。第四步，构建系统能值的综合结构图。第五步，建立能值指标体系。第六步，系统动态模拟。第七步，进行系统的发展评价和策略分析。

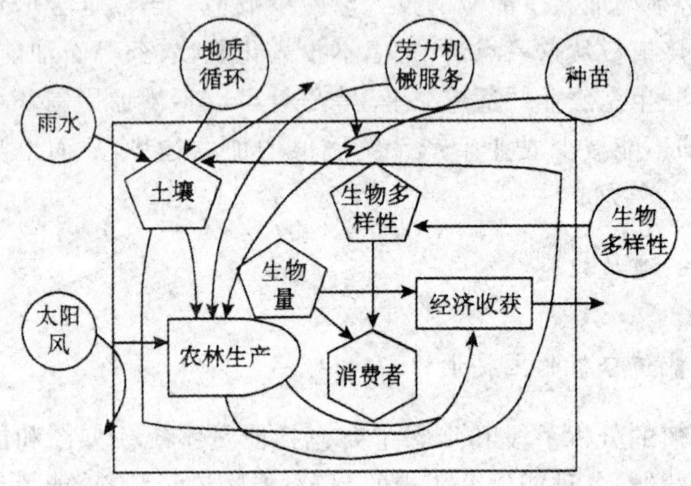

图 6-9　美国波多黎各地区森林生态系统的能量系统

2. 基本的能值指标

基本的能值指标一般包括能值/货币比率、能值—货币价值、能值投资率、净能值产出率、能值扩大率、能值自给率、能值密度、人均能值用量等。

四、诱导发展模式

一个社会可以利用的农业技术变革途径有多种。因土地供

---

① 程淑兰，马艳. 能值理论及其在环境管理中的应用[J]. 地域研究与开发，2005，24(1)：96－99.

给缺乏弹性给农业发展带来的限制可以由生物技术的发展而抵消。因劳动供给缺乏弹性带来的限制可以由机械技术的发展而抵消。一个国家获得农业生产率和产出迅速增长的能力,取决于在各种途径中进行有效选择的能力。如果不能选择一条可以有效消除资源条件制约的发展途径,就会抑制农业发展和整个经济的发展。建立诱导发展模式,除了土壤肥力保持模式、城市工业影响模式、扩散模式、高产出投入模式等需要考虑的因素外,还涉及对社会选择的最优农业技术变革途径的机制的说明。

我们把“诱导革新”模式扩展到包括这样的过程,即直接利用在农业研究、农业技术的利用与推广和保证农业发展的制度性基础结构方面的公共部门投资,来消除以比较缺乏供给弹性为特征的要素对农业生产的制约。

我们这里提出的“诱导发展模式”包含这样的机制[①]:①诱导私人部门的革新;②诱导公共部门的革新;③技术变革与制度发展间的相互作用;④技术变革与经济发展的动态关系,这些是农业发展的主要因素。

(一)诱导私人部门的革新

一般来说,从希克斯的《工资理论》出版以来,至少生产要素相对价格的变化或差别可以影响发明或革新的方向这一观点,已被接受。同时,W. E. G. 索尔特和其他反对希克斯诱导革新理论的人一直持有反对意见。这些意见简略总结如下:在产出一定的情况下,激发企业节约总成本;在竞争均衡中,每一要素按其边际产值购买;所有的要素对企业来说,是同等昂贵的;因此,企业不存在为竞争而寻求节约某一具体要素的技术刺激。

我们的观点和索尔特的观点,主要在生产函数定义上存在差别。索尔特定义的生产函数包含根据现有科学知识预示的所有可能出现的方法,并把在这些方法中间的选择称为“要素替代”以

① [日]速水佑次郎,[美]弗农·拉坦.农业发展:国际前景[M].北京:商务图书馆,2014.

取代"技术变革"这一叫法。然而,索尔特承认,"要素相对价格具有说明技术知识应用于生产方式产生的广泛影响的信号标杆的特点"。如果我们接受索尔特的定义,举例来说,在开发适应巴基斯坦的生态条件并可与日本的改良品种相比拟的高产和喜肥品种方面分配资源,就不能被认为是技术变革,而只能认为这是已有技术知识(育种技术、作物类型概念等)在生产上的一种应用。

虽然我们并不否认索尔特定义的个别情况,但这一定义对于了解新技术方法开始有效利用的过程,显然不是很有用的。我们把因开发在方法、原料或组织中包含的新知识而有目的地利用资源的各种活动所引起的生产系数的任何变化都看作技术变化。根据这种定义,竞争企业把资金分配给能够促进用不太昂贵的资源替代昂贵的资源这样的开发项目,就是完全合理的。赛·阿曼德明确说明,假设企业家设想了各种可供选择的新技术,它们都能用同等数量的研究费用加以开发,如果在整个时期一种要素相对于另一种要素来说变得更昂贵,企业家的革新研究将趋向节约更为昂贵的要素。类似地,在一个国家中,一种要素相对于另一种要素来说,比在第二个国家更昂贵,革新研究将趋向节约相对更为昂贵的要素。

(二)诱导公共部门的革新

公共部门的革新行为,在有关诱导革新的文献中,被极大地忽视了,不存在诱导公共部门革新的理论。这对于了解农业发展中科学和技术革新的过程是特别严厉的制约。在多数已经成功实现了农业技术快速增长的国家,农业研究的"社会化"是一直被慎重地当作农业现代化的一个工具加以看待的。

我们关于公共部门农业研究的"诱导革新"机制的观点,类似于希克斯的私人部门诱导革新理论。对传统观点的主要扩展是,我们的革新诱导机制不仅以想使利润最大化的企业对市场价格变化的反应为根据,而且以研究科学家和公共机构的行政人员对资源条件和经济变化的反应为根据。

我们假设，在价格能够有效反映产品和要素供需变化和农民、公共研究机构及私人农业供给公司相互之间存在有效影响的情况下，可以利用市场的价格信号引导技术变革沿着一条有效的途径进行。假如农产品需求增加，由于人口和收入增长，相对于供给具有弹性的投入品的价格而言，供给缺乏弹性的投入品的价格将提高。同样，如果某一项投入的供给适当快于其他投入的供给，相对其他生产要素价格，这些投入的价格将下降。因而，在节约以供给缺乏弹性或供给变动较慢为特征的要素方面进行技术革新，对农业生产者来说，较为有利。根据相对价格的变化，诱导农民寻求能够节约日益稀缺的生产要素的技术办法。他们促使公共研究机构开发新技术，同时要求农业供给公司提供现代化的技术投入以替代更为稀缺的要素。敏锐的科学家和科学管理人员通过设想可行的新技术和新投入，对农民的要求做出反应，这些新技术和新投入有利于农民用日益丰富的要素来替代日益稀缺的要素，借以按社会最优方向满足农民减少单位成本的需要。

当农民在政治上被有效地组织加入地方或地区“农业社”或农民协会时，农民、研究科学家和行政管理人员间的相互影响可能是最有效的。当农业研究体制高度分散时，如在美国，公共部门研究和推广计划对农民需求的反应可能是最大的，每个州的农业试验站都趋向于加强其作用，至少部分如此，以便保持本州农业相对于其他州农业的竞争地位。

在这种公共部门诱导革新模式中，研究科学家和管理人员的反应是诱导机制中的主要环节。这种模式并不表明，在选择研究目标时，公共机构的各个科学家或研究管理人员有必要有意识地对市场价格或直接就农民对研究成果的需要做出反应。事实上，他们主要是受职业成就或被人承认这一动力的驱动。建立一种有效的奖励科学家或管理人员的制度，根据他们对解决重大社会问题的贡献，进行物质或精神奖励，这是必要的。在这些条件下，认为公共部门研究计划中的科学家和管理人员在试图把其研究成果应用于公共目的时，确实要对社会需求做出反应，才是合理的假设。此外，我们认为，要素和产品相对价格的长期变化揭示出许多社会应优先从事的研究目标方面的信息。

公共研究部门的反应并不局限于应用科学领域。试图解决实际问题的科学家经常请教工作在基础领域的科学家或要求与其合作。如果基础科学家对应用研究者的要求做出反应，他们实际上就是对社会需求做出反应。在解决应用领域研究人员提出问题的过程中，在基础科学方面产生重大突破，并非不寻常。因此，作为基础科学、应用科学和公共资金分配于研究过程间相互作用的结果，假定基础研究也趋向于减少相对稀缺要素给农业生产带来的制约，显然是合理的。

然而，我们并不认为，农业技术变革完全具有诱导的特点。对变革过程而言，存在供给（外生的）范围，同时存在需求（内生的）范围。除了资源条件和需求增长的作用外，农业技术变革反映了一般科学和技术的进步。一般科学（或科学革新）的进步，降低了技术革新和企业革新的费用，在不涉及要素比率和产品需求的情况下，多对农业技术变革产生影响。即使在这些情况下，当这些因素通过要素和产品市场反映出来时，技术的采用率及其内因变化或外因变化对生产率的作用将强烈地受资源供给和产品需求条件的影响。

因此，古典的资源分配问题，没有被看成高产出投入模式中农业生产率和农业产出增长的适当基础，在这种情况下，只是被集中地看作农业发展过程。在静态技术条件下，改进资源分配只是经济增长的一个不充分的源泉。然而，为了开发新的增长源泉，有效地分配资源，对农业发展过程是必需的。

（三）体制革新

为了说明公共研究机构的行为，扩展“诱导革新”理论是建立诱导发展理论的基本环节。在诱导发展模式中，为了消除缺乏弹性的土地供给或劳动供给对增长的制约，机械技术和生物技术的发展是对要素相对价格的变化、要素相对于产品价格的变化的反应。这些过程及其作用，并不局限于农业部门。为了减少相对稀缺的那些生产要素带来的制约，经济中任何部门相对价格的变化都起诱导革新活动的作用，不仅诱导私人生产者的革新活动而且诱导公共机构科学家的革新活动。

为了使为生产率提高提供经济刺激的革新活动的利益内在化，体制革新的主要源泉是由社会所做的努力。在某些情况下，为了使革新引起的较高收入趋势内在化，体制革新涉及重组所有权。土地制度关系的现代化，涉及从分成制到租赁制以及多数西方农业中所有者自耕制的变化，部分地可以看成是用来使单个农业的企业革新收入内在化的所有权的变动。

当革新活动收入的内在化比较难于实现时，涉及公共部门活动的体制革新成为必要。农业研究更多的社会化，特别是引导生物技术进步的研究社会化，是社会为实现农业技术进步的潜在利益而进行公共部门体制革新的一个例子。这种体制革新开始于德国，在美国和日本得到了大规模的推广和应用。

舒尔茨和大川一司近来认为，可以适当地把体制革新看作对由技术进步开拓的资源生产性利用的新机会的一种反应。我们的观点与大川和舒尔茨的观点归纳为这样的假说：进行体制革新，是因为它明显有利于社会个人或团体付出的代价。只有社会的利益超过代价，才能证明体制的变化是可行的。通过为体制变革创造有利的新机会，市场价格和技术机会的变化就会引起现有体制设置的不均衡。

然而，有利的机会不一定立即导致体制革新。通常，技术变革和公共机构变革的利益和损失并不是被中立地加以分配的。主要是存在坚持损失和反对变革的既得利益。在动员团体实现共同的或团体的利益方面，存在限制。对技术与经济机会做出反应的体制改革过程通常引起时滞、社会的和政治的压力，在某些情况下，引起社会和政治秩序的动乱。经济增长最终取决于社会自身改革对技术与经济机会反应的灵活性和有效性。

（四）动态呼应

在动态发展过程中，出现不平衡或不均衡是诱导技术变革和经济增长的重要因素。体制因素间的不均衡产生了各种瓶颈，需要科学家、发明家、企业家和行政管理人员注意寻求更有效的解决资源分配问题的办法。

一个瓶颈引起的问题的解决通常产生另一个瓶颈。这是技术变革从一个生产过程向另一个生产过程传播的动力。可以在工生革命初期英国棉纺业中看到这种典型的例子：“关键的飞梭引起如速纺纱运转的需要；纺纱的最后解决反过来又引起织布能力短缺，以引入卡特赖特动力织布机而告终。”

对这种一般演化方式，农业机械化的发展也不例外。最初的原型收割机节省了割地的劳动，但却形成了耙和捆工作的瓶颈。其后自耙收割机和打捆机的引进显然说明了技术变革的累积呼应过程。收割机械化同时产生了脱粒方面的瓶颈，要求引进动力脱粒机。通过这种累积呼应，美国成功地开发了农业生产的机械技术，促进了用相对更为丰富的土地和资本对相对更为稀缺的劳动的替代。

农业生产技术变革引起的累积呼应同时引起其他经济部门的变化。农业范围内以及农业与其他经济部门之间的不平衡，是把农业技术进步向整个经济发展扩散引起后向联系和前向联系的重要来源。例如，开发高产粮食品种的结果，使 20 世纪 60 年代后期南亚和东南亚各国粮食生产获得增长，从而形成严重的销售瓶颈。这一瓶颈已经提高了改善销售系统的销售能力和有效性的投资报酬。

非农业部门的创新与农业技术进步的联系也是重要的。由化肥产业减少成本型革新引起的化肥价格的长期下降，促使人们集中关注传统粮食品种对较高施肥水平的有限反应能力。相对于产出和土地价格而言，化肥价格下降已经引导试验站的研究人员努力开发更喜肥的粮食品种，以克服这种瓶颈。这种研究在许多国家(如日本和美国)正着手进行,因为它们已经具备必要的试验能力。近来,在热带粮食生产地区,已经发生了一系列的引起试验站试验能力扩大的体制革新。

第二节 农业资源利用效率优化途径

一、政府提高农业资源利用效率的宏观调控设计

(一)农业资源管理体制的优化设计

受长期计划经济体制的影响,我国的农业资源管理多针对具体的农业资源开发利用活动的实践而展开,形成的农业资源管理部门也多而分散,缺乏统筹考虑。直到最近一次政府体制改革,农业资源管理部门的宏观调控作用才得到重视。由于农业资源的条块管理,每次资源管理体制的变动都涉及部门利益的调整,因而每次的资源管理体制改革,都因具有利益平衡作用而带有过渡性质。正是我国农业资源管理体制演进过程中的诸多不合理因素,造成了我国资源管理体制中的诸多问题。政府提高农业资源利用效率宏观调控设计的首要措施应该是改革和完善农业资源的管理机制。具体说来有以下两个方面。

首先,建立和完善农业资源的综合管理机制。农业资源综合管理就是以整体的农业资源为管理对象,以不同门类农业资源的共性及其相互关系为基础,利用一种综合的运行机制对不同门类的农业资源进行统一管理。加强政府的农业资源管理首先要建立、健全协调一致的农业资源综合管理机构,加强农业资源的科学化、现代化管理,制定并实施有效的、综合的规范和管理制度。不过,农业资源的综合管理不应仅仅是简单的机构合并,更多地应该是各资源管理机构之间的相互协调、相互牵制。农业资源综合管理的效果集中体现为制度效率的提高和交易成本的降低。

其次，建立和完善农业资源管理的协调机制。完善的农业资源管理协调机制可以协调保证本国农业资源的合理开发利用，并在制定国家发展规划、年度计划时从宏观上平衡各种问题，起到综合协调的作用。国外不少国家都设立了类似的机构，如巴西、智利等国都设有综合协调委员会，各种委员会是保证本国资源合理开发利用的重要协调机构。印度没有设置专门的资源利用管理方面的协调机构，但该国的计划委员会、建议委员会和财政预算委员会等综合性机构，在制定国家发展规划、年度计划时从宏观上进行各种问题的平衡，可以起到综合协调的作用。在成立农业资源综合管理机构困难的情况下，可以先考虑设置综合协调委员会，将相互联系的农业资源连接起来，统筹考虑。

（二）农业资源立法的优化设计

20 世纪 80 年代以来，国家及有关部门十分重视农业资源的利用和保护，分别出台了有关的法律法规，对农业资源的利用和保护起到了重大的作用。但是农业资源是以整体形式而存在的，只有单项资源立法而没有综合管理立法相配套的农业资源法规体系，难以满足与适应资源客观整体性的需要，不可避免地要产生相互撞车与矛盾的状况，势必影响单项法规的可行性与执法力度。我国现行的九部农业资源法律，均由全国人大常委会审议通过，是具有相同法律效力的资源单项法。由于没有一个高于单项资源法律法规层次之上的资源综合管理的基本法，无法将资源开发、利用、保护、管理中具有共性的基本原则制度统一规定在这个基本法里，各单项法不得不自成体系，重复规定这些原则和制度。又由于没有一部综合性的资源法律作基础，在不同时期，由不同主管部门分别起草的单项资源法相互之间存在着一些矛盾和不协调之处。例如，同一资源多个执法主体，出现多头管理；资源调查依据不同的法律法规由多个执法主体重复进行，造成资源数据矛盾；资源法律体系不完备，各单项资源法律法规相互衔接不够，给实施造成很大困难等。政府提高农业资源利用效率宏观调控设计的第二个措施应该是优化设计农业资源立法。具体来说有以下四个方面。

(1)依托《农业法》和相关法律规定,制定国家层次的《农业资源综合管理条例》。由于国家和省级地方政府制定的一些有关农业资源单项管理的专业法律、法规之间缺乏联系和协调,在资源管理层面上存在着局限性,很难形成资源保护和管理的协调性和整体性,因此许多省级地方政府都制定了《农业资源综合管理条例》,力图通过《农业资源综合管理条例》提高农业资源的综合利用效率,促进区域经济可持续发展,但目前仍缺乏国家层次的《农业资源综合管理条例》。近年来,通过省级《农业资源综合管理条例》编制的试点工作,积累了不少经验教训,应该开始探索制定国家层次的《农业资源综合管理条例》。在国家层次的《农业资源综合管理条例》中,应能够明确农业资源综合管理机构的职能、组成、权限,农业资源综合管理的手段、监督和处罚等内容,从而保障农业资源的综合管理和保护,为农业资源的高效和可持续利用提供法律保障。

(2)调整现行农业资源立法中的不合理之处,完善、充实现有法律法规内容。对于农业资源管理立法中不合理的地方,应根据农业资源综合管理客观情况的变化而调整。例如,《水法》规定水资源管理部门为主管部门,而《矿产资源法》规定地下水资源的主管部门为矿产管理部门,《城市供水条例》则规定城市及郊区地下水由城建部门管理,造成了多头交叉管理的结果。《草原法》《土地法》《森林法实施细则》对于土地利用类型划分的差异则造成了宜耕地、宜林地和宜牧地的重复计算。近年来,《矿产资源法》《土地管理法》《森林法》等已相继得到修订,但另外一些法律,如《草原法》《水土保持法》等的修改进度则比较缓慢,亟须尽快修订,以便与体系内其他层次的立法相协调,服务于市场经济条件下农业资源的管理与利用。

(3)应根据经济社会的发展和需求,突出农业资源可持续利用方面的内容,并划清法律条文中资源重叠管理、重复调查的关系。此外,还应添加补充资源产权制度、有偿使用制度、补偿制度、审计核算制度、交易制度等方面的基本内容,促进政府部门农业资源的优化管理。

(4)开展地方性农业资源管理立法工作。由于我国地域辽阔、地形复杂、资源丰富,气候类型、水文、自然资源的分布均有明显的地域差异。这也决定了全国统一的自然资源立法不可能对复杂多样的自然地理环境与自然资源状况做出全面的规定。地方政府势必需要在立法权和管辖权范围内对地方的农业资源利用做出具体规定,作为国家立法的有益补充。

二、农村社区提高农业资源利用效率的中观组织设计

(一)社区农业资源管理产生的背景及其内涵

农村社区提高农业资源利用效率的中观组织设计主要可以归结为建立和完善以社区为基础的自然资源管理(Community Based Natural Resource Management,CBNRM)机制。第二次世界大战结束后,很多发展中国家对自然资源实行国有化管理,采取一种自上而下的管理方式,强调中央政府的控制、计划及决策作用,而忽略了资源所在地的社区(比如村集体及成员)在资源保护及利用中的地位。这些国家的政府认为,只有通过中央政府对资源的集中、统一管理,才能保证国家经济发展所需要的农业资源得到合理的开发利用;并且,农村社区及其社区内的居民由于科学文化素质的限制及其对于自身利益的考虑,难以胜任农业资源的管理工作,农村社区对于农业资源的开发利用往往具有短期性,难以保证农业资源开发利用的可持续性。此后的很多农业资源开发利用管理实践证明,政府一方面高估了自己的农业资源管理能力,另一方面低估了农村社区及其居民在长期生产实践中积累的农业资源管理水平。而依靠市场机制来进行农业资源管理与调控又常常面临农业资源产权不明晰等问题。在这种背景下,

社区自然资源管理逐步产生并发展起来。

20世纪80年代以来，随着人们对农村发展中“基层参与”概念的重新认识，CBNRM作为实现农村自然资源的可持续利用与管理的方式和分析路径逐渐在全球范围内得到认可和实践。在许多发达和发展中国家，CBNRM已经成为它们自然资源管理政策的中心议题。社区自然资源管理定义可以概括为：受益群体主动参与社区资源管理过程，特别强调当地社区及村民是自然资源管理的主体，通过能力的培养、赋权和管理机制的建立等，给当地社区居民机会或责任管理他们自己的资源，确定他们自己的需求、目标以及做出自己的决策的过程，从而实现社区自然资源的可持续利用和社区社会、经济和环境的持续发展。

（二）社区农业资源管理实施的方法及其手段

首先，政府赋予或下放农村社区必要的农业资源管理权限。要建立CBNRM，一个首要的前提条件便是政府对农村社区下放和赋予必要的农业资源管理权力。相对于社区以外的群体而言，每个农村社区对于自身的自然、经济、社会、文化、资源状况都最为了解，因此有可能制订出最能优化社区资源利用管理的方案，并使当地人能够充分发挥他们的能力去解决当地农业资源管理利用中存在的问题。因此，农村社区在农业资源管理利用方案的制订中应该具有一定的话语权。政府对于农村社区资源管理的充分赋权包括农业自然资源管理的项目决策权、参与实施权、知情监督权、管理维护权、监测评估权，以增强社区及其居民对自然资源管理的拥有感和责任感，并促使他们发挥自身的潜力和贡献。

其次，建立完善的社区农业自然资源管理体制。在政府完成农村社区资源管理的放权之后，农村社区资源管理细则的制定就成为社区农业资源管理体制建设的重要组成部分。比如，各个社区要根据自身情况，在管理细则中明确规定一定时期内的资源使用数量，以何种方式或技术使用，还要明确设定各成员需投入多少比例的收益作为资源更新或保护的投入，这样才能维持资源长期可持续利用发展[①]。除了这些细则外，社区还应建立完善的监督及处罚机制。在国家政策法规允许的前提下，借鉴和采纳当地社区及资源管理的乡土文化，制定“村规民约”式的管理制度。同时，要通过所有成员民主选举的方式，选举大家信任的人成为管理小组成员，政府职能部门赋权管理小组行使一定管理权限，明确管理小组的权利、责任和义务，社区资源管理小组成员监督执行。

最后，要对社区及居民进行农业资源管理能力的培训工作。社区资源管理强调社区成员的参与、当地传统文化知识的运用、以及资源管理的可持续性，因此社区成员管理能力的培养工作在社区资源管理中就显得尤其重要。社区成员资源管理能力的培养一方面是指对社区居民管理技能的培养。培训的内容可以根据当地社区资源管理利用水平和存在的问题以及当地社区居民需求，并结合具体的农业资源管理项目后制定。技术的传授以专家指导受培训者实际操作为主，以理论讲解为辅。技术推广以农户现场示范和农民间的相互传授、学习为主。另一方面，社区资源管理能力的培训也包括要使每个成员不断地加深对自身的权利、义务及责任的了解。在农村社区居民中树立资源有价，合理利用与保护资源的意识，实行有偿使用、有偿管理、有偿服务。这样，不仅能够调动社区成员参与资源管理的积极性和主动性，也可以使社区对管理体制的不断完善提出更多的建议，提高资源利用的效率。

三、农户提高农业资源利用效率的微观经营设计

（一）农户经营素质的优化

改革开放以来，在市场经济的作用下，广大农户的经营行为

① 向青，尹润生. 社区自然资源管理的基本要素及政府的作用[J]. 林业经济，2006(3)：74－80.

发生了重要变化。市场经济是一把"双刃剑",存在双重效应,农户的经营行为也就具有理性行为和非理性行为并存的特点。理性的农户行为与农业可持续发展目标的实现是一致的。但非理性的农户行为却与农业可持续发展相悖,阻碍着农业的可持续发展与农业资源利用效率的提高。

因此,农户经营素质的高低,直接影响到农户经营行为理性与否,进而影响农业资源的优化利用和农业可持续发展。没有农户经营素质的提高,就不可能有农业资源的合理利用与配置。而要提高农户经营素质,就要发展农村教育事业,提高农户的科学文化素质,校正农户非理性的经营行为。

(二)农户施肥行为优化

长期以来,我国农户传统的施肥习惯只重视氮、磷、钾等常规肥料的施用(磷、钾重视也不够,施用不太合理),而忽视了中量元素和微量元素的施用,导致了土壤养分失去平衡、土质恶化、作物营养失调、病虫害滋生、农产品产量和品质下降,严重阻碍了高产、优质、高效农业的发展。另外,肥料的偏施还造成了化肥的极大浪费和土壤大面积发生缺素症。合理地优化农户的施肥行为,通过平衡施肥能够提高粮食作物产量,改善农产品品质,减少化肥和农药用量,节省成本,防止环境污染。

第三节 农业资源利用保障机制构建

一、开展全方位合作交流,营造良好外部环境

"一带一路"倡议提出后,一些国家对"一带一路"以及"一带一路"背景下的国际农业合作心存疑虑甚至误解,需要开展更广泛的合作交流,加大宣传力度。一是要充分利用高层外交平台,

阐述"一带一路"国际农业合作的宗旨和内涵。二是利用联合国、上合组织、亚信峰会等国际组织,宣讲"一带一路"国际农业合作理念。三是利用民间协会、企业商会、海外华人华侨组织传达"一带一路"国际合作的准确信息。四是利用研究机构或学术合作通道加强和国际农业公司、国际金融机构及智库之间的交流沟通。

二、调动各方资源,制定科学的国际农业合作专项规划

首先,深入开展规划国际调研合作,吸收专家进入团队。划拨专项资金对"一带一路"沿线重点国家进行评估咨询,联合农业企业和金融机构开展专项评估,形成综合性高、专业性强的评估报告。其次,对"一带一路"农业国际合作项目科学分类,制定有针对性的分期规划,明确阶段性目标。依托农业企业和金融机构进行具体项目规划评估,作为整体规划参考依据。由国家外专局或相关单位牵头成立国际农业合作国际专家咨询委员会,提供国际咨询。考虑成立双边或多边规划合作委员会,开展联合规划工作。最后,建立"一带一路"国际农业合作规划信息交流平台,在坚持内外有别的原则下,实现规划信息及时更新和尽量透明。

三、搭建合作平台,促进形成新的区域农业治理机制

应依托"一带一路",推动成立"一带一路"农业合作委员会,下设各专业委员会,提供沟通协商的平台。在条件成熟时签订共同行动纲领,形成约束性机制,促进建立新的区域农业治理机制。建立政府间沟通平台,解决政府间农业合作的重大问题,建立沟通长效机制,加强上合组织内部多边农业合作对话平台建设,促进各方就上合组织农业俱乐部达成共识,推动成立"一带一路"国际农业合作论坛。联合一些国家成立农业国际合作监督和仲裁委员会,引入国际仲裁法,推动形成农业国际合作仲裁法判决新机制,为项目提供法律保障和纠纷解决渠道。

四、科学界定农业合作重点区域，有序推动项目落地

首先，应该确定有战略引导和示范辐射作用的区域，特别是那些农业合作的难点区域，早布局，早着手，准备做长期工作。其次，要确定有基础性作用的区域，主要是重要资源区、经济技术合作区以及产业发展合作区。通过这些区域的农业合作带动一批相关产业发展，促进经济社会进步。最后，要确定关键节点区域，重点是可以实现基础设施互联互通的关键港口、管线、交通运输线和关隘。这些区域的农业国际合作有利于实现以点带线、以线带面。应该引导企业将农业合作项目落地和区域布局结合起来，将融资支持和国际政策支持与区域定位结合起来。

五、加快重要的农业互联互通基础设施建设及政策衔接

应尽快规划近中期可以开展的农业互联互通关键点建设项目，设计投融资方案和合作模式。考虑参与地中海沿岸国家农业基础设施建设。在海外设立专门的投资公司，参与重点港口扩建投资，推动中国企业参与建设招投标。开辟新的农业运输通道，特别是支线连接点。积极参与北极新航道的前期工作。促成建立统一的基础设施标准体系，减少因铁轨宽度不同、公路等级不同造成的火车换轨、汽车换车等不必要的麻烦。增加通关的便利性，简化海关手续，改善通关环境，试点通关“绿色通道”，逐步扩大参与试点企业范围。放宽签证政策，延长区域内签证许可年限，促进我国与区域内国家免签和一次签证通行区域内多国。

六、深度参与海外市场，进一步提高企业国际化经营和竞争能力

引导企业贯彻“一带一路”的指导思想，转变企业走出去理

念，逐步放宽货币、外汇、信贷限制，深度参与国际农业合作。有针对性地开辟绿色通道。完善出口退税政策，适当提高向"一带一路"沿线国家出口高技术、高附加值、绿色环保装备的出口退税率。加强出口信用保险支持，简化出口信用保险程序，合理分担企业出口的信用风险。鼓励金融机构增加出口信贷资金投放。设立绿色低碳农业行业标准，对企业参与国际农业合作的行为进行综合评估，作为政策支持的参考依据。鼓励企业实施劳务本地化，帮助企业解决劳工培训等方面的困难。鼓励民营企业以基金融资平台参与农业国际合作。

七、利用人民币国际化和外汇储备优势推动国际农业合作

一是加强与"一带一路"沿线主要农业供应国的双边货币互换，筹建互换资金池，设立更多人民币清算行，建立人民币"一对多"的互换清算系统。二是利用外汇储备推动国际农业合作。鼓励设立农业投资和储备银行，将更多资金投向沿线农业开发项目，探索利用超额储备扩大对农业等重要战略物资的实物储备规模。

八、加强相关研究机构建设和人才培养

相关研究机构要加强农业经济及产业技术的学科建设，按照各自的功能定位，组建更有针对性的研究团队，努力提高研究成果的质量和水平，为深化国际农业合作提供智力支持。加强与沿线国家农业研究机构合作，建立良好的互动关系，在条件成熟时，可提出建立由多国参与的区域农业合作研究机构。加强人才培养，加强农业外交学科建设，明确学科定位，为培养优秀农业外交官和研究人员打下基础；在对外教育培训合作计划、国家外派留学生和访问学者计划中增设国际农业合作领域名额，增强研究人员的综合能力和国际化视野。拓宽农业国际化人才的培养途径，

充分利用驻外企业、国际农业组织、国际金融机构和驻外使领馆，加大对农业综合管理人才、农业外交人才和专业技术人才的培养力度。更大范围地开展“一带一路”沿线国家人才交流，吸引更多的访问学者来华访问，制订实施“一带一路”国际农业合作人才培训项目计划。

参考文献

[1]翟雪玲,张雯丽,原瑞林,等."一带一路"倡议下中国农业对外合作研究[M].北京:经济管理出版社,2017.

[2]付颖昕.中亚的跨境河流与国家关系[D].兰州:兰州大学,2009.

[3]王瑞波,孙炜琳,黄圣男,等."一带一路"背景下农牧业现代化发展模式与战略研究[M].北京:中国农业科学技术出版社,2017.

[4]高国伟,马莉,徐杨.中国与"一带一路"沿线国家能源合作研究[M].北京:人民日报出版社,2017.

[5]石玉林.中国区域农业资源合理配置、环境综合治理和农业区域协调发展战略研究[M].北京:中国农业出版社,2017.

[6]马惠兰,刘英杰,牛新民,等."一带一路"建设中国与哈萨克斯坦农业合作研究[M].北京:中国农业出版社,2017.

[7]韩平新.基于 SWOT-CLPV 模型的新疆农业"走出去"分析[J].农业部管理干部学院学报,2017(1):50-55.

[8]胡正塬.强化中国农业,引领推进"一带一路"发展[J].中国经贸导刊,2017(2):18-19.

[9][日]速水佑次郎,[美]弗农·拉坦.农业发展:国际前景[M].北京:商务图书馆,2014.

[10]中华人民共和国农业部.2016 中国农业发展报告[M].北京:中国农业出版社,2016.

[11]李先德."一带一路"背景下中国农业对外合作问题研究[M].北京:中国农业出版社,2016.

[12]唐珂.巴西农业[M].北京:中国农业出版社,2016.

[13]谢花林,王伟,何亚芬.中国土地资源绿色利用效率研究[M].北京:经济管理出版社,2016.

[14]农业部市场预警专家委员会.中国农业展望报告(2016—2025)[M].北京:中国农业科学技术出版社,2016.

[15]皮广洁.农业资源利用与管理[M].北京:中国林业出版社,2000.

[16]宋伟.农业资源利用效率评价及其优化管理设计[M].北京:气象出版社有限责任公司,2015.

[17]陈美玲.古巴农业革命[M].北京:社会科学文献出版社,2013.

[18]杨易,何君.境外农业资源利用与中国粮食安全保障[M].北京:中国农业出版社,2013.

[19]严惠萍,李自新.坚持土地治理与产业化经营相结合,努力提高农业综合开发效果[J].农业开发与装备,2010(9):17－19,40.

[20]皋媛.中亚国家的跨境水资源问题及其合作前景[D].上海:华东师范大学,2012.

[21]孔庚,赵金科."一带一路"的战略考量与时代价值[J].唐山职业技术学院学报,2016(4):36－39.

[22]陈炫,范武波,范武平,等.现代高效节水农业技术研究进展[J].现代农业科技,2013(16):199.

[23]高世宪,朱跃中.依托"一带一路"深化国际能源合作[M].北京:中国经济出版社,2008.

[24]朱丕荣.环球农业与中国农业对外合作[M].北京:中国农业出版社,2009.

[25]于琳.浅析我国农产品生产标准化环境条件创造的路径[J].农业质量标准,2006(3):21－23.

[26]郭秉晨.新阶段新农业新探索[C].宁夏农学会2006年学术年会论文集.银川:宁夏人民出版社,2007.

[27]李鹏.引黄灌区可持续发展资金问题研究[D].泰安:山

东农业大学,2007.

[28]高占义.中国粮食安全及灌溉发展对策研究[D].北京:中国水利水电科学研究院,2005.

[29]王法磊.流域生态需水研究[D].南昌:江西师范大学,2010.

[30]马苏文.宁夏引黄水权初始分配模式及应用研究[D].西安:西安理工大学,2008.

[31]刘巽浩.农作学[M].北京:中国农业大学出版社,2005.

[32]黄云.农业资源利用与管理[M].2版.中国林业出版社,2010.

[33]邹春燕.俄罗斯加入世贸组织后黑龙江省对俄农业合作发展问题研究[J].西伯利亚研究,2013(6):21-24.

[34]高云.中国与巴基斯坦农业合作探析[J].世界农业,2015(8):26-31.

[35]刘合光.关于中国农业"走出去"的战略思考[J].中国发展观察,2012(4):28-40.

[36]宋洪远,徐雪,翟雪玲,等.扩大农业对外投资加快实施"走出去"战略[J].经济研究参考,2012(28):38-49.

[37]冯继康.美国农业补贴政策:历史演变与发展趋势[J].中国农村经济,2007(3):80.

[38]赵亮.美国参议院2013年农场法案评析[J].华中农业大学学报(社会科学版),2014(3):130-137.

[39]向青,尹润生.社区自然资源管理的基本要素及政府的作用[J].林业经济,2006(3):74-80.

[40]程淑兰,马艳.能值理论及其在环境管理中的应用[J].地域研究与开发,2005,24(1):96-99.

[41]李富佳,董锁成,等."一带一路"农业战略格局及对策[J]."一带一路"生态风险与地缘战略,2016,31(6):679-686.

[42]吴淼,杨兆萍,张小云.中国新疆与俄罗斯西西伯利亚农业合作刍议[J].俄罗斯中亚东欧市场,2009,39:43.

[43]唐冲，陈伟忠，申玉铭. 加强东南亚农业合作开发的战略重点与布局研究[J]. 中国农业资源与区别，2015，36(2)：85－93.

[44]梁丹辉，吴圣，李婷婷. 中国和西亚农业合作现状及未来展望[J]. AO 农业展望，2017，6：75－79.